A・ストー

心理面接の教科書

フロイト、ユングから学ぶ知恵と技

THE ART OF PSYCHOTHERAPY

吉田圭吾 監訳　佐藤淳一 訳

創元社

第二版の序文

この本の初版が出版されてから十年が経ち、今回再び読み返してみましたが、大幅に書き改めたい箇所はどこにも見当たらないことに、われながら驚きました。私がオックスフォード大学を退官した後に、後任として就任されたマイケル・ホッボズ博士からは、有益な助言を数多くいただきました。ここに感謝申し上げます。初版の内容と大きく異なっているのは、第十一章「強迫パーソナリティ」を修正したと点と、第十五章「孤独、趣味、癒し」を加筆した点です。また、第三章の催眠の記述に関して批判の声がいくつか寄せられたため、その点についても修正を施しています。

私が長らく思っていたのは、同じ強迫神経症者であっても、日常生活全般に支障をきたした重度の患者は、抑うつ、緊張、不安といった症状を訴える軽度の患者とは別の診断カテゴリーに属するのではないかということでした。こうした考えを支持するような研究結果が得られているので、第十一章の内容もそれに合わせて修正しています。

このたび新たに加えた第十五章では、私の最近の研究テーマを反映した、一人でいるときに生じる心の過程について述べています。(1) 個人心理療法とは、患者と治療者という二人の人の間で生じる相互作用のことです。心理療法の過程は抗いがたいものなので、心理療法家や患者は治療場面をつい過大評価しがちで、そうした場面以外でも重要な心的事象や心的変化が生じることを忘れがちになります。しかし、患者は一人でいるときでも自分の心理的過程を探索することができ、またそのほうがはるかに有益であることも少なくないのです。そのことについては輝かしい実例があります。フロイト[*1]やユング[*2]は、自分の問題を同僚たちと話し合うよりも自己分析することに多くの時間を費やしたのです。

今から十年前、ある同僚がこの本の初版を書評で取り上げてくれた際に、「さまざまな分析学派間の違いはいずれなくなるだろう」という、私が序章のなかで述べた考えに疑問を投げかけました。というのも彼は、フロイト派、ユング派、クライン派[*3]といった学派の信念こそが、分析家の情緒的かつ知的な資質の本質をなすものだと思っていたからです（もっとも私はそのように思っていませんが）。原理主義的な分析家は、どれか一つの学派が人間の性質について「真実」を握っていて、それ以外の学派はすべてその学派には及ばないと固く信じこんでいます。こうした原理主義的な分析家は今もなお存在していますが、私の見たところ、しだいに少なくなっているように思います。

たとえば、私は自著『フロイト』[(2)]のなかで、現代の心理療法の創始者に対して評価ばかりでなく、厳しい批判も行いました。そのため、フロイト正統派からは、「われわれに対する冒瀆だ」とか、「洞察に欠ける意見だ」といった非難を受けるものとあらかじめ覚悟していました。ところが現代のフロイト派は、フロイトにも過ちがあったことを三十年前の先達よりも率直に認めていて、そうした私の主張も大目に見てくれたのです。もちろん心理療法家は、治療関係に備わった治癒力や心それ自体に備わった治癒力を信じる必要はあります。しかし自分の学派の教義体系にまで賛同する必要はないのです。

心理療法の将来はいったいどうなるのでしょうか。将来を予言するのは、往々にして危険で、誤ってしまうこともしばしばですが、ここでは私の憶測を述べます。一九五〇年代にアイゼンク[*4]が精神分析を批判して以来、心理療法の効果は必ずといっていいほど疑問視されてきました。ですが、現在までさまざまな心理療法が行われてきたことも確かです。今日、心理療法の援助を求める人の多くが「人生の問題」を抱えています。そうした「人生の問題」は、治療者ではなくその家族や友人が援助すべきだという意見もありますが、私はそうは思いません。

＊1　フロイト Freud, Sigmund (1856-1939) オーストリアの精神科医で、精神分析 (psychoanalysis) の創始者。オーストリアのユダヤ人家庭に生まれた。ウィーン大学医学部卒業後、比較解剖学の研究に従事したが、一八八五年－一八八六年、パリでシャルコーに師事し、ヒステリーに関心を寄せた。ブロイアーやフリースとの親交のなかから精神分析の基礎理論が生まれ、技法も整備されていった。一九〇八年、ウィーン精神分析学会を設立し、第一回国際精神分析学会を開催した。一九三〇年、ゲーテ賞を受賞。一九三八年、ロンドンに亡命し、同地に没した。主著は、『ヒステリー研究』（一八九五、ブロイアーとの共著）、『夢判断』（一九〇〇）、『性欲論三篇』（一九〇五）、『自我とエス』（一九二三）、および多くの症例研究で展開された無意識論、エロス論、心的装置論などは、理性に基礎を置く西洋思想を根底から揺さぶる衝撃力をもった。また、『トーテムとタブー』（一九一二－一九一三）、『ある幻想の未来』（一九二七）、『文化への不満』（一九三〇）といった宗教・芸術・社会論は、二十世紀の人間諸科学に圧倒的な影響と示唆を与え続けている。

＊2　ユング Jung, Carl Gustav (1875-1961) スイスの精神科医で、分析心理学 (analytical psychology) の創始者。牧師の子として生まれた。バーゼル大学医学部卒業後、チューリヒ大学の精神科でブロイラーの助手となる。フランスに留学、ジャネの下で研究し、帰国後、言語連想法の実験による研究で有名となる。フロイトの『夢判断』を読み感激し、一九〇七年にフロイトを訪ね、両者は協調して精神分析学の建設と発展に寄与する。一九〇九年にはフロイトとともにアメリカに講演旅行に行き、一九一〇年、国際精神分析学会の会長になるが、一九一二年に発表した『リビドーの変遷と象徴』によってフロイトとの考えの相違が明らかとなり、論争を重ねた末に訣別する。その後、一九一三－一九一六年にわたって、強い方向喪失感に襲われ、後年エレンベルガーが「創造の病」と名づけたような内的危機に直面する。この時期に彼自身が体験した「無意識の対決」を基礎として、彼独自の分析心理学の体系が確立されていった。ユングは精神病者の幻覚や妄想が古来からある神話、伝説、昔話などと共通の基本的なパターンの上に成り立っていることを認め、「元型」という考えを一九一九年に提唱した。彼は人間の無意識は個人的無意識と普遍的無意識の二層が存在し、後者は広く人類に共通であり、そこに元型が存在すると仮定した。また、人間存在の全体性の元型として「自己」の概念を重視し、自己のシンボルとして「マンダラ」を重視した。これらは、中国の「道」の考えなど、東洋思想に影響されている。

というのも、神経症に苦しむ人たちは、たんに支持や同情を求めているのではなく、専門的訓練を受けた治療者にしか提供できない、客観的な理解を求めているからです。もし自分を変えようとするなら、あるいは自分の問題の対処法を学ぼうとするなら、自分自身についての客観的な理解を身につけなくてはなりません。それは、いくらほかの人から共感的に受容されたとしても身につかないものです。こうした理由から、心理療法家になるには専門的訓練が必要とされ、また深刻な情緒的問題の援助には専門的治療が必要とされるのです。

私がまだ若かった頃は、心理療法はしばしばそれに不向きな患者に勧められていました。この本の第十三章で、心理療法にもっとも適しているのは、「抑制的な人、恥ずかしがり屋な人、自信のない人、まとまりに欠ける人、あまりに依存的な人、あまりに支配的な人」だと示唆しています。今後さらに研究が進めば、こうした人たちをもっと正確に定義できるようになるでしょう。そして、これまで心理療法家があまりうまく対処できなかった行為障害の治療にも新たな技法の発展が期待できるようになる、と私は考えています。そうした患者は、「衝動コントロール」に欠け、情緒的葛藤を「行動化」します。近年の研究成果から、そうした患者には周囲の環境の刺激を減らす治療法が望ましいことが示されています（その内容については最終章で取り上げます）。

精神分析が科学に別れを告げたのは一八九六年でした。この年にフロイトは十八の症例に基づいたヒステリーに関する論文を発表しましたが、フロイトが患者の病因について科学的に論じたのはこれが最後となりました。一方、科学と心理療法の間にある大きな隔たりはしだいに橋渡しされていきました。この橋渡しをしたのは科学者だけではありません。精神分析的洞察と子どもの愛着や行動に関する実証研究とを結びつけた、ジョン・ボウルビー[*5]とその後継者もそうした橋渡しをした人たちです。この種のアプローチは将来への発展を抱かせるものです。赤ん坊の成長や発達に関する複雑さを、これまで以上にきちんと理解することが私たちには求められています。というのも、ボウルビーは動物行動学に基づいた概念を用いることによって、新たな洞察や研究方法をもたらしたからです。赤ん坊にとって誕生してすぐの数年間がその後の適応を決めるのに死活的に重要な時期だ、と精神分析家ならつねに想定しています。しかし私たちはそれ以上に、不運、あるいは不幸な幼少期を過ごしたことによって、その後の人生の問題を乗り越えるのにいったいどれだけの不利益を被るのか、といったことをできるだけ客観的に知りたいのです。

一般の人たちは、私たち心理療法家の無知さ加減までは知りません。たとえば、この本の初版を執筆した当時、

＊3　クライン Klein , Melanie (1882-1960) オーストリア生まれのイギリスの精神分析家。児童の精神分析における業績も名高いが、その臨床を通して発展させた対象関係の理論は、後にいわゆるクライン学派を生み、精神分析に重要な影響を及ぼした。児童分析の臨床を通して独自の理論を発展させて、いわゆるクライン学派を生むに至った。彼女は乳児の抱く活発な無意識的幻想に注目し、最初の対象である母（と乳房）に対する無意識的幻想が、人格発達過程で重要な役割を果たすことを明らかにした。そして外界の客観的対象とは別に、投影、取入れなどの機制によって心の内部に形成される内的対象が無意識的幻想を生む上で重要な働きをするとした。また精神発達上、妄想的・分裂的態勢、抑鬱的態勢を区分し、対象についての自我の体験様式に基づく発達論を樹立した。フロイトが四－五歳のエディプス期を重視したのに対し、クラインは、乳児期の母子関係を重視し、各態勢で働く分裂、投影的同一視などの原始的防衛機制を解明して、境界例や分裂病の精神力動の理解に貢献した。

＊4　アイゼンク Eysenck, Hans Jrgen (1916-1997) ドイツ生まれのイギリスの心理学者。イギリスにおける臨床心理学の発展を推進したほか、世界的には行動療法を提唱した。主要な研究は実証的パーソナリティ理論や神経症の行動科学的治療に関するもの。神経症症状は、条件づけされたり学習されたりした情動反応であり、その説明は条件付けと熟成相説からなされるとした。その治療は、不適切な行動の除去を意味し、脱感作、フラッディング、モデリング等の技法が用いられる。

＊5　ボウルビー Bowlby, John (1907-1990) イギリスの児童精神科医・精神分析家。初期の母子関係をめぐる愛着理論 (attachment theory) を研究し、ライフサイクルにわたる乳幼児期体験および対象喪失の病理の影響に関する基本的な枠組を提唱し、母子衛生の発展に寄与した。乳幼児の母親に対する愛着が、生存のための生得的反応であるとともに、実際の愛着の経験が対象関係の土台になることを指摘した。また、クライン派の無意識的幻想の一次性に反論し、環境の重要性を説いた。

子どもの性的虐待の実状はどの程度のものか、虐待を受けた経験によってその後の対人関係に障害が起きる可能性はどの程度あるのか、といったことに私たちは無知だったと告白しなければなりません。虐待を受けた子どものなかでも、回復不能な子どももいれば、困難をうまく乗り越えていく子どももいます。とにかくはっきりしているのは、そうした虐待の実状が長らく見過ごされてきたということです。

私はまた、ジョージ・ブラウン著『抑うつの社会的起源』[3]の方向性にある研究が、今後の心理療法の発展に影響を与えるだろうと考えています。これまで精神分析は、主に幻想という患者の内界の探索に関心を寄せ、症状の原因となる社会的要因の重要性を見過ごしがちでした。しかし、貧困、養育困難、喪失体験、心的外傷といった問題は、精神分析家が考えるよりも重要な神経症症状を生み出す要因となっています。そうした要因をできるだけ正確に考慮に入れることによってはじめて、真の問題を見抜くことができ、心理療法のなかで問題を適切に扱うことができるのです。

この本の最終章で指摘しているように、心理療法は将来、患者自身の持つ創造性の開発に今よりも関心を寄せるだろう、と私は考えています。創造性に恵まれた人たちの研究からしばしば示されているのは、たとえ精神的に混乱した状態であっても、自らの創造的資質のおかげで精神破綻を免れることがあるということです。もちろん私たち全員が、作家でも画家でも作曲家でもありません。ですが誰にでも、自らの葛藤を象徴的に乗り越える、ある種の創造性や能力が備わっているのです。とかく現代人は何かの問題を抱えると、薬物を摂取したり飲酒することによって、あるいは受動的な娯楽で気分を紛らわせることによって、その問題から逃れようとします。テレビのスイッチをつけて気を紛らわせるのは、子どもが創造的遊びをするのを止めさせるのと同じように、ある意味で葛藤解決のための創造的資質を発揮するのを妨げているとも言えるのです。

フロイトの編み出した精神分析的技法の本質は、患者が自らを援助することを、治療者が援助することです。ですから、治療者が患者に助言を与えるとか、指導を行うとか、生活上の知恵を教えるといったことではないのです。一方、ユングの技法は、もともとユングが「上級者」と呼んでいた患者のために編み出されたものです。それは、ある一定時間、患者に空想を自由に働かせることによって、それまでなおざりにされていた非合理的、情緒的源泉と対話させるという技法です。これはユングが予想していたよりもはるかに多くの人に適用することができます。心理療法は将来、親密な対人関係を築く能力を養うのと同じく、一人の心の内に生じる資質を養うことも重要になるだろう、と私は予想しています。

この本の読者対象は初版と変わりありません。精神科医を志している訓練中の医学系大学院生や、心理療法の実践的な入門書を必要とするさまざまな対人援助職の方々です。ただし、最新の理論や技法に関しては多少物足りないかもしれません。この本があと数年の間だけでも役立つのであれば、私としては何より満足です。

謝　辞

マイケル・ゲルダー教授、ニール・ケッセル教授、シドニー・ブロッホ博士には、原稿を読んで、貴重な示唆を与えて下さりました。ここに感謝申し上げます。また、原稿の大部分をタイプしてもらったモニカ・ウッド嬢と、その残りをタイプしてもらった彼女の同僚（マリアンヌ・ペッツ嬢、ジェニー・バートン夫人、バーバリー・ハギス夫人）にも、お礼申し上げます。

目次＊心理面接の教科書

心理面接の教科書

フロイト、ユングから学ぶ知恵と技

序章

　この本は心理療法の実践について紹介したものです。主な読者対象は精神科医を志していて、専門的な訓練を受けている医学系の大学院生です。この本を読んでおくと、イギリス王立精神医学会[*1]の会員になるための、心理療法に関する試験問題に答える際に、役立つことがあるかもしれません。とはいえこの本は、そうした参考書を目指しているわけではありません。あくまでも実践的な手引き《マニュアル》を目指しています。経験の浅い医師なら、新たに紹介されてきた患者を前にして、「いったいどうすればいいんだろう」と途方に暮れてしまうことも少なくないでしょう。この本では、そうした問いに答えていこうと思います。

　私の定義する心理療法とは、心理療法家が患者と対話し、専門的でパーソナルな関係を築くことによって、患者の苦しみを和らげる技術《アート》のことです。これから説明する心理療法の種類は個人的で分析的なものなので、患者と心理療法家という二人の人間しか登場しません。もし集団療法、家族療法、夫婦療法、心理劇、ゲシュタルト療法について、あるいはほかにも無数に存在する心理的介入について知りたければ、別の文献を当たってみてください。

　個人的で分析的な心理療法は、現代の心理療法の父と呼ばれるフロイトが編みだした方法に基づいています。

フロイトが創始して以来、心理療法はさまざまな方面に発展していきました。その結果、心理療法には今も数多くの「学派」が存在し、心理療法の専門家たちは自分たちの学派に忠誠を誓っています。私自身は初めにユング派の訓練を受けたので、今もその考えにかなりの恩義を感じています。それは、この本や自著『ユング』[(1)]を一読してもらえばおわかりになると思います。一方、その後フロイト派の分析を受けたこともあって、そこからも多くのことを学びました。また、さまざまな分析家の著作からも影響を受けました。名前を少し挙げるだけでも、フェアバーン[*2]、ウィニコット[*3]、ミルナー[*4]、ライクロフト[*5]、レイン[*6]、サース[*7]がいます。ほかにも、精神科医としての一般的な訓練や、専門分野以外の読書が大いに役立っています。

さまざまな分析学派間にある違いはいずれなくなるだろう、というのが私の考えです。もちろん今後も、個人分析は心理療法家になるための訓練として重要でありつづけるでしょう。ですが、「ユング派」、「クライン派」、「フロイト派」といった学派はしだいに重要でなくなってくるでしょう。というのも、心理療法の成果をもたらす共通要因が調査結果から明らかにされているため、心理療法の成否は心理療法家の属する学派とさほど関係してこない、と私には思われるからです。

心理療法は患者にとっても治療者にとっても、個人的でパーソナルなものです。ですから、さまざまな心理療法のアプローチを横一列に並べて論じるのではなく、心理療法で実際に起こることを何かしら伝えようとすると、どうしても風変わりな内容になってしまうか、どこか説教がましい内容になってしまいます。私は自分の心理療法のやり方が絶対だと思っていません。いかなる心理療法家であれ、またいかなる体系や理論であれ、人間を理解する「秘訣《ザ・キー》」を握っているわけではありません。ただ、心理療法の実践に関する一般原理ならいくらかは説明できる、と私は考えています。心理療法の理論に関しては心理療法家たちの間で意見が分かれるかもしれませんが、その実践に関しては大半の心理療法家が賛同するだろうと思います。それこそが私がこの本で言おうとしていることなのです。

先に私が述べた心理療法の定義は、心理療法を主に神経症症状の治療の手段として捉えている方々にとっては驚くようなものだったかもしれません。十九世紀末のウィーンでフロイトが神経症者の治療を始めたときは、たしかに症状を取り除くことが心理療法の主たる目的でした。そしてフロイトの患者たちも、身体の病気に苦しんでいなかったにせよ、「病人」と呼ばれるにふさわしい人たちでした。ところが今日、心理療法家のもとへ相談に訪れる人たちは、はっきりとした症状を持たず、いかなる医学的、因習的意味においても「病を患っている」とは言えません。そうした人たちは、サースのみごとな命名によると「人生の問題」を抱えていて、自己理解や自己受容、そして人生をよりよく生きるための方法を求めています。それゆえ今日の心理療法は、患者の症状をすぐに取り除くのではなく、患者を全人的に理解し、その態度を変えることに関心を寄せているのです。こうし

＊1　イギリス王立精神医学会会員 Member of the Royal College of Psychiatrist:MRCPsych　イギリスの精神科医の資格。

＊2　フェアバーン Fairbairn, William Ronald Dodds（1889-1964）イギリスの精神分析家。クライン理論を基礎にしながらも、伝統的な精神分析学が本能的な視点を理論的な基礎としていることを批判して、対象関係論を発展させた。彼の「自我は本来、対象希求的なものである」という言葉は有名である。また、人格発達上、抑うつ態勢に先ずるものとしての分裂を中心とした分裂的防衛機制やスキゾイド・パーソナリティの解明を進めた。

＊3　ウィニコット Winnicott, Donald Woods（1896-1971）イギリスの児童精神科医。クライン学派や自我心理学から独立して位置づけられる、いわゆる独立学派の精神分析家。心の病理の発生を、子どもの心身を抱える環境（holding environment）や、程よい母親（good enough mother）側の失敗として捉えている。こうした環境の失敗に子どもが適応するため、本来の創造性を犠牲にするとき、病的な防衛的自己（偽りの自己 false self）が生まれるという。

＊4　ミルナー Milmer, Marion（1900-1998）イギリスの作家、精神分析家。

＊5　ライクロフト Rycroft, Charles（1914-1998）イギリスの精神分析家。いわゆる独立学派の一人。象徴過程、夢、言語と情緒、分析状況でのコミュニケーションに重要な貢献をなした。彼によれば、神経症症状は、象徴が一次過程で利用されたものであるが、象徴が二次過程で利用されると、創造過程の一部となり現実感覚の発展に役立つという。また、精神分析の技法では、分析家、分析状況、言葉はすべて象徴を前提としているとした。

た治療観の変遷については、第十三章「治癒、終結、成果」のなかで詳しく取り上げたいと思います。

つい最近まで、心理療法の実践は個人開業を行う臨床家の手腕に大きく委ねられていました。長い時間をかけて個人的問題を探索することができたのは、経済的に余裕のある人たちに限られていたのです。一方、イギリスの国民保健サービス*8に従事する精神科医は、主に精神病患者の看護と治療に関心があって、それゆえ心理療法よりも身体的な治療に熟達している傾向がありました。ところが最近になって、精神科医の業務が精神病院の管理から外来、診療所、総合病院へと変わってきたために、精神科医は国民保健サービス下で神経症の治療にいっそう関与しなければならなくなってきました。イギリス王立精神医学会も、精神科医の訓練生に対しては、たとえ将来的に精神科専門医になる意思がなくても、心理療法の教育と経験が必要であることを認めるようになっています。

精神科医を志す人の多くは、気質的に言って、心理療法の実践だけに専念するのは向いていません。その理由は後で述べますが、実際、仕事のスケジュールに教育、研究、執筆などの時間を入れず、心理療法を終日、毎日のように実践すべきかどうか、私には確信が持てません。一方、心理療法の実践にさほど興味のない精神科医であっても、心理療法の仕事をいくらか入れるべきです。そうした結果、驚くべきことに、自分の想像する以上に有能な心理療法家となっていることに気付くかもしれません。

この本では週五回のセッションを要する分析について触れていません。フロイト正当派の分析ですら、それほど頻繁にセッションを行うことはめったにありません。イギリスの国民保健サービス下でそのような集中的な治療を行うのは事実上不可能です。セッションの回数は基本的に週一、二回程度ですが、それで十分な治療的意義が認められています。この本で説明していることのほとんどは、そうした種類の心理療法のことです。なかには一時的に頻繁なセッションを求める患者もいますが、神経症患者の多くは、週一、二回程度のセッションでかなりの成果を得ることができます。とりわけそれが言えるのは、後でも指摘するように、セッション以外の時間に文章を書いたり絵を描いたり語りを録音することによって、さもなければほかの適切と思われる手段を用いることによって、自身の精神病理を探索することを推奨できる患者の場合です。実際、週五回のセッションが週四回以下のセッションよりも多くの成果を挙げる、ということを示唆する証拠は私の知る限りありません。むしろ頻繁にセッションを行うことによって、患者が治療者や治療状況に依存しすぎることになりはしまいかと懸念されることがあります。

次の章では、心理療法はどのような設定で行われているのか、あるいはどのような設定で行われるべきか、といったことを考えていこうと思います。

＊6　レイン Laing, Ronald David（1927-1989）イギリスの精神科医、精神分析家。従来の純粋に医学的見地に立った「狂気」の見方を否定し、現代の社会的政治的文脈の中で狂気と正気の関係を考えるべきだとする、いわゆる「反精神医学」の代表的論客。またイギリスにおける数少ない人間学的実存分析的精神医学者でもあり、精神分裂病（統合失調症）の精神療法家、家族研究家としても知られた。

＊7　サース Szasz, Thomas Stephen（1920-）ハンガリー生まれのアメリカの精神科医。

＊8　国民保健サービス National Health Service　イギリス政府が一九四八年より実施している医療事業のこと。NHS、国民保健制度と訳されることもある。患者の医療ニーズに対して公平なサービスを提供することを目的に、患者の負担は原則的に無料であり、主財源は一般税で賄われている。この制度の下で提供されるサービスには、（1）病院サービス、（2）一般医サービス（家庭医や歯科医の医療と薬や眼鏡の提供）、（3）地域保健事業（救急医療、予防接種、母子保健、家族計画、保健婦や看護婦等の自宅派遣）、（4）学校保健などがある

第一部

心理療法の進め方

第一章

心理療法の設定

❖面接室はどのようにあるべきか

心理療法の実践では、枝葉末節に思えることの多くが実は重要だったりします。たとえば、どのような部屋で患者と会えばいいのか、室内の備品はどのように配置しておけばいいのか、といったことを治療者は前もって考えておかなくてはなりません。個人開業であれば、どのような部屋を使い、どのように室内の備品を準備、配置しておくかは治療者の裁量に任されています。一方、病院臨床であれば、面接室の場所、室内の備品や内装などを決める権限が、若手医師に与えられていれば幸運なほうです。こうした事情の違いもありますが、この章では心理療法を実践する部屋はどのようにあるべきか、私の考えを説明していこうと思います。

病院や診療所に勤める心理療法家の方々に私が力説したいのは、心理療法を行うのに基本的な設備を整えるよう上司に要求することであり、かりに要求に応じてもらえないようなら不満を表すことです。今は以前と比べると、ビデオテープレコーダーやコンピュータなどの高価な機器を購入しやすくなりましたが、逆に、心理療法を実施するのにふさわしい備品と十分な快適さを兼ね備えた部屋を確保することのほうが難しくなりました。

❖面接室の備品——椅子、寝椅子《カウチ》、机

理想を言えば、心理療法を実施する部屋には次のような備品が必要です。まず、患者がリラックスできる、心地よい椅子がなくてはなりません。多くの患者は初めのうち、緊張のせいで、リラックスして椅子に座れないからです。しかし治療が進むにつれ、患者はしだいにリラックスして椅子に座れるようになるでしょう。外来の診察室でよく見かける、硬く角ばった患者用の椅子は、腰を下ろしてじっくり話すのに向いていません。いつも心地よさそうな椅子に座っている医師を見て、患者は自分が不利な立場に立たされたような気分になるかもしれません。

第二に、患者が横になるための寝椅子《カウチ》がなくてはなりません。寝椅子《カウチ》と言っても、内科医が身体検査のために使うものではなく、もっと体を楽にできるものです。かつて私が個人開業を行っていたときは、快適なソファーベッドを使っていました。ソファーベッドにカバーをかけておけばベッドには見えなかったので、ベッドを嫌がる患者にはカバーをかけて使うことにして、逆にベッドを嫌がらない患者にはそのミスマッチ感覚が喜ばれました（ちなみに、ソファーベッドの脚にカバーと同じ素材をつけておくと、部屋を掃除する際に動かしやすくなります）。ソファーベッドを使うことによって、患者は靴を履いたまま横になることができ、しかもカバーを靴で汚してしまう心配をせずにすむのです。寝椅子《カウチ》の両端には、揃いのクッションをいくつか置いて、患者が自由に使えるようにしておきます。患者の背後に治療者が座ったとき、患者の視界から治療者の姿が消え、かつセッションを行う度に備品を動かす必要のないような位置に、寝椅子《カウチ》を配置しておきます。

このように寝椅子《カウチ》を用いて精神分析を実践している心理療法家は、決して大勢いるわけでありません（その理

由は後で述べることにします)。しかし、患者のなかには寝椅子《カウチ》のほうが役立つ人もいることに私は気づきました。体を横にしたほうがリラックスしやすい患者や、治療者と対面で話をするのが苦手な患者には、椅子の代わりに寝椅子《カウチ》を用いることにしています。

ほとんどの診察室には、医師用の机と、多少なりとも座り心地の良い椅子が一組備えられていて、医師は机に向かって座るようになっています。このように室内が配置されていると、医師は対面した患者よりも、すぐさま「偉い」立場に仕立て上げられてしまいます。またいつでも簡単にメモを取ることができますが、もし時間をかけて患者のことを真摯に理解しようとするならば、メモを取るのはかえって邪魔になるかもしれません。ほとんどの医師はまずメモを取ろうとしますが、もしメモを取るのを患者が嫌がるようならやめておくべきでしょう。患者の語りを遮らないためにも、メモを取るのはできるだけ控えておかなくてはなりません。

医師が机に向かって座る場合、患者にはその正面に座ってもらわないことが肝心です。なぜなら、患者との間の机が一種の障壁となるからです。たとえばビジネス界の大物は、自分の部下を威圧する手段として、自分と「目下の者」との間に、不必要なほどの豪華なマホガニー製の机を置きます。ですから、医師が机に向かって座る場合、患者には医師の左手か右手に座ってもらえれば、机が障壁だと感じられずにすむでしょう。

また、治療者の利き手の違いによって患者の座る位置も変わります。私はたまたま右利きなので、私に向かって左側に患者に座ってもらいます。こうしておけば、いつでも右手でメモを取ることができますし、同時に、患者に振り向いたりうつむいたりせず、正面を向いて話をすることができます。かりに治療者が左利きなら、これと逆の配置にすればいいのがおわかりになると思います。

患者の付き添いで来ている家族や親類と会う場合に備えて、椅子を一つか二つ余分に準備しておくと重宝します。私が主に関心のある心理療法の形態は個人心理療法なので、そうした機会は通常、初回面接のときだけに限られますが、そうした場合に備えて、椅子を一つか二つ余分に準備しておくのが賢明です。

❖面接室の内装

病院に勤務する治療者、とりわけ若手の治療者に、面接室の内装や備品を決める権限はおそらくほとんど与えられていないでしょう。病院の部屋というのは、たいてい無味乾燥で、没個性的な官僚世界、「福祉国家」といった雰囲気を醸し出しています。だからといって私は、暖かさや親しみやすさといった印象を与えるよう、面接室の内装に費用をかける必要があるとまでは思っていません。

もし治療者が面接室の内装に個人的な好みを言える立場にいるならば、きっと室内の壁に絵をかけたり、本棚に書物を並べたりするでしょう（そこには治療者自身の本が含まれるかもしれません）。そのような気持ちもわからなくはないですが、後で述べるような理由から、治療者の趣味をあからさまに示すものや、治療者のプライベートな生活を露わにするものは面接室に置くべきではない、と私は考えています。たとえば治療者が敬虔なカトリック信者[*1]だったとしましょう。面接室の本棚にはキリスト教の信仰にまつわる書物がずらりと並べられ、壁には十字架像が掲げられています。それだけで不可知論者[*2]やプロテスタント[*3]の患者を斥けることになりかねませんし、患者の側も治療者の信仰心に差し障りがあってはならないと話題に気を遣うでしょう。

職業人の多くは、自分の職場の部屋や机に妻や子どもの写真を飾るのを好みます。しかし私は、こうしたことも心理療法家には望ましくないと考えています。患者は心理療法の過程に深く関わってくると、愛情、憎悪、羨望、嫉妬といった激しい感情を治療者に対して向けてくるようになります。家族写真のような、治療者の面接室外での生活をあからさまに示すものを見て、患者はそうした感情を抑えるかもしれません。

さらに、患者が治療者の私的生活に空想を抱くこともあるでしょう。こうした空想の内容は患者を理解する上で重要になるかもしれません。たとえば、「治療者は同性愛者だ」という空想を患者が抱くような場合、そうした空想を探索することによって、患者自身の同性愛的な興味が明らかになるかもしれません。もし面接室に治療者の妻や子どもの写真が飾ってあれば、つねに治療者の異性愛を示すものとして患者の目には映るので、同性愛の空想を抑えることになるかもしれませんし、さもなければ嫉妬を生みだすことになるかもしれません。かりに患者が女性なら、否応なく、写真に写った女性と自分とを比べてみるでしょう。なるほど、それは患者の心を探る貴重な素材となるかもしれません。しかし、患者が自らの推測だけを頼りに治療者の妻や子どもを想像する場合と比べると、いっそう激しい憤怒を治療者に対して向けてくるかもしれないのです。

室内は静かであるに越したことはありません。外から聞こえてくる雑音は、不快なだけでなく、患者を不安にさせてしまいます。たとえ外から雑音が聞こえなくても、室内の音が外に漏れてしまうこともあります。自分たちの話し声が外に漏れているのではないかと思うと、打ち解けた話はまるでできなくなってしまいます。

❖電話連絡

病院のほとんどの部屋には電話が置かれていると思います。心理療法のセッション中は自分から電話連絡をしないことや、外部からの電話連絡には応じないことがとても重要です。もちろん医師には院内の緊急連絡に応じ

＊1　カトリック catholic　カトリック信仰にもとづく世界観もしくは思想体系。ローマ教皇を最高指導者と仰ぎ、伝統的な教義と典礼、職制と法体制の整った教会組織を重視する立場。

＊2　不可知論者 agnostic　一般に人間が認識できるのは経験に基づいた事実だけであって、経験を超える究極の実在、絶対者、無限なる者、神といったものは認識できないという立場。

＊3　プロテスタント protestant　十六世紀の宗教革命によってカトリックから分かれて成立したキリスト教の立場。プロテスタントという総称は、その担い手達がローマ・カトリック教会に抗議した事に由来する。その抗議では、信仰の事柄については神の前に立つ各個人の良心の決断が重要であり、多数決によって決定すべきではないと訴えられた。

る義務がありますが、それを除けば電話連絡に応じないこともできます。私の考えでは、医師は自分が心理療法を行う日は緊急連絡に応じるべきではなく、前もってほかの医師に代理を頼んでおくべきです。かりにポケットベルがあてがわれていても、セッション中は手放しておくべきですし、セッションを行う日は電源を切っておくことをあらかじめ周囲の関係者に説明しておくべきです。

心理療法のセッション中は本当に誰からも邪魔されたくない、ということを電話オペレーターや秘書に納得してもらうのはしばしば難しいことです。「ですが、X先生からの緊急連絡なんです」と抗議されることもときにあるでしょう。そうした緊急を要する連絡がかかってきても、五十分後にあらためて連絡してもらうか（最悪の場合、電話口で五十分待ってもらうか）、別の医師を紹介することでほとんど対応できるものです。私がロンドンで心理療法を行っていたとき、オーストラリアの医師から電話連絡を受けたことがありましたが、後であらためて連絡してもらうよう、受付から先方に伝えてもらったので、セッション中は誰からも邪魔されることはありませんでした。そのときの受付の毅然とした態度に私は感謝しています。

セッションとセッションの間には、十分間、もしくはそれ以上の休憩時間を設けておくことが大切です。その時間を使って、治療者は電話連絡をしたり、前回のセッションの内容を思い出すことができるからです。

これまで述べてきた心理療法の設定は、病院臨床よりも個人開業のほうがはるかにやりやすいでしょう。私の考えでは、患者が心理療法の料金を治療者に直接支払うのか、あるいは保険料の税金として間接的に支払うのか、そのどちらかによって、セッションの時間を自分の時間と感じるのか、またその時間中は誰にも邪魔されたくないと感じるのかといったことが決まってくるのではないかと思います。

第二章　初回面接

❖どのように初回面接を行えばいいのか

心理療法はどのように始めればいいのでしょうか。経験の浅い治療者なら、紹介されてきた新たな患者にいささか気がかりを感じたとしても無理はないでしょう。患者を援助できるのだろうか、患者の話を理解できるのだろうか、患者に経験の浅さを気づかれないだろうか、患者にどう思われるのだろうか、こうした気がかりは、ほかにもあると思いますが、ある程度感じたとしても仕方ありません。

ホテルのボーイから大学の教員に至るまで、治療者は実にさまざまな人たちと対面することになりますが、そうした人たちの生活スタイルや振舞い方は、治療者にとって必ずしもなじみがあるわけではありません。患者が治療者より年配のことも多いでしょうし、知的に高いこともときにはあるでしょう。しかしそうしたことは、経験の浅い心理療法家が一様に気にするほどのことでもないのです。患者に一人の人間として純粋に興味を持つことができれば、たとえ患者の社会的背景になじみがなかったとしても、初回面接の問題はすべて克服できるはずだからです。とはいえ、患者が治療者とまったく異なる文化圏で生まれ育っているせいで、二人の間の基本的な前提があまりに大きく食い違い、コミュニケーションが成立しないことがあるかもしれません（実際そうしたことはめったに起こりませんが）。そうした問題は後でもう一度取り上げようと思います。さしあたって、コミュニケーションに明らかな障害は見られない患者が紹介されてきた場合を考えてみましょう。そうした患者と、どのように初回面接を行えばいいのでしょうか。

❖来談までの経緯

アメリカなどの国では、パーソナルな問題の援助を求める場合、患者が心理療法家のもとを直接訪れることもしばしばあるでしょう。一方、イギリスでは――厳密に言えば、国民保健サービス下では――、まずかかりつけ医[*1]に相談し、そこから問題の査定のために精神科コンサルタント[*2]が紹介されます。そして精神科コンサルタントが心理療法の必要性を判断すれば、心理療法家が紹介されます。このことが意味するのは、治療者は患者と会う前に、すでに精神科コンサルタントの作成した紹介状や手紙を手にしているということです。また、かかりつけ医の作成した紹介状も手にしているでしょう。それに加えて、ソーシャルワーカーの行った面接記録や、臨床心理士の実施した心理テストの報告書もあるかもしれません。

心理療法家は初回面接を行う前に、こうした書類に目を通しておかなくてはなりません。そうしておかなければ、初回面接の最中にこうした書類を読むはめになり、患者を知るためのきわめて貴重な時間を無駄にしてしまうか、さもなければ患者を不要に待たせることになってしまいます。どちらも臨床実践として望ましくありません。ふだんの社会生活でも、初対面の相手に対して注意を払わず、本や新聞を読んでいるといったことは考えられませんし、ましてや来客に対しては待たせることなく迎え入れるのが常識です。それがどうして患者に対しては違っていいことになるのでしょうか。実際、患者に対しては友人に対するよりも丁重に礼儀正しく対応すべきです。医師、とりわけ精神科医に警戒心を抱いている患者は大勢います。見知らぬ人のことを信用するのは簡単ではありませんし、患者は必要以上に長時間、気がかりな状態で待たされているのですから、初対面の医師と会ってすぐに気を許すとは考えにくいのです。

心理療法家のもとへ紹介されてくる患者のほとんどは、それまで少なくとも二人の医師と会っているので――場合によってはソーシャルワーカーや心理士とも会っているので――、さらにもう一人の専門家と会わなくてはならないことに憤りを感じていたとしても何らおかしくない、ということを心理療法家は念頭に置くことが重要です。私は、患者が憤るのもまったく無理はないと思います。もちろん専門化の進んだ現代医療ではそうしたことが起きるのもやむをえません。しかし患者の多くは、そうした医療の実情をよく知らないために、自分がたらい回しにされていると感じてしまうのです。

＊1　かかりつけ医 family doctor / general practitioner　一般開業医、家庭医と訳されることもある。イギリスでは医師は、かかりつけ医と各科専門医 specialist とに別れており、その業務や役割は異なっている。イギリスの精神保健システムは、かかりつけ医による治療（一次ケア）、通院治療（二次ケア）、入院治療（三次ケア）からなる。受診システムは、事前に、自分の住んでいる場所から徒歩圏内にあるかかりつけ医として選択し、医師あるいは診療所に登録を済ませておく。医療サービスを受けたい場合には、まずかかりつけ医に受診するために予約をし、診療を受ける。かかりつけ医は、プライマリケアを担当しており、必要に応じて精神科専門医（あるいは、カウンセラー、心理士）を紹介する。国民保健サービスでは、かかりつけ医から精神科専門医への紹介・診察までに四週間、その診察結果をかかりつけ医が患者に知らせるまでに二週間という目標が設定されている。

＊2　精神科コンサルタント Consultant Psychiatrist　イギリスの医療システムの中で専門医として独立して仕事ができる上級職のこと。

❖心理療法家の自己紹介

患者が面接室に姿を見せたとき、あるいは治療者が待合室まで患者を迎えに行ったとき、まずは治療者の側から挨拶し、自己紹介するのが礼儀です。「ロビンソンさんですか。はじめまして。担当のXです」と。このようなやりとりによって、治療者は患者の名前を実際に確認でき、患者も自分がたんなる番号ではなく、一人の人間として扱われていることを知ります。多くの場合、とりわけ患者が居心地悪そうだったり疑わしそうな素振りをしている場合は、「Z医師（患者の前担当医の名前）から、あなたの問題を一緒に考えていけるかどうか判断するため、しばらくの間、定期的に会うよう頼まれているのです」と説明を付け加えるとよいでしょう。

こうした言葉をかけるのは、第一に、患者はなぜ自分が別の医師を紹介されたのかその理由を知りませんから、治療者がその理由を知っていることを表明するためです。第二に、心理療法とは一般の医学的診察のような医師から指導や助言を受けるという面接ではなく、むしろ患者と医師の一種の共同作業であることを、開始直後から患者に伝えるためです。

❖病歴等を聴き取ること

患者を面接室に招き入れた後、先にも述べたような、適切に配置された椅子に座ってもらいました。では次に、治療者は何をすればいいのでしょうか。ここですでに、あるジレンマに直面しています。患者から病歴等を聴き取るべきなのでしょうか、あるいはそうすべきではないのでしょうか。患者はこれまで少なくとも二人の医師に詳しい病歴等を話しているでしょうし、ほかの診療科から紹介されていれば、もっと多くの関係者にそうしたことを話しているかもしれません。そうなると、自分の主訴をはじめとして、生育歴や家族歴の詳しいことまで、目の前にいる初対面の医師に知られていると思っているはずです。先にも述べたように、治療者は患者と会う前にすでに紹介状に目を通しているはずですから、患者がそのように思うのも当然なのです。

自分の病歴を再三説明するのに憤りを感じている患者は大勢います。なかにはそうした不満を直接口にする人もいます。とはいえ、ほかの医師の聴き取った病歴は、自分で聴きとった病歴ほど役に立たないことを医師なら誰もが知っていますし、またそれを知っていなければなりません。しかも自分で聴きとった病歴のほうが、後ではるかに思い出しやすいのです。目の前にいる患者から病歴等を聴き取ることは、ある特定の症状がその患者にとってどのような意味を持っているのかを査定する、またとない機会なのです（そうしたことは紹介状や記録の内容からは伝わりづらいものです）。患者が自分の家族の話や過去の経験を語っているときの声の調子、表現の仕方、表情、しぐさなどから、紹介状に記載されていないことが浮き彫りになるかもしれません。かりに偉大な作家なら、その生き生きした様子を文章で読み手に伝えることができるでしょう。ですが、そうしたことを精神科コンサルタントに期待するのは土台無理な話なのです。

精神分析では患者から病歴等を聴き取らないことが慣例になっています。かわりに初回面接から早速寝椅子《カウチ》に横になってもらい、頭に思い浮かぶことすべてを話してもらうよう求めます。こうした実践は、精神分析の進め方になじみがあって、しかもそうした進め方から何がしか得られるとわかっている患者には有効かもしれません。しかしさほど知的に高くない患者には向いていませんし、患者の重要な情報を見落としてしまう危険性もはらんでいます。

かつて私が、抑うつに苦しむ、ある女性患者を担当したときのことです。その患者はそれまで多くの医師から診察を受けていたので、私はあらためて病歴等を聴き取ることはしませんでした。それに患者はとても控え目な様子だったので、私はてっきり処女だと思い込んでいました。ところが実際は、何人もの男性と情事を重ねていたのです。私がそれに気付くまで、いったいどれだけ長い時間を要したのか、思い出すのも恥ずかしいくらいです。

ですから、たとえ患者がそれまで何度も病歴等を話していたとしても、治療者が自ら患者の病歴等を聴き取ることを私は勧めます。ふだん私は、患者に次のように説明しています。「すでに紹介状はいただいておりますので、これまでの経緯や今お困りのことなど、いくらかは承知しております。ですが、それについてもう一度お話ししてもらえないでしょうか。きっと今までいろいろな人にお話ししてきて、またここでお話しされるのは、さぞかしご面倒なことだと思います。ですが私としましては、ほかの人が聴き取った内容では詳しい点がわかりづらいのです。今お困りなのは抑うつ（患者の主訴であれば何でも構わない）ということは承知しておりますので、そこから始めましょう。いったいどんな抑うつなのでしょうか」。

こうしたことを前もって患者に話しておくことによって、治療者から繰り返し尋ねられるときに患者が感じる怒りの感情を、たいていは追い払うことができます。一方で治療者は、すでに精神科コンサルタントやほかの診療科で聴き取られたこと、また診断面接のときに自ら聴き取ったこととは別のことを、患者から聴き取れるよう自由でいなければなりません。

診断面接では限られた時間のなかで重要な決定をすみやかに下さなければならないため、医師は本質的な情報を得ることや数多くの質問をすること、また、大事な要点をすべて網羅した、あらかじめ決められた質問を順序立てて行うことを訓練されています。具体的には、現在の主訴、既往歴、家族歴、生育歴、薬物の摂取、喫煙や飲酒の習慣といったことです。そうした質問はモーズレイ病院で考案された項目のように詳細まで決められているため、患者からすべての答えを聴き取るとなると、多大な時間を要することになるでしょう。医学生や経験の浅い医師は、自分が教わった通りに患者からすべての答えを聴き取ろうとしますが、とうてい出来ることではないので、しばしば不安になります。その結果、患者の話の流れを遮ってしまい、患者が本当に話したいこととはまったく別の観点から患者を理解してしまうことになりかねないのです。

心理療法家は初回面接で患者本人から病歴等を聴き取るべきですが、他方で、患者の過去や現在に関する公の情報はすでに手に入れています。たとえば、結婚はしているか、両親は健在か、兄弟は何人いるのか、子どもは何人いるのか、といったことはすでにわかっているでしょう。生育歴や既往歴についても、おおよそつかんでいるでしょう。ですから、まず治療者は患者に自由に話してもらいます。つまり、過去の面接では時間が足りず十分に話せなかったことを積極的に話してもらうよう、患者に勧めてみるのです。たとえば、ある患者が以前の面接で自分の父親のことを「厳しい人」だと説明していて、その記述がそのまま紹介状や記録に残っていたとしましょう。心理療法家は、患者から病歴等を聴き取っていくなかで、両親との関係が話題にのぼったとしたら、次のように尋ねてみるといいかもしれません。「以前、ご自身のお父さんのことを『厳しい人』だと説明されていたようですね。そのことについてもう少しお話ししてくれませんか。どういった点が厳しいのですか。もしよかったら、いくつか例をあげてお話ししてくれませんか」。

作家が作品中の登場人物を生き生きと描こうとするなら、たいていは登場人物の行動を描こうとします。登場人物のことを「卑しい」、「勇ましい」、「残酷だ」といくら表現してみても、その生き生きとした生命感は読者に伝わらないからです。たとえば、『デイヴィッド・コパフィールド[*3]』に登場するマードストン氏[*3]は、その外見や話しぶりよりも、残酷なむち打ちの場面のほうが、はるかに鮮明に私たちの記憶に残っています。患者の場合も同じように、たんなる形容描写よりも、行動様式や対人関係を生き生きと描き出す過去の出来事のほうが、私たちの記憶に残るのです。

たとえば、その患者は父親が夜の門限時間に大変厳しいと語ったとしましょう。「私はこれまで一度だけ、約

＊3　デイヴィッド・コパフィールド David Copperfield（1850）イギリスを代表する作家チャールズ・ディケンズ Charles Dickens の代表作。自叙伝的要素を含んでおり、主人公の少年デイヴィッド David が不運にもめげず作家として大成し、幸福な結婚をする物語。マードストン Murdston は、デイヴィッドの母クララ Clara の再婚相手。圧制的で冷酷な人物で、デイヴィッドを虐待する。

束の門限時間に五分遅れたことがありました。そのとき父は、玄関の前に立ちはだかって、腕時計を睨みながら、私を待っていました。その恐ろしい姿といったら、今でも私の脳裏から離れません。私は父にぶたれるとばかり思っていました。ところが父がしたのは、私のポケットからお金をつかみ取ることでした。門限を破った時間の分だけお金をつかみ取ったんです」。こうした逸話を聞くと、「厳しい人」という表現よりも、はるかに父親の性格や、患者との関係がわかります。とはいえ、診断面接のなかで患者にそうしたエピソードを思い出してもらう時間的余裕は、忙しい精神科コンサルタントにはとうていないと思いますが。

❖面接の時間、回数、頻度

初回面接の時間の長さは、それ以降の面接の時間の長さと同じに保っておくべきです。心理療法家のなかには、初回面接の時間をそれ以降の面接の時間よりも長めに――およそ倍――設定するのを好む人もいます。そうした時間の長さを設定することによって、治療者は新たな患者をいち早く知る機会を得ることになるのですが、一方で患者に誤った期待を抱かせることにもなります。患者は、それ以降の面接の時間の長さも初回面接と同じだと思うかもしれません。あるいは、いつもより面接の時間を長く取ってもらう必要を感じれば、治療者はいつでもそれに応じてくれると思うかもしれません。どちらの期待も間違っているので、そうした期待を抱かせないようにしなくてはなりません。

初回面接の時間の長さは、それ以降の面接の時間の長さと同じく、五十分から一時間の間にすべきです。この時間の長さは恣意的だと思われるかもしれませんが、実はそうではありません。五十分よりも短ければ、話題を深めるのに十分な時間がないため、治療者、患者ともに不満を抱きやすくなりますし、逆に一時間よりも長ければ、治療者、患者ともに満足するでしょうが、きっと疲れ果ててしまうでしょう。心理療法を適切に行うには集中力と気分転換が必要です。休憩を入れずに集中力が続くのは、せいぜい四五分から五十分までなのはよく知られています。この伝統的にあがめられてきた五十分という時間によって、心理療法家は一時間ごとに面接の予約を入れることができますし、また、次の面接が始まるまでの十分間で自分の考えをまとめ、留守番電話のメッセージに応対し、休憩を取ることもできます。こうしたことは一日のうちに何人もの患者と面接するような治療者にとって必要不可欠なことかもしれません。

初回面接では、面接の時間が四十分を過ぎたところで、心理療法家は患者の話をいったん終わらせなくてはなりません。残りの時間で次回以降の面接のことを話し合うためです。その際、セッションの回数について決めておけば、心理療法家、患者ともに好都合でしょう。

患者が「どれくらいの間、こちらへ来る必要があるのでしょうか」と尋ねるのも、もっともなことだと思います。ですが、すぐさま答えられるものでもありません。私はそうした質問にたいていこう答えています。「今の段階では何とも申し上げられません。ですが、まずは六回ほど来てもらって、その上でどうするのか考えてみるのはいかがでしょうか」と。もちろん六回のセッションで本当に必要なセッションの回数をきちんと予測できるわけではありません。しかしその間で、心理療法が患者や治療者にとって実りあるものになるかどうかはたいていわかるものです。

また初回面接では、それ以降のセッションの時間の長さをあらかじめ患者に伝えておくとよいでしょう。私は先に述べたような理由から、五十分と伝えることにしています。

どの程度の頻度でセッションを行うかは、残念ながら、しばしば費用の面から決まってしまいます。理想を言えば新たな患者には週三回のセッションを行うべきだ、と私は考えています。ですが、心理療法の資源は不足しているので、そうした実践を行うのは英国の国民保健サービス下ではほとんど不可能です。とはいえ、週一、二回のセッションであっても良い成果を挙げることはできます。それよりも頻度が少なくなると、治療者は患者と親密になるのが難しくなったり、前回のセッションの内容を思い出しづらくなったり、治療過程における連続性の感覚を維持しづらくなったりします。

理想を言えば、患者には毎回必ず決まった時間、決まった面接室に来談してもらうようにすべきです。こうしておけば、患者は面接の時間や場所を簡単に思い出せるだけでなく、安全感を抱けるようにもなります。もし毎回違った部屋でセッションを行えば、患者は面接室を探し回り、見知らぬ環境になじむまで時間を浪費してしまうでしょう。いったん面接室を決めて、そこになじんでしまえば、余計なことを考えずにすみ、自分の心に集中ができます。ただし週二回以上のセッションを行う場合、それぞれの面接を同じ時間帯に設けるのはしばしば難しくなるでしょう。

次回の面接日時を記載したカードを患者に持たせるのは、後になって揉めないためにも有効です。もし患者が次回の面接日時を忘れたとすれば、それは自分の問題に向き合いたくなかったのかもしれませんし、別の心理的な理由があったのかもしれません。そもそも次回の面接日時を予約したことすら覚えていないかもしれません。こうしたことも次回の面接日時をカードに書き留めておけば未然に防ぐことができます。

もし患者がやむを得ない理由で次回の面接日時を変更するよう求めてきた場合、心理療法家は大きな不都合が生じない限り、その要望に応じるようにすべきです。こうした要望を通して、治療者の順応性が患者に試されているとも言えます。一方、こうした要望には治療者を操作したいという動機が隠されている場合がほとんどです。ですから治療者は、患者の要望に無理に応えようとして自分を苦しめる必要はありませんし、反対に頑なに断って患者を苦しめる必要もありません。

次回以降の面接日時が決まると、患者のなかには――とりわけ精神科医療について良く知らない患者のなかには――、これから面接でいったい何を行うのか尋ねてくる人もいます。そうした人は、薬物療法とか、電気けいれんとか、その他劇的な介入を頭に描きながら、治療者にこう尋ねるかもしれません。「先生、これから面接でいったい何をするんでしょうか。こうやって話をするだけなんですか」。このまったく当然の質問に対して、私はたいていこう答えています。「あなたはここ最近、いろいろと問題を抱えていましたね。もしそうした問題をこれから一緒に考えていこうとするなら、もっと詳しく話し合っていく必要があります。そうした理由で、私たちは何度も会って話し合わなければならないのです」。これは、困惑している患者をさしあたり安心させるのにふさわしい説明です。もし次回以降の面接がうまく進めば、きっと患者からそうした質問は出てこないでしょう。というのも、患者は「話をするだけ」の面接から新たな意味を獲得することになるからです。

❖守秘義務について

初回面接でしばしば生じる問題のなかに、守秘義務の問題があります。心理療法のなかで患者は、これまでほかの人に打ち明けたことのない、心の奥底にある個人的な事柄を明かすよう求められます。ですから、心の奥底にある内容が心理療法家以外の人に漏れてしまうのを心配するのも当然なのです。

ここで経験の浅い治療者には二つの疑問が生じます。一つめは、治療者は患者の治療に関してスーパービジョンを受ける可能性がありますが――実際、スーパービジョンを受けるほうが望ましいのですが――、それについての疑問です。面接の内容がスーパーバイザーと話し合われること（グループスーパービジョンであれば、スーパーバイザーに加えて、ほかのスーパーバイジーとも話し合われること）を患者に前もって説明しておくべきでしょうか。私はそうしておくべきだと考えています。心理療法家は患者に正直であるよう求めているのですから、同じく自分自身にも正直であるよう求められてしかるべきではないでしょうか。

ほとんどの患者は、自分の面接内容が、経験を積んだ治療者、先輩の治療者、同僚の治療者との間で話し合われることもあることを了承するでしょう。かりに患者が了承しない場合はどうすればいいのでしょうか。私はそうした問題に実際出くわしたことはありませんが、かりにそうした問題が生じたならば、面接内容を知ることになるであろう年長の治療者か指導者と、一度会ってもらうことを患者に勧めてみるでしょう。きっと患者の心配を和らげるのに一役買うはずです。

それよりもはるかにやっかいなのが面接記録の問題です。たとえば病院であれば、秘書、事務員、看護師、ソーシャルワーカー、心理士、別の医師など、さまざまな職種の人たちが患者の記録を目にする機会を持ちます。患者の記録を心理療法家以外の人たちにも閲覧できるようにしておくことは重要です。自分のことを病院スタッフに知っておいてもらいたいと思っている患者がいるかもしれませんし、院内で患者が該当する研究が行われているかもしれません。とはいえ、いくら守秘義務を固く遵守すると言われても、自分の性生活のことや心の奥底にあることまでそう易々と大勢の人に知られたくはない、と患者が感じたとしてもまったく無理はありません。とりわけそれが言えるのは、患者が狭い共同体のなかで暮らしているせいで、病院スタッフと別の場面でも知り合いであるような場合です。

もし治療者が毎回のセッション記録を残したいならば（そして、もしスーパービジョンを受けているならば、セッション記録をつけ忘れることがないように）、そうした記録は自分だけしか閲覧できないファイルに保管しておくべきだ、と私は考えています。治療者は自分しか開けられないファイリング・キャビネットを一台所有しておくか、あるいはどこかに見つけるようにしておくべきです。そうしておけば、セッション記録が門外不出であることを患者に示すことができます。一方、通常の面接記録には、患者の出欠状況や簡単な精神状態について記載しておかなくてはなりません。とりわけ、患者の精神状態に大きな変動が見られたり、抑うつが増悪したような場合です。ただしそれは、あくまで病院側に知っておいてもらいたい患者の情報だけに限られます。患者のプライベートな事柄まで通常の面接記録に残す必要はありません。

こうしたことを言うと、治療者に余計な重荷を負わせ、しかも病院の決まりを破らせることになるのは重々承知しています。けれども私は、自分の患者に正直でいることは必要なことだと確信しています。患者がしばしば守秘義務の心配について訴えるのもまったく同感なのです。

私が個人開業を辞めたとき、それまでの二十四年間に及ぶ患者の面接記録が手元に残りました。その面接記録をどう処分したらいいかずいぶん頭を悩ませましたが、結局はすべて焼却処分することにしました。ところが後になって、患者たちのほかの担当医から数多くの問い合わせを受けることになったのです。患者のなかでも長期にわたって定期的な心理療法を行っていた人たちの場合、医師からの問い合わせに応じるのは――もちろん前もって患者から許可を得ていた場合に限ってですが――簡単でした。患者のことを本当に理解していたならば、後で思い出すのに何ら苦労はいらないはずです。思い出すのに苦労した患者は、診断面接しか行わなかった人たちか、あるいはほんの数回しか面接を行わなかった人たちでした。

❖かかりつけ医との連携

次に、かかりつけ医など、ほかの医師との連携に関わる守秘義務の問題について取り上げてみたいと思います。心理療法を受けている患者には、自分の面接内容がいったいどこまでかかりつけ医に知られることになるのか気にしている人が大勢います。これは、患者がかかりつけ医のことを情緒的問題に関して無関心か無慈悲だと思っているせいですし、かかりつけ医宛ての手紙をほかの誰かが目にするのではないかと恐れているせいでもあります。もし患者とかかりつけ医との間に社会的な接点があれば、患者は心の奥底にある秘密がかかりつけ医に知られてしまうのではないかと案じ、顔を合わすことさえ躊躇してしまうかもしれません。こうしたことから、患者はかかりつけ医に情緒的に巻き込まれていることがわかります。

私がとくに心配しているのは、かかりつけ医が担当患者に関するあらゆる情報を握っていて、しかも患者の情緒的問題への対処がますます求められるようになっているということです。かかりつけ医は患者の訴えるさまざまな情緒的問題に対処できなくてはなりませんが、私が医学部生だった頃と比べて、最近は精神科医療の訓練をきちんと積んでいるため、はるかに幅広い問題に対処できるようになっています。しかし、もし患者がかかりつけ医に詳しいことまで知られたくない旨を心理療法家に要望すれば、それは尊重しなければなりません。私はかかりつけ医へ送る手紙の内容を患者に見せることがあります。もし患者がそれを見て強く抗議するようであれば、その内容を書き改めるようにしていますし、手紙でなく電話で伝えたほうが良ければ、そうするようにしています。もしどうしてもかかりつけ医に知られたくない守秘事項があれば、私から直接そのことをかかりつけ医に了承してもらうこともあります。とりわけそれが言えるのは、患者とかかりつけ医との間に治療上の関係だけでなく、社会上の関係もあるような場合です。

心理療法家がかかりつけ医へ伝える内容は、治療の進み具合だけに留めておくこと、そして治療が終結した際はその成果の概要を報告することが、忘れられがちですが重要なことです。もし患者がその概要を見てみたいのであれば、それを見せない理由はどこにもないはずです。いかなる事例であれ、私は患者に対してできるだけ真摯に対応するという原則を守るようにしています。

第三章　心理療法のパターン

❖患者に主導権を譲り、できるだけ自由に話してもらう

初回面接において心理療法家は、患者と初めて出会い、病歴や生育歴などを聞き取り、次回以降の面接を設定しました。では次に何をすればいいのでしょうか。心理療法家の次の仕事は、自分から話すのをやめて患者にできるだけ自由に話してもらうことです。これは口で言うほど簡単なことではありません。過去に医師の診察を受けたことのある患者なら、医師が主導権を握って自分は指導や助言を受けるのだろう、そうでなければさらに質問をされるのだろう、とたいてい予想しています。一方、心理療法の実践に不慣れな医師は、伝統的な権威的役割を放棄しがたく感じます。心理療法において医師ではなく患者が主導権を握るよう期待されているのは、そうした点が通常の医学的診察と比べて最も違っているという理由だけではありません。そうしたほうが重要な心理的成果を多くもたらすという理由もあるのです。

かりにフロイトの業績のなかで、どれが最も心理療法の技術に貢献したのかと尋ねられれば、催眠の代わりに

自由連想法を用いたことだ、と私は答えるに違いありません。とはいえ、フロイトは初めから自由連想法を用いていたわけではありません。催眠は十九世紀に流行しましたが、アーネスト・ジョーンズ[*1]によると、フロイトは一八九六年まで催眠を用いていたそうです。[(1)] 当時フロイトはシャルコー[*2]の影響を受けていて、パリにあるシャルコーの診療所で学んでいましたし、ベルネイム[*3]の影響も受けていました。フロイトとブロイアー[*4]は、患者が症状の発症と結びついた苦痛な情緒を思い出し、それを再体験すればヒステリー症状は消失しうる、という独創的な発見をしましたが、そのときも患者の記憶を想起させやすくするために催眠を用いていました。フロイトは催眠を行うとき、患者に寝椅子《カウチ》に横になってもらっていましたが、催眠を止めて自由連想法を行うようになったときも寝椅子《カウチ》を使い続けました。この理由は、一つはフロイトが毎日八時間患者の視線にさらされたくなかったためで、もう一つは患者も寝椅子《カウチ》に仰向けになると視界から分析家の姿が消え、くつろいで自由に話せるようになったためです。

もともと催眠は、患者に肯定的な暗示を与える技法として用いられていました。催眠が成功するかどうかは、主として医師の権威と患者の順応性にかかっていたのです。フロイトは治療者というより研究者というほうが近かったので、症状の由来を理解するのではなく医師の権威に頼るという技術――しかも治療結果がしばしば予測できない技術――をしだいに嫌うようになりました。かわりにフロイトは、まず、患者が覚醒している状態で症状の由来を思い出すよう求めました。次に、頭に浮かぶことは何でも言葉にするよう求めました。つまり患者に自律性を強く促したのです。フロイトの見解によると、「自由連想法」をきちんと実施すれば、患者はそれまで忘れていた記憶を思い出せるようになります。

今日、催眠を用いる心理療法家は、かつてほど権威的ではありません。予備セッションを数回実施した後、患者に自分で催眠状態に入る方法を教えるのが一般的です。催眠は不安の緩和やリラクゼーションに治療効果があることがさまざまな条件下で確かめられていますし、自動催眠は心身症患者に広く用いられています。[(2)] このように催眠や自動催眠には一定の効果があることが認められていますが、この本では分析技法に基づいた心理療法を検討することに主たる関心があります。分析的心理療法の目的とは、患者が理解と洞察を通して自らを援助し、そうすることによって自らの自律性を高めることであって、治療者の役割はそうした患者を援助することなのです。

したがって二回目の面接では、心理療法家は、病歴や生育歴を聴き取るときのような医学的、慣例的態度を取るのをやめ、ある程度患者が主導権を握るような心理療法のセッションを目指すべきです。患者のなかには、そうした説明がまったく必要ないほどよく話す人もいます。そうした患者は心理療法家に話に入る隙を与えないように一人で話しつづけるかもしれません。逆に、自発性を示すのがとても苦手な人もいます。そうした患者は、医師を権威者と見なすのに慣れているせいで、偉い先生がまず何を言うのか、じっと待っているかもしれません。あるいはさもなければ、意識的であれ無意識的であれ、「今ここ」の状況に憤りを感じているかもしれません。

＊1　ジョーンズ Jones, Arnest（1879-1958）イギリスの精神分析家。精神分析運動の初期サークルに属する一人であり、精神分析を英語圏に広め定着させるのに大きく貢献した。フロイト伝の決定版の著者としても知られている。

＊2　シャルコー Charcot, Jean Martin（1825-1893）フランスの神経科医。今日でいう神経内科学の草分け的存在であると同時に、ヒステリー研究で知られる。覚醒状態や催眠下での暗示によってヒステリー現象が生じることを実演してみせ、多くの学者の注目を集めた。フロイトは一八八五年から翌年にかけて四カ月パリに滞在してシャルコーの講義を聴講し、精神分析を創始する上で影響を受けている。

＊3　ベルネイム Bernheim, Hippolyte（1840-1919）フランスの神経科医。

＊4　ブロイアー Breuer, Josef（1842-1925）オーストリアの神経科医。フロイトの精神分析の創始に多大な影響を与えた。ヒステリー患者に催眠を施し、催眠浄化法による心的外傷の想起と情動の除反応によって症状が解消することを知り、これをカタルシスと呼んだ。彼の臨床経験と理論的着想から多くの示唆を受けたフロイトは、その追試の途上で自由連想法による精神分析療法を確立した。

また、心理療法家が自分の恥ずべき点を暴こうとしているのではないかとか、心理療法家が自分の心に影響を与えるような魔術的な力を持っているのではないかと恐れているかもしれません。

❖患者が自発的に話し始めないような場合

二回目の面接で患者が自発的に話し始めないような場合、私は一般的にこう言うようにしています。「前回の面接では、ご自身の問題やその背景について、私からいろいろとお尋ねしましたね。これからは、私からお尋ねするよりも、ご自身から話してもらいたいのです。結局のところ、ご自身の心のなかで起こっていることは、ご自身にしかわかりませんから。ちなみに今、ご自身から話してもらいたいと言われて、どう思いましたか」。

もし患者から答えが返ってこなかったとしたら、こう言うかもしれません。「たとえば、今日こちらの面接へ来るまで、何か考えていたことはありませんか」

患者が恐れや怒りを感じていたり、あるいはそもそも素朴だったりすると、「いいえ、とくに何も」という答えが返ってくることがあります。

それに対して、私は一般的にこう答えています。「何も考えないのはとても難しいことだと思います。実際それはできないことだと思います。人の頭のなかはいつもごちゃごちゃしているものです。今日こちらの面接へ来るまで、何か考えていたことがきっとおありでしょう。二回目の面接は、いったいどんな風になると予想していましたか」

「てっきり先生から何か質問をされるものと思っていました」

「どんなことを質問されると思っていましたか」

もし患者が二回目の面接に際して何も予想していないようなら、とりわけ面接時の態度や声の調子から憤りが感じられるようなら、私は次のように言うことがあります。「おそらく今日は何もお話ししたくないのかもしれませんね。ひょっとすると、今日はしぶしぶこちらへ来られたのではないですか。誰かから面接へ必ず行くように言われているのですか」

このような自分から話をしたがらない患者のなかには、ほかの人から心理療法を受けるよう無理やり説得されている人もしばしばいます。治療者から直接尋ねられることがなくなってはじめて、話したくないということが明らかになるかもしれません。ものわかりのよい理解力のある患者なら、たとえ心理療法にまったくなじみがなくても、治療者が知りたがっているのは、前回の面接を終えてから自分の頭のなかを占めていたことや、「今ここ」で自分の心に生じていることだとすぐに察しがつくでしょう。もし患者がそのことをつかみ損ねると、治療者に対して恐怖や敵意を抱いてしまうおそれがあります。

治療者に対して敵意を抱く理由としてよくあるのは、ほかの人から脅かされて来談している場合です。とりわけそれが言えるのは若年者の事例です（もっとも、そうした事例は若年者だけとは限りませんが）。たとえば、思春期になる子どもが、両親の手で精神医療機関に無理やり連れられてくる事例を考えてみましょう。混乱した思春期の子どもはどんな事例であれ親に反抗するものですが、それと同じように、治療施設を「物わかりの悪い親」とみなし、決して心を開こうとしないでしょう。また大学で学生の精神保健を担当する医師なら、学業困難な学生や精神不安定な学生が、個人指導教師《チューター》の手で無理やり相談窓口に連れられてくるという場面にしばしば遭遇します。たとえ学生と教師との関係がもともと良かったとしても、学生はそうした紹介を権威的な干渉の一種と受け取るかもしれません。

誰かから無理やり面接を受けるよう言われて来談している可能性を心理療法家が頭に入れておけば、患者は十中八九それに反応するでしょう。そして実際そうであることが明らかになります。そうした場合、私は一般的にこう説明するようにしています。「心理療法を行うには、心理療法を受ける人の協力の意思が必要ですし、またそれに全面的にかかっています。もしこれ以上ご自身のお話をしたくないようでしたら、私もこれ以上、立ち入るつもりはありません」。このように説明すると、それまで治療者に敵対心を向けていた患者も、すぐさま協力的な態度を示すようになることがあります。あるいはまた、治療者に自分の問題を相談するのではなく、自分一人で対処していきたいと表明する人もいます。そうした場合、私はその人が今後「心変わりする可能性」があることも考慮に入れておきます。というのも、自分がほかの人の助けを本当に求めているかどうか、自分の意思で決めるには時間がかかるかもしれないからです。

　経験の浅い医師は、治療に非協力的な患者を退けてしまう過ちを犯すことがあります。それは患者から個人的に侮辱されたように感じてしまうせいです。そうではなくて、患者が何を感じていているのか理解しなくてはなりません。ここで私が思い出すのは、かつて医学部生だった頃に教わっていた、ある内科コンサルタントのことです。その医師が、ほかの医師、看護師、医学部生といった集団の先頭に立ち、いつもの「回診」を行っていたときのことです。医師はある患者のベッドサイドに立ちました。その患者は明らかに「指導を受ける」ことを嫌がっていて、医師にも憤りをあらわにしていました。しかし、医師はその患者がなぜ憤っているのか考えてみようとせず、不快そうにこう告げました。「よろしい。あなたがそういう態度を取るのなら、私は自分の貴重な時間を無駄にしたくありませんから、診察はこれで終わりにしましょう」（もっとも、その医師がこうした対応を取るのはきわめてまれでしたが）。私はその様子を見てこう連想しました。ひょっとするとこの患者は、日々あまりにも多くの、しかも初対面の医師から診察を受けているせいで、診察を受けること自体に苦痛を感じていただけなのかもしれない（当時の医学部附属病院では、そのことで大勢の患者が苦しんでいたのです）、あるいはまた、初級の研修医が診るのにちょうどよい症例として乱用されていたのかもしれない、と。

　脅えている患者のなかには、緊張と不安のあまり、なかなか自分から話し出せない人もいます。私は一般的にそうした患者には、「椅子にゆったり座ってリラックスすれば、もう少し話しやすくなりますよ」と伝えることにしています。また明らかに患者が何かに脅えている場合は、その原因を直接探ることもあります。

素朴な患者のなかには、しばしば不安が不合理なほど高まったせいで、自分は精神病かもしれないと心配する人もいます。また、治療者は魔術的な力を持っていて自分の考えが読まれてしまうとか、催眠などの技法をかけられて自分の心の統制力が奪われてしまうと信じ込んでいる人もいます。治療というのは患者の協力なしにはとうてい行えないこと、打ち明けたくないことまで無理に話す必要はないこと、見知らぬ人に個人的な悩みを話すのは難しいし警戒するのも無理はないこと、そうしたことを治療者が患者に伝えると、一般的に患者は大いに安心するものです。

患者のなかには、自分の問題を言葉で説明したり明確化するのに慣れていないせいで、言語化するのに気乗りしない人もいます。このことには教育歴が関係するかもしれません。とはいえ、患者の言語能力に合わせることができるくらい、心理療法家に柔軟性があれば、たいていは克服できる問題です。また患者のなかには、何かの問題に直面すると、それを言葉によって訴えるのではなく、行動によって訴える習慣を取り続けてきた人もいます。もし今までの生き方のなかで、庭いじりすることで怒りを鎮め、飲酒することで不安を紛らわせ、転職することで権威と直面することを避け、といったように「何か行う」対処に慣れているとしたら――そうした対処は不毛であるか、あるいは不適切なのですが――、自分の問題を言葉で表現できるようになるには相当の時間がかかります。

そうした人のなかには、いかなる自己内省も嘆かわしく、いかなる自己洞察も不健全な行為で、自分の問題をほかの人に話すのは一種の甘えだと信じている人もいます。宗教信仰者の間でそうした厳格な態度が見られることも珍しくありません。とはいえ、世界の名だたる宗教は一般的に自己内省の必要性を説いていることを考えると、そうした態度は驚くに値します。私が見出したのは、心理療法と宗教的実践との近縁関係を指摘することによって、「心理療法は自堕落で甘え過ぎだ」という仮定を追い払えるということでした。そうした考えは、患者が受け入れがたい自分自身の問題に直面しなければならないことを発見するや否や、消え去ってしまうのです。
ときに心理療法家は、後になって精神病と判明するような患者を他機関から紹介されることがあるかもしれません。そうした患者には不安を顕著に示す人もいますが、それよりは対人関係から引きこもって誰にも近づこうとしない人のほうが多いでしょう。統合失調症の妄想型の患者は、あやまって心理療法家のもとへ紹介される可能性が最も高い精神病者です。そうした患者は、先に述べたような治療者に対する恐怖をほかの患者よりも顕著に抱くことが多く、自分の心のなかに治療者が侵入してきて自分が乗っ取られると信じ込んでいることもよくあります。最初の数回の面接で、そうした恐怖が明らかになることはめったにありません。かりにそうした恐怖が明らかになるとすれば、それは患者自らが恐怖を認めるときというより、むしろほかの人を責め立てるようなときでしょう。

ここで私が思い出すのは、さまざまな恐怖症の治療のために紹介されてきた、若くて聡明なある男性患者のことです。最初の数回のセッションは何の問題もなく順調に進みました。その後のセッションで、彼は途中で突然話すのをやめ、私にこう言ったのです。「先生は僕を催眠にかけようとしているのでしょう」。それから私がいくつか質問をしてわかったのは、彼の示すさまざまな恐怖症の基底には妄想があるということでした（後に、患者は病院に通院するようになり、長年にわたって精神病症状の再発を繰り返しましたが、最後には自殺を図りました）。

どれだけ経験を積んだ精神科医であっても、一回の診察だけで患者から精神病の証拠を見出すのは難しいことかもしれません。自分の病状を隠し通せるような知的に高い患者であればなおさらです。もし経験の浅い心理療法家がそうした問題に直面したなら、患者を紹介した医師に相談してみるとよいでしょう。たしかに精神病患者のなかには、自ら心理療法を求めてくる人や、心理療法の治療にある程度反応する人もいます。しかし初心者の手に負える対象ではありません。こうした患者については、後の章でもう一度取り上げたいと思います。

この章の冒頭で私が述べたのは、心理療法家の仕事とは、自ら黒子役に徹し、患者ができるだけ自由に話せるよう配慮することだということでした。また、この目標を妨げるいくつかの問題について論じてきました。ただ最後に強調しておきたいのは、心理療法家のもとへ紹介されてくる患者の大半は、自分の問題を語ることに熱心で、そうした問題を示さないという事実です。

第四章

心理療法の進展

❖なぜ自分の問題を言葉にしなくてはならないのか

この章では、初期のコミュニケーションの問題はすべて克服されていると想定しています。つまり、患者は心理療法に定期的に通い出していて、心理療法家に促されたり説得されることなく、あくまで自由に自分自身のことや自分の問題について話すことができているとします。

もちろん心理療法の過程には何らかの痛みが伴います。ほとんどの人にとって自分の恥ずべき面と向き合うのは気持ちの良いものではありません。しかし大半の患者は面接を楽しみにしているようですし、たとえ治療者が何も喋らなかったとしても、自分の問題を言葉にすることそれ自体が役に立っていると気付いているようです。

では、なぜ自分の問題を言葉にしなくてはならないのでしょうか。自分の問題を言葉にすることは、いったい何と関係しているのでしょうか。かりに言語化という行為それ自体が役に立つのであれば、熟練した心理療法家の存在ははたして必要なのでしょうか。同情深い友人に話を聞いてもらうことが、同じような役割を担えないのでしょうか。あるいは、自分で日記をつけたり録音機器を使ったりすることによって、同じような効果は得られないのでしょうか。

私がぜひ強調しておきたいのは、ふだんの社会生活のなかで心理療法に匹敵するような状況はどこにもないということです。心理療法のことをよく知らない人からすると、心理療法の過程は治療者にとって退屈だろうと思うようです。なぜなら、相手の経験談を一方的に聞かされてもつまらないからです。ほとんどの人は社会生活のなかで相手と交流したいと思っているので、交流する機会が与えられていないと、期待される「ゲーム」に参加できず、苛立ちを覚えるのかもしれません。

社交の場で自分のことを多弁に語る人の多くは、聞き手にとって退屈です。なぜなら、その話の内容が浅薄だからです。彼らは自分の行動を説明したり自分の経験を話したりしますが、内面的なことは一切明かそうとしません。実際、「ありとあらゆること」をこと細かく説明する強迫的な話し手は、一般的に隠蔽の手段として話をしています。かりに相手が一言も口を挟まなくても、真の交流が妨げられているとは感じません。立板に水のような弁舌は、ある意味で相手を煙に巻くために行われているのです。

そうした人と心理療法を行う際、ときに心理療法家の仕事となるのは、患者の話の流れを遮って、「言語化が感情の表出ではなく、むしろ感情の隠蔽や回避となっている」のを指摘することです。ところが幸運にも、そうした患者はまれにしかいません。話し手が真剣かつ誠実に話をしていれば、聞き手はめったに退屈しないものです。一方、社会生活のなかで、そこまで自分のことをじっくりと話す機会は与えられていません。親身になって話を聞いてくれる友人であっても、たいていは相手のことを心配しすぎるあまり、話の途中で割りこみ、助言を与え、相手が自分でできそうなことまで「やってあげて」しまうのです。

❖治療者は必要なのか

治療者ははたして必要なのでしょうか。たしかに自己分析を行うのは難しいのですが、できないことはありません。現代の録音機器は自己分析を行うのにきっと役立つでしょう。フロイトは一八九〇年から自己分析を始め、生涯を通して、就寝前の三十分をそのために割いたと言われています。一方、私たちのほとんどは、フロイトほど意志が強いわけでも真面目なわけでもありません。ほとんどの人は定期的な自己精査を行うのに必要な自己鍛錬が欠けています。心理療法を求める人のなかには、あまりにもたやすく自分に絶望してしまう人や、自分や仲間のことを理解できない人がいるので、そうした患者には、治療者が必要最低限の解釈を行う必要があります。しかし治療者の存在は、誠実さの表明として、改善への暗黙なる願いとして、自己探索の意義の保証として働いているのです。

心理療法を受けると成果が得られるような患者は、自分が思い悩むほどまで自分のことを価値ある人間だとたいてい思っていません。治療者がたえず患者の側にいて興味を持ち続けることは、この世に少なくとも一人は自分のことを価値ある人間だと考えてくれている人がいる、という生きた証になります。もちろん、たとえ心理療法家が側にいなくても、自分の考えや気持ちを率直に振り返ることのできる毅然とした性格であれば、自分自身をよりよく理解するという意味での自己洞察をある程度得ることはできます。しかし後で説明するように、問題が改善するうえで重要な役割を果たす心理療法過程の働きは、自己分析ではまったく得られないのです。長期に及ぶ心理療法のうち成功した事例では、患者と治療者との関係に漸進的な変化が間違いなく生じています。このことについては次の章以降で取り上げたいと思います。

❖言語化の役割

言語化は見かけよりもずっと複雑な行為です。実際、その行為を完全に理解しようとすれば、言語学や哲学といった知識が必要になるでしょう（あいにく私はそうした知識を持ち合わせておりません）。言語化には、心のなかにあるけれど、決してはっきりと定まらない内容、思考、感情、願望、問題といったものが、必ず含まれているはずです。患者が心理療法過程で生み出す語りの大部分は、頭ではわかっているけれど、これまで一度もはっきりと口にしたことのないようなことや、「心の片隅」にあると言われるようなことです。おそらくそれは、「喉まで出かかる」現象と似ています。ある言葉を知っていてもそれがなかなか思い出せないという経験は、きっきっと誰にでもあると思います。こうした「喉まで出かかる」現象が起きるのは、たとえ主体が言葉を認識していても、脳はあらゆる言葉を一言一句まで貯蔵しているわけではないからだ、ということが実際の研究結果から示されています。つまり、ある言葉を知っていてもそれがなかなか思い出せないのは、脳は言葉を不完全にしか貯蔵しておらず、それゆえ不完全にしか思い出せないからなのです。

心理療法のなかで患者が見出すことの多くは、以前からずっと知っていたけれど、はっきりと認めたとは言えないような自分自身のことです。そのような洞察、とりわけありのままの洞察は、以前にも生じたことがあるかもしれませんが、非常に移ろいやすいものなので、十分に認めたとは言いがたいのです。言語化とは、試験問題を解くのと同じように、自分のわかっていることとわかっていないことをはっきり区別することなのです。

また言語化には、ぼんやりした心の内容に現実感を与える効果もあります。思考、感情、空想、白昼夢といったものは、めったに外には姿を現さず、実体のないまま心の内に留まっています。そうした内容をほかの人に向けて表現すると、自分の頭のなかで留めておくよりも、世界のなかでより手ごたえのある実存と結びつけることができるのです。言語化はきわめて短命な生物を捕まえるのと似ています。つかの間の思考、感情、白昼夢といったものは蝶のようなもので、すぐに網で捕まえないと見失ってしまうのです。これと同じことは、長らく追い求めていた新しいアイデアについても言えます。長らく追い求めていたアイデアが、実はつまらないものだと気付いたとしても驚くに値しません。なぜならそうした気付きは、それまで思っていたよりもつまらないことがわかったという発見になるからです。

人は外的世界と積極的に関わっていないと、自分一人の世界に没頭しているように見えます。それは『ユリシーズ』[*1]の結末に登場する、モリー・ブルーム[*2]の独り言とどこか似ています。そうした独り言を通して、内面の情緒的な関心ごとが明らかになるのですが、そうした独り言を言葉化するのはきわめて難しいことです。ジョイスの偉業を真似ようとする人なら、その難しさがきっとおわかりになると思います。

とはいえ、患者は心理療法場面でリラックスして率直な態度でいれば、それまでずっとはっきりしなかったけれど、他者への行動や態度に影響していたような自分の考えや気持ちを数多く意識化することができるでしょう。たとえば、初対面の相手に対して、まず何よりも貯蓄残高に注意が向くような人がいます（こうした人は決して珍しくありません）。こうした人は、先にあげた例のように、ほんの一瞬で抑圧されるような考えを言語化することによって、金銭や競争といったものが自分の人生のなかで大きな位置を占めていることをしぶしぶ認めるかもしれません。

男性の異性愛者の多くは、これまで出逢ってきたあらゆる女性に対して性的な空想を抱いています。ですが、心理療法場面でそうした空想を言語化するよう促されなければ、そのことに十分気づかないかもしれません。またある女性は、「口に出したことを耳にするまで、自分が何を考えているかなんて、どうしてわかりますの」と言ったのだそうです。これは私たちのほとんどに関わってくる問題です。というのも、私たちは作家でもない限り、書くという行為を通して自分の考えを見出すことに四六時中取り組むことなどできないからです。

言語化には別の機能もあります。それは、自分の取り巻く世界から自分自身を切り離したり、自分の情緒や思考といった内的世界から自分自身を切り離したりする機能です。言語化という手段によって、自分を客観視すること、つまり自分の経験の背後へとまわりこみ、それを振り返ることができます。また、自分を言語化することによって、自己から心的距離を取ることもできます。かりにそれができなければ、いかなる理解も、いかなる制御も、いかなる意図的な変化も生まれてこないでしょう。

たしかに私たちが「自己内省」へと船出するとき、無限の退行へ向かうことは避けられません。たとえ自分自身を観察できたとしても、観察者である「私」を観察することはできないでしょう。かりにそれができたとすれば、それは観察する「私」を観察する「私」を観察する……といった無限のループから抜け出したときでしょう。しかし、自分全体を観察できないからといって、必ずしも厳密な自己精査が妨げられるわけではありません。私たちは自分の背中を直接見ることはできませんが、鏡を使って見たり、自分の体形とよく似た人の背中を見たりして、おおよそ想像することはできます。

言語化することによって、自分のことを批評的に理解できるようになります。もし自分の情緒について語ることができれば、少なくともその間は情緒の支配から逃れることができます。「私は〇〇と感じました」と言うのは、たんに感じることとは違います（もっとも、それはわずかな違いではありますが）。つまり、情緒のなすがまま

＊1　ユリシーズ Ulysses（1922）アイルランドの作家ジェイムス・ジョイス James Joyce の作品。一九〇四年六月十六日の朝から夜半までのダブリンを舞台とし、文学青年スティーブン・ディーダラス、中年の広告取りレオポルド・ブルーム、その妻モリー・ブルームが登場する。それぞれホメロスの『オデュッセイア』の主人公テレマコス、オデュッセウス、ペネロペに対応する。三人の潜在的な意識を十九世紀リアリズム小説の枠組みをはるかに超えた詳細・露骨さで描き、第一次大戦後の、いわゆる「意識の流れ」の文学のなかで代表的傑作とされている。

＊2　モリー・ブルーム Molly Bloom　広告屋レオポルド・ブルームの妻。モリーの独り言は、ユリシーズの最後六十頁の、句読点なしの内的独白で知られる。

ではなく、情緒にいくらか力を加えることなのです。情緒を言語化するのは、情緒を排除するためではありませんし、そもそも情緒を排除したいわけでもありません。自分が感じたことについて話すのは、感じたままにしておくよりも、感じたことを制御するのに一歩近づけるからなのです。

こうした理由から、たとえ自分の変えられない面であっても、言語化することが役に立つのです。「これこそが本当の自分だ」という認識は、現実が空想に取って代わるほど、心に新たな次元を生みだします。たとえば、自分のことをひときわ親切で平和主義者だと思っていた男性が、以前なら決して認めようとしなかった自分の攻撃的な面に気付いたとしましょう。たしかにそれに気付いたところで攻撃的な面は消えないかもしれません。ですが、その表現の仕方は以前と違ってくるでしょう。なぜなら、攻撃的な面を意識化することによって、それを制御する範囲が広がるからです。自分の攻撃性に無意識的な人に限って、何ごとにも「意味なく」批判的です。そうした人は自分の子どもに厳しく当たったり、人が傷つくようなことを言ったり、汚いジョークを放ったりします。しかし、もともと自分に備わっている攻撃的な面にきちんと気づくようになれば、そうした無自覚的な表現もしだいに減っていくでしょう。

こうしたことから、理解力があって率直な患者なら、たとえ心理療法家からの介入が必要最低限であっても、ある程度の期間、自分自身のことや自分の問題を話すことによって、多くの成果を手に入れるかもしれないのです。このことを、まだ確たる解釈を与えるほどには自信の持てない、経験の浅い心理療法家が聞けば、安堵するに違いありません。また、次のようなことを聞くと落ち着いていられるかもしれません。患者が自分自身のことを率直に語れる段階になれば、治療者はただ患者の側にいて、そうした語りが維持できるよう状況を整えてやることによって、十分価値ある仕事をしていることになるということです。先に指摘したように、心理療法に匹敵するような状況は、ほかの社会生活のなかではまず見当たらないのですから。

先に私は、毎回のセッションにおいて、治療者は患者に主導権を握ってもらうよう促すということを述べました。それとあわせて、治療者は助言を控えるのも重要なことです（とはいえ、まったく助言を控えるのは無理かもしれません）。かつてユングはこう言いました。「良い助言はしばしば疑わしい治療法である。だが一般に、その効果はあまりに弱いため、それほど危険ではない」、と。

❖心理療法家が助言を控える理由

心理療法家ができるだけ直接的な助言を控えるべきなのは、主に二つの理由があります。一つめの理由は、心理療法を求める患者は、しばしば明確な答えの出ない問題を抱えているため、治療者の仕事は、患者自らがその問題に取り組めるよう援助することになるからです。たとえば、体の一部に痛みがあったので、医師に診てもらったとしましょう。すると、「できものができていますね。痛くて当然でしょう」と言われました。これはまったく納得のいく答です。ところが心理療法家のもとを訪れる人は、結婚すべきかどうか、どのように子どもを育てればいいか、就職したほうがいいか、年老いた母親とどう接すればいいか、といったことを相談します。こうした問いはすぐさまはっきりと答えられないものばかりです。しかも治療者と患者の意見が大きく食い違うおそれもあるので、そうした質問に答える際は倫理的な配慮が求められるでしょう。心理療法家のなすべきことは、患者が自らの考えや気持ちに気付くよう促すことであって、またそうしたことを通して患者が自ら決断するよう援助することなのです。

助言を控える二つめの理由は、自分のことが不確かな患者から助言を求められたとすると、それに答えることが患者の自立性を伸ばす援助にはならないからです。もちろん私たちは、自分の専門外のことには助言を求めます。もし必要が生じれば、弁護士、会計士、電気技師など、その道の専門家に相談するでしょう。そして、ほとんどわからない、あるいはまったくわからない技術的な面から、専門的な助言を受けて満足するのが一般的です。

ところが、心理療法家が患者に技術的な面以外のことまで助言をしてしまうと、相手に恩を着せ、侮辱してしまう可能性が出てきます。

患者が心理療法家に相談する問題は、私たちが皆、直面しなくてはならない「人生の問題」です。それは、電気回路とか、経理とか、法律とかを学んで習得できるような問題とはまるで違っています。人生を生きることに秘儀などありませんし、その道の専門家など誰一人としていません。そうした点については、心理療法家もほかの人と同じです。心理療法家が専門としているのは、患者が「人生の問題」に今まで以上に自信をもって取り組めるよう、心理療法の場面で患者と関係を築き、患者を理解し、患者の発展を促すことなのです。心理療法家が助言を控えること自体に治療的意味があるのは、患者が自分の問題をきちんと理解すれば、ほかの人と同じように自分のことを決断できるようになるだろう、という示唆が含まれているからなのです

第二部

心理療法の技法、関係性

第五章　解釈

❖患者が沈黙したとき

私が精神科医になる訓練を受けていた頃、教わっていた先生の一人にエマニュエル・ミラー先生[*1]がいました。先生はある患者との、およそ一年間にわたるセッションのことをよくお話しされていました。その患者は週三回セッションにやってきて、寝椅子《カウチ》に横になると、毎回すぐに「自由連想[*2]」を始めたのだそうです。面接を開始して一年経った頃には患者はすっかり良くなりました。そして、ミラー先生に深々と感謝したのだそうですが、先

＊1　ミラー Miller, Emanuel（1892-1970）イギリスの精神科医。

＊2　自由連想法 free association　患者が寝椅子に仰向けに寝て、分析家はその背後に座る。分析家は、「何でも頭に浮かんでくることを、そのまま批判・選択しないで話してください」と告げ、患者は連想を行う。これを通して患者は、日常的な意識的抑制を緩和し、やがて抑制の緩和は無意識的な抑圧をも弱めるに至る。フロイト以来、無意識の葛藤とその象徴的な意味を了解する方法となった。

生は、「いえいえ、私はただ、あなたのお話を聞いていただけですから」と力説されたのだそうです。なるほど、ミラー先生はご自身の言語的関与を少しばかり低く評価されていたのかもしれません。しかし、この話は心理療法に不案内な人が一般的に思うほど信じがたくはないのです。

経験の浅い心理療法家は、自分が患者に何を言うべきか気にするだけでなく、たいていは自分のほうから患者に話しすぎてしまいます。ふだんの社交場面では私たちは長い沈黙に耐えられないので、何か話題を思いつかなければ、天気の話などありきたりな話に逃げ込んでしまいます。ですが心理療法家なら、患者の沈黙に耐えられるようにならなければなりません。患者が沈黙するのは、何か話したくないことがあるのかもしれませんし、過去に一度も探索したことのない考えや気持ちを言葉にしづらいのかもしれません。それまで自由に話していた患者が突然「詰まってしまう」ような場合、治療者は間を置いて、患者がその直前に言った言葉を繰り返し伝えてみるとよいでしょう。そして、「きっと何かお話ししたいことがあるのではないですか。それが何なのか私も気になっているのですが」と、疑問形で尋ねてみるのです。

患　者「それで僕は学校を転校したんです……」（沈黙）

治療者「学校を転校した？」

患　者「そうです。転校したんです……」（長い沈黙）

治療者（適当な間の後）「さっき転校したとお話しされたとき、何か大事なことか、話しづらいことを思い出したんじゃないかという気がしたけれど」

患　者「ええ、実はそうなんです。なぜだかわからないですが、ある男の子について考えてしまうんです。その男の子は、ふだんよく人形のプラモデルを作っていたんですね。それがある日、男性の人形にペニスをくっつけていたんです。ほかの子はそれを見て笑っていたんですけど、僕はどぎまぎしてしまったんです」

治療者「私が思うに、今もどぎまぎしているんじゃないかな。さっきずっと黙っていたのは、そのせいだったんじゃないかな」

治療者の最後のセリフは、いわゆる「解釈」と呼ばれるものです。患者の話しづらさを意味づける、ささやかながらも明らかな解釈の一例です。

❖解釈の役割

解釈することは治療者の仕事の一つです。治療者のなかにはそれが一番重要な仕事だと言う人もいます。しかしその言葉には、無意識の秘儀を伝授された治療者だけが解釈を行いうる資格がある、と言わんばかりの誇大的な響きがします。精神分析的な解釈は、経験を積んだ心理療法家にとってなじみのある精神病理の知識や仮説にある意味基づいていますが、専門外の人にしてみればわかりにくいものです。たとえば、「内的対象」[*3]についてのクライン派の解釈や、「アニマ／アニムス」[*4]についてのユング派の解釈は、心理療法を一から学ぼうとする訓練生や、大量の専門的文献を読み込むほど余裕のない——あるいはそこまで読む気のない——訓練生にしてみれば、おそらくほとんど理解できないものでしょう。一方、訓練生が聞いて安心するのは、そうした解釈を患者に伝えてみたところで、初心の治療者が担当する患者にはまったく理解されないだろうし、かりにその解釈が正しかったとしても、患者にとって何らか意味のある解釈にしようとすれば、その表現を言い換えなくてはならないだろうということです。

知り合いの治療者、とりわけ同じ「学派」に属する治療者と話をするとき、簡略化の手段として専門用語を用いる傾向があります。それは、物理学の研究者から保険業界のビジネスマンに至るまで、あらゆる専門家と同じです。ときにこうした専門用語には、初心者のやる気を失わせたり、彼らを部外者や劣等者として感じさせたりする効果があります（ただし、いつもそうした意図で用いられるわけではありません）。かりに心理療法を教える教員が学生に意味不明な隠語《ジャルゴン》を使い出したなら、「もっとわかりやすい言い方で、その意味を正確に言ってもらえませんか」、と学生は思い切って教員に要求してみることを勧めます。ある程度分析を受けた経験があって、しかも専門用語になじみがあるような、知的に高い患者を相手にするのでなければ、どんな事例であっても、ふだんの日常用語を用いて解釈を伝えなくてはならないでしょう。たしかに専門用語を使えば便利かもしれませんが、まったく意味のない発言にまで、深遠なる偽りの意味を与えてしまうことがしばしばあるのです。

❖理解できないことを理解できるようにすること

短期間の心理療法の訓練によって誰でも使えるようになる解釈は、私が思うに、だいたい三種類あります。一つめは、患者が理解できないことを理解できるようにする解釈です。心理療法を求める患者のほとんどは、自分では理解できない症状に苦しんでいるので、症状を実際以上に脅威と感じていると思われます。広場恐怖、暴力的な強迫観念、受け入れがたい倒錯的な性欲求といった悩みをもつ人たちは、自分のことを「正常」だと思い込んでいる人たちよりも、自らの心を制御できていないと感じています。そのため、自分はおかしいのかもしれない、あるいはおかしくなりかけているかもしれないと思い込み、実際におかしくなくてもひどく苦しんでしまうのです。心理療法家なら、こうした症状になじみがあるのでとくべつ警戒したりはしませんが、患者はそうしたことがわかるだけで安心します。そのうえで、症状の由来について心理療法家からわずかでも合理的な説明を受ければ、なおいっそう安心します。たとえば、数回の面接を実施するなかで、治療者は患者の広場恐怖について、次のような解釈を伝えられるかもしれません。「あなたのお話をお聞きすると、あなたのお母さんは、あなたがまだ小さかった頃、一人で危険を冒すのをとても心配されて、『この世はとても恐ろしい場所なのよ』と言って聞かせたようですね。そうした恐怖が三歳の子どもの心に植えつけられたとしても、まったく不思議ではありません。ですが、たとえ小さい頃そうであっても、大きくなるにつれてだんだん自信をつけていき、何でも自分でやってみようとするはずです。あなたの抱く恐怖がほかの人と違っているのは、それが大人になった今でもずっと続いているという点です」。

もちろんこれ以外にも、広場恐怖に寄与する要因や、その由来となる説明について考えられます。しかし先に述べたように、あまりに素朴でわかりきった説明だったとしても、患者の抱く理解不能な恐怖心をいくらか和らげられます。しかもそうした解釈を伝えた後に、解釈した内容が本当であったこと、つまり幼い頃から過保護に育てられていたことが患者自身の口から直接出てくることさえあります。

同じように、暴力的な強迫観念を抱く患者に対しても、少なくとも初めのうちは妥当で比較的わかりやすい解釈を伝えます。かつて私が受け持っていたある女性患者は、自分の赤ん坊を湯釜（汚物を熱湯で洗うために用い

＊3　内的対象 internal object　主としてクラインおよびその後継者たちによって解明された精神分析的対象関係論の基礎的な概念の一つ。外界の客観的な対象すなわち外的な対象——たとえば客観的な存在としての母親——などとの関係で、個体が自己の本能衝動を投影したりまたそれを取り入れたりした結果、精神内界にできあがる対象の表象を意味する。たとえば、客観的には大変優しい母親であっても、乳児が自らの攻撃的な本能衝動を投影すると、大変恐ろしい母親の表象を体験する。

＊4　アニマ／アニムス anima / animus　ユングは人間の普遍的無意識内に元型が存在することを仮定したが、アニマ・アニムスはその元型の一つ。男性は意識的には、男性的役割を身につけて生きてゆくが、その女性的な性質は無意識内に存在し、それが夢などにおいて人格化された心像として生じるときは女性の姿をとる。アニマとは、こうした男性が無意識内に持つ女性イメージの元型と考えられるものである。一方、アニムスとは、女性が無意識内に持つ男性イメージの元型と考えられるものである。

る容器）のなかへ落として火傷させてしまうのではないか、といった侵入的な恐怖に悩まされていました。患者の話を聞いていくうちに、患者が同居している姑に強く支配されていること、そして自分の意志に大きく逆らってまで姑に赤ん坊の世話を任せきりにしていることが明らかになりました。患者の夫も実母を恐れていたせいで、妻の味方となって実母と対立するのをためらっていました。赤ん坊を火傷させてしまうのではないかという患者の強迫観念には、こうした背景があったのです。そこで、私は次のように解釈を伝えました。「もしあなたの赤ん坊が火傷すれば、あなたが夫や姑に抱いている問題の多くは消え失せてしまうでしょう。ですから、赤ん坊を湯釜のなかへ落としてしまうという観念があなたに生じたとしても、決して不自然なことではありません」。患者はこの解釈を聞いて大いに安心しました。そして、自分で思っているほど自分は「立派な」人間ではないこと、身内に対する行き過ぎた従順さは実りあるものにならないことを受け入れなければなりませんでした（実際そうしたことをきちんと理解しました）。さらに治療者が、こうした従順な患者に限ってひどく暴力的な脅迫観念が心に浮かぶことを認識していたおかげで、患者は治療者に自分のことをわかってもらえているとおそらく安心できたのです。こうした事例を担当したことのない経験の浅い治療者だと、そうした確信はなかなか持てないかもしれませんが、経験を重ねていくにつれ、そうした確信をしだいに持てるようになるでしょう。

このように解釈の役割の一つめは、患者の理解しがたいことを理解しうるものにすることです。たしかに解釈によって神経症症状がすぐさま消失することはめったにありませんが、患者が自らの健全さについて抱いている、一抹の不安を和らげる効果はあります。また、はっきりとしない、未知なる敵である症状が、もっとはっきりした、自力で取り組めそうな問題へと様変わりすることもあります。たとえば広場恐怖症者は、依存を巡るあらゆる問題に取り組むようになりますし、強迫患者は、どんな状況であっても自分と向き合うことができれば、もはや暴力的な強迫観念に苦しめられずにすむことがわかります。

❖結び付けること

解釈の役割の二つ目は、生育歴、症状、パーソナリティ特性といったことを——すぐにはわからなくても——結びつけることです。心理療法の学派が異なれば、幼少期の体験が後年のパーソナリティ形成や心理的問題にどれほど寄与するのかという見解も異なります。しかし、子どものパーソナリティが遺伝によって決定されると考えるにせよ、両親や環境によって形成されると考えるにせよ、「この親にしてこの子あり」ということは、ほとんどの学派から賛同が得られるだろうと思います。

神経症症状を理解する作業には、幼少期の体験が含まれてくるかもしれませんし、含まれてこないかもしれません。たとえば、ある広場恐怖症者の症状を理解するには幼少期の体験が含まれてくるかもしれませんが、ある強迫症者の症状を理解するにはそれが含まれてこないかもしれません。もっとも、そうした解釈だけでは不十分です。おそらくあらゆるパーソナリティ特性や症状を完全に解釈することは不可能でしょう。症状を理解する旅に出ると、どこへ辿り着くかはわかりません。たとえば強迫症者は、なぜあれほどまでに従順なのでしょうか。それは両親に脅えて育ったからなのでしょうか。それとも侮辱を甘んじて受けるのが唯一理にかなった態度である、といったようなクリスチャンの家庭で育ったからなのでしょうか。ある症状とは、「パーソナリティ」という池に石が投げ込まれて生じる波紋のようなものです。つまり、「原因」という石が池のなかに沈んでからすでに長い時間が経っているため、今となっては無限に広がった波紋の跡だけしか残されていないのです。

子どもの頃に培われた行動パターンの多くは、おそらく当時は適応的だったのかもしれませんし、あるいはそうした行動パターンを取るしか実際に適応できなかったのかもしれません。ところが、大人になっても惰性などの理由によって、そうした行動パターンに固執する人もいます。解釈はそうした固執を気付かせ、患者にほかの行動パターンを試してみるよう促すことができます。たとえば幼い頃から両親に厳しく育てられ、過度に支配されてきた患者は、リーダーシップが求められる立場に立ったとしても、これまでのやり方を変えず、あくまで部下の立場でいることに固執するかもしれません。しかもその様子が、まるで脅えた子どものように周囲の目に映ったとしても、当人は「ほかの人の意見を考慮している」として、自分にリーダーシップが欠けていることを合理化するかもしれません。このような自分自身の行動を理解することを「洞察」と呼びます（洞察については後の章であらためて取り上げるつもりです）。

❖矛盾点を指摘すること

解釈の役割の三つめは、患者の言う「自分の気持ち」と、実際の気持ちを示す「行動」とが矛盾していれば、それを指摘することです。たとえば、妻のことを「心から愛している」と言っておきながら、実際は妻の願い出を無視したり、妻の話に耳を傾けなかったり、人前で妻をけなしたりする男性患者がいたとしましょう。この場合、患者の言う「妻への気持ち」と、実際の気持ちを示す「行動」とが、矛盾しているのは明らかです。そうした矛盾を解釈するのは、――たとえそうした解釈によって、患者自身見ないようにしてきた残酷な真実があらわになったとしても――必ずしも否定的なことではありません。

一方、心理療法を求める患者の多くは自分の価値を低く見積もっているため、自分で思っている以上に実際は感じが良かったり知的に高かったりします。たとえば、臆病な患者であっても自分で信じている以上に大胆かもしれませんし、自分の敵対心を気にする患者であっても自分で思っている以上に親切かもしれません。フロイトの著作を読むと、解釈というのはすべて、患者がそれまで気付けなかったパーソナリティの不快な面を明らかにするためだけに行われるといった印象を受けますが、実際はそれだけではありません。もちろん誰しも自分自身を欺きがちですが、それには悪い面と良い面の両方があって、自分の良心を過大評価しがちなのと同じく、自分の欠点も過大評価しがちなのです。

❖解釈の伝え方

解釈を患者に伝える際、独断的な言い方をしたり権威的に押し付けたりしてはなりません。患者が同意しない、あるいは納得しない解釈を伝えても意味はありません。さらに言えば、治療者の推測した解釈のほうがひょっとすると間違っているかもしれないのです。私は通常、いかなる解釈であれ、「あなたのおっしゃっていることは、まるで○○のようですね」と、ためらいがちに表現するのを好みます。もし患者が私の差し出した解釈を受け入れたとすれば、私は独断的な言い方をしていないので、その解釈の効果はきっと持続するでしょう。逆に患者が解釈を受け入れなかったとしても、私は独断的な言い方をしていないので、患者は受け入れなかったことを口にしやすくなると考えられます。

❖精神分析と解釈

「解釈」という言葉は、患者の自己欺瞞を突破する、とくべつな専門的技術という含意を伴っています。また、分析家の役割は、ものごとの外見にとらわれず、その本質を見抜くことだと考えられていて、何ごとも額面通りに受け取らず、ほんのささいな言動から隠された意味を読み取ることだとされています。たしかにそれは本当なのかもしれません。というのも、心理療法家は人間を観察する練習を長い間続けているため、表面的な言動と潜在的な関心とを結びつけることができるからです。しかし、それはそうした思考に不慣れな人にとってみれば、よくわからないものです（とはいえ、プルースト[*5]のような偉大な作家も、そうしたすぐれた観察者にほかなりませんが)。

ここで私が言いたいのは、解釈とはある種の翻訳でなければならないとか、ある種の翻訳である必要があるとか、そういったことではありません。そうした考え方はフロイトの夢理論に由来しています。フロイトはつねに夢を隠蔽と捉えていました。つまり、患者が思い出せる夢の「顕在内容」は、分析家の解釈によって初めて本当の意味があらわになる「潜在内容」を覆い隠しているというのです。

「表面的な言動は、隠された、受け入れがたいことをつねに隠蔽している」という前提に立つことによって、精神分析家の伝える解釈は馬鹿げたものになってしまっています。たとえば、レインの『子どもとの会話[1]』のなかに、レインの娘ナターシャがレインに向かって「神様は自殺できるの?」と質問している場面があります。レインの友人モンティは――おそらく分析家だと思われますが――、このナターシャの質問を聞いて、次のようにコメントしています。「セックスと死は信じられないほど近い関係にあるのさ。ナターシャが君に聞いた意味はこうなんじゃないかな。つまり、『神様は自慰をするのか』ってことだよ」。レインはこう答えました。「じゃあ、『父親は自慰をするのか』ってことなのか」。モンティはこう続けました。「まさにそのとおり。ナターシャが知りたいのは、母親のかわりに自分が父親とできるのかってことなんだよ」。

はたしてナターシャは本当にそうしたことが知りたいのでしょうか。そうしたことを示唆する箇所はどこにも見当たらないと私には思われます。レインの記録を読むと、レインの子どもたちは小さい頃から神様を信じ、お祈りを捧げていたことがわかります。モンティの考えによれば、ナターシャの言う「神様」は「父親」を指していることになりますが、この考えは彼女の知性や養育環境を軽んじています。なるほど、オルガズムの経験(すなわち「つかの間の死」)と死の観念は心理学的に関連しています。とはいえ、かりにナターシャが神様を信じ、実際そのような質問をしたとしても、それだけで死とセックスを同じ意味に捉えていると考える理由はどこにもないのです。

精神分析の文献のなかには、まったくばかげた解釈で溢れかえったものがあります。たとえば、レオナルド・ダ・ヴィンチ[*6]が水を用いた画法やぼかしに興味をもったのは、彼自身の幼い頃のおねしょ体験に由来している、とエイスラーは堂々と主張しています。[(2)] しかし今のところ、ダ・ヴィンチが夜尿症だったという記録は残されていませんし、十五世紀のイタリアでおねしょがどのように見なされていたのか私たちには知る由もありません。

このような解釈は二つの精神分析的な前提に基づいています。一つめは、人間の興味に深く関わるものはすべて、原初的な身体感覚に由来しているという前提です。二つめは、原初的な身体満足を受け入れるのはとても難しいため、昇華などのさまざまな心の操作によって、つねに隠蔽されているという前提です。たとえば、アーネスト・ジョーンズは『フロイト伝』のなかで、芸術について次のように述べています。

紙、粘土、石、言葉、音といった芸術で用いられる素材について考えてみた場合、混沌を秩序づけようとする情熱的な関心は、最も原初的で幼児的な楽しみとして、またその楽しみを頭から否定するものとして、きわめつけの昇華を意味する。どんな心理学者であっても、そう結論するに違いない。[(3)]

＊5　プルースト Proust, Marcel（1871-1922）フランスの小説家。その長編小説『失われた時を求めて』は、作家志望の語り手が、自分の主題も見いだすことができぬままに、家庭や社交界、あるいはいくつかの恋愛などを通して、体験や見聞を積み重ねた後に、最終編において、無意志的記憶によってよみがえる自分の過去の「時間」こそが作品の素材であることを自覚するというもの。全体が鋭い方法意識に貫かれたこの小説は、作品自体が作品を擁護する批評になっており、二十世紀の小説の概念をまったく一新したものである。

＊6　レオナルド・ダ・ヴィンチ Leonardo Da Vinci（1452-1519）イタリアの画家・彫刻家・建築家。イタリア、ルネサンスの巨匠で、「万能の人（全人）」理想の体現者とされる。絵画に「モナ・リザ」、「最後の晩餐」、「聖アンナ」など、精密な写実と深い精神性を備えた不朽の作品をのこした。詩人・思想家としても傑出し、自然科学に関しても多くの業績がある。

たしかに神経症症状の多くは受け入れがたい原初的衝動を隠蔽しています。だからといって、患者のあらゆる言動、興味、行動を、ある種の隠蔽だとか、隠蔽のようなものとまでは言えないのです。たとえ夢であっても、すべてが隠蔽を意味するわけではありません（もっとも、フロイトはそのように考えましたが）。夢を理解しようとすれば何らかの解釈を必要としますが、それは夢が「象徴言語」や「視覚言語」として表されるからです。たしかに夢のなかには、夢見手にとって受け入れがたく、扱いがたいものもありますが、夢の理解しがたさは隠蔽によって生じているわけではありません。なぜなら夢の多くは、攻撃イメージや性イメージをまったく隠そうとせず、あからさまに表してしまっているからです。

ここで忘れてならないのは、フロイトの生きていた時代は、現代よりもはるかに隠蔽が際立っていたということです。実際、人間にはみな生々しい攻撃衝動や性衝動があることを、現代の私たちが十九世紀末のウィーン市民よりも受け入れているのは、ほぼフロイトの仕事のおかげなのです。また思い出してもらいたいのは、フロイトの初期の患者は、そのほとんどが今日ではめったに目にしなくなった、著しい健忘と転換ヒステリーに苦しむ女性たちだったということです。そうした患者は、ほかの患者よりも本当の自分の性質をいっそう隠そうとします。ヒステリー症者がほかのパーソナリティの人たちと異なるのは、自己欺瞞の達人という点であって、そうした理由から、ときに彼らは他者に対してヒステリックに苛立ったり、自分を偽ったりするように見えるのです。

「隠蔽」という覆いを貫くことによって、ヒステリー症状をしばしば消失させたことは、フロイトの偉大なる発見でした。ところがそうした発見によって、フロイトはほかの神経症にも隠蔽の役割を強調しすぎてしまい、「解釈はつねに隠蔽を打ち消すために用いられるべきだ」と考えるに至ったのではないか、と私は思っています。臨床実践において解釈は、覆いを剥がすためというより、矛盾点に注意を向けたり、気付かれていない結びつきを指摘したり、一見理解できないことを理解するために用いられることのほうがはるかに多いのです。もちろん覆いを剥がすこともそこに含まれてきますが、大きな目標にはなりません。

❖治療者の人間観や学派が解釈に与える影響

患者の症状や発話をどう理解するかは、治療者の抱いている人生観や人間観によって当然左右されます。今の時代や文化に浸透した信念の影響から、誰一人として逃れることはできません。きっと次世代の治療者なら、心理学や生物学に関して今よりも多くの知識を持っているはずなので、今日の心理療法家の解釈を聞けば鼻で笑うかもしれません。

さらに、さまざまな分析学派間に見られる理論的不一致は、患者へ伝える探索的な解釈に間違いなく影響を与えてきます。たとえばクライン派の分析家なら、母親の乳房に対する乳幼児の態度の変遷によって人間を理解するため、乳幼児の発達の様相に症状の由来を見出そうとするでしょう。ユング派の分析家なら、補償のパターン[*7]や元型的な現象[*8]がどのように見られるのか注意を払うでしょう。アドラー派[*9]の分析家なら、「優越感への追求[*10]」の証拠を見出そうとするでしょう。

とはいえ、心理療法の実践をいざ始めてみると、あらゆる心理療法家が納得するような「真理」など、何一つ

＊7　補償 compensation　人間の適応のための心的機制の一つ。ユングは、人間の無意識が意識の一面性をつねに補償する傾向をもつことに注目した。たとえば、意識の態度が外（内）向的な人は、無意識的には内（外）向的であるという。このような意識と無意識の補償作用によって、人間の心は全体的な調和と均衡を保っている、とユングは考えた。

＊8　元型 archetype　ユングは幻覚や妄想の内容と、正常者の夢や空想、神話やおとぎ話などの間にきわめて類似性の高い主題やイメージの存在することを認めた。このようなイメージが時代や文化を超えた普遍性を持って存在していると考えた。このような普遍的イメージを産む無意識内に先在する形態として、元型の存在を仮定するようになった。元型はあくまで仮説的な概念であり、それ自身を意識化することは不可能である。それは先験的に与えられた表象可能性であり、それが意識経験の素材によって満たされたとき、元型的心像として意識に把握される。ユングが元型として重要視したのは、影、グレートマザー、アニマ・アニムス、自己などである。

ないことに気付かざるをえなくなります。このことは初心者が思うほど重大な問題ではありませんが、それにはいくつかの理由があります。第一に、精神病理学の多くの領域では、心理療法家たちの共通理解が通常思われている以上に多く得られているためです。私自身は、初めにユング派の訓練を受け、後にフロイト派の分析を経験しましたが、だからといって、信念の異なる分析家と意見を交わすことが難しかったり、ある患者の問題について一致した考えにたどり着けなかったりすることはありませんでした。そこで生じるコミュニケーションの問題の多くは、あくまで意味論的[*11]なものだからです。

　たとえば、ユングの「元型」の概念と、クラインの「内的対象」の概念とは似ている点があります。ユング自身、フロイト派の視点であれ、アドラー派の視点であれ、両者の解釈の妥当性は変わらないことを、いくつかの事例を取り上げながら説明しています。

> アドラーではアクセントは主体にある。アドラーの主体は自己の地歩を確保し、あらゆる客体を抑えてその上に立とうとする。これに反してフロイトにあっては、アクセントは客体にある。客体はその特定の性質によって、主体の快楽欲求に対して促進的に働いたり、あるいは妨害的に働く[4]。

……………………

　ある特定の神経症症状について、由来の観点からではなく意味の観点から説明することに限ったとすれば、かなりの賛同が得られるに違いありません。たとえばスキゾイド患者[*12]は、他者と親密になると何らかの危険を感じ、逆に他者と疎遠になると耐え難いほどの孤独を味わいます。このように非常に苦しいジレンマをスキゾイド患者が抱えていることは、心理療法家なら誰もが同意するだろうと思います。一方、こうしたジレンマの由来については意見が分かれるかもしれません。患者は他者に傷つけられることよりも他者を傷つけてしまうことに恐怖を感じている、と主張する人もいるでしょう。いずれにせよ、他者との関わりのなかで自分の安全を確保しようとして恐怖を感じている、という点については誰もが賛同するだろうと思います。

精神分析理論と学習理論とは似ている点がたくさんあります。たとえば、「内在化による内的対象の形成」というたいそう秘儀的な概念であっても、一般に同意の得られている考えと結びついています。しばしば子どもは「親の基準をわがものにする」と言われるように、親の基準はおそらく子どもの心のどこかにしまわれて、子ど

＊9　アドラー Adler, Alfred（1870-1937）オーストリアの精神医学者・心理学者。過去の心的外傷や生物学的要因の重視という立場とは対照的に、目的論の立場を重視した。つまり、人生とはそれぞれの個人の持つ劣等性を克服しようとする補償の形で「権力への意志」を実現していくと考えた。こうした自らの立場を「個人心理学」と名づけた。

＊10　優越性の追及 pursuit of superiority　アドラーは、器官劣等性なる概念を提唱し、劣等感とその補償という心的機制の重要性を指摘した。すなわち、すべての人間は何らかの身体器官の劣等性を持ち、それを補償しようとする傾向によって、その人の生き方が影響されるとした。ときに、それは過補償の形を取るときもあり、神経症の症状もそのような観点から解釈されうると考えた。こうした考え方から、「優越性の追及」の衝動を重視するようになった。

＊11　意味論 semantics　意味論という用語には二つの用法がある。一つは、「意味とは何か」という一般的な問いに対する哲学的理論を指すものであり、もう一つは、「日本語の意味論」と言うように、具体的な言語に関してその意味的側面を扱う理論を指すものである。ここでは後者のことを指している。

＊12　スキゾイド schizoid　精神分析の文脈では、イギリスの精神分析家フェアバーンによる、ある一定の特徴と力動的構造を持つパーソナリティの研究に端を発する。フェアバーンは、現実感の障害がある一群の患者に、万能的態度、孤立し感情的に距離を取る態度、内的現実への没頭という特徴があることを認め、これをスキゾイド・パーソナリティと名づけた(フェアバーンはこの精神病理の起源を、子どもと母親との安定した情動的関係の形成を妨げる母親の態度に見ている)。それはガントリップ、カーンらに引き継がれ、環境因子（母親の養育態度と社会的次元）を重視している点で、ウィニコットの考えと合流して、イギリス精神分析のとくに独立学派の臨床及び研究の焦点となった。一方、伝統的な精神医学の文脈では、クレッチマーが提唱した体格－性格学のうち、分裂気質 schizothym や精神分裂病 schizophrenie に連なる分裂病質 schizoid を主に意味していた。これらの流れは欧米精神医学においてある意味で折衷され、米国精神医学会の『精神疾患の分類と診断の手引き』にはパーソナリティ障害の一型として「スキゾイドパーソナリティ障害」が採用されている。

もの心と折り合いがつかなくなると、仕方なく捨て去られたり取り除かれたりするのでしょう。クライン派の分析家なら、そうしたことを「飲み込む」とか、「排泄する」といった身体過程を指し示す言語で言い表そうとします。もちろん身体言語に限らず、あらゆる言語には象徴的、隠喩的な意味が含まれていますが、クライン派の分析家がとりわけそうした言語を用いるのは、自分たちの確たる信念をそこに反映させるためなのです。

神経症患者の示す現象にはさまざまな解釈が考えられますが、そのほとんどは理解できるものです。理解できない解釈というのは、私が思うに、さまざまな学派間の相違、言わば「宗教的」側面に触れたものです。たとえば、重篤な心的外傷に関する信念は理論的背景によって異なるため、分析家はその影響を受けていると言えます（とはいえ、実際の治療成果や、患者へ伝える解釈の内容に大差はない、と私は怪しんでいますが）。ライクロフトは、大人による性的誘惑、出産時の外傷、男女の性別の気づき、乳幼児期の母親からの分離、自らの衝動による圧倒的な恐怖といった、考えられうるすべての神経症の「原因」を一覧に示しました[5]。ただし分析家が違えば、そうした強調点も違ってきます。

懐疑主義者なら、「どんな解釈であってもないよりはましだろうし、患者が分析家を信じ込んでいる限り、どんな解釈でも受け入れるだろう」と主張するかもしれません。たとえばそれは、母親の乳房に対する乳幼児の態度の変遷に関する解釈かもしれませんし、意地の悪い、取るに足らない人の行動に関する解釈かもしれません。そうした解釈に真実はいくらか含まれていますが、一般に考えられているほど多くはないのです。

臨床実践において「症状が何に由来するのか」という問いは、「患者が『今ここ』で実際に何を体験しているのか」という実存的な問いと比べると、さほど重要ではありません。たとえばある強迫症状が、厳格すぎるトイレット・トレーニングに由来しているかどうかは取るに足らない理論的な問題です。それはフロイト派の理論ですが、実際、支持する証拠は得られていないようです。ここで重要なのは、強迫症状を持った人がどんなふうに振舞うのか、どんな気持ちを抱くのか、強迫の儀式にはどんな意味があるのか、なぜ強迫観念を抱くのか、なぜ彼らの生活は注意や警戒に満ちているのか、といったことを治療者が理解することなのです。

明らかなのは、大人の強迫行為の多くは、両親から何らかの影響を受けているということです。もし治療者が患者の生育歴をきちんと聴き取ることができれば、両親の抱く過剰な心配や疑惑、汚物や汚染への恐怖といったエピソードが豊富に得られるでしょう。あくまでこうした素材は、「患者の現在のパーソナリティは子どもの頃のパーソナリティや親のしつけと関係している」といった、一貫したストーリーを作るために用いるのが良いでしょう。というのも、そうしたストーリーは、患者の症状や現在の適応状態を理解するのに必要だからです。とはいえ、そうしたストーリーは決して完成することはありませんし、患者の現在のパーソナリティのどこまでが早期の外傷によるもので、どこまでが特定不能の遺伝負因によるものか、治療者が厳密に判断することは決してできません。

患者の強迫性が遺伝によるものか、それとも厳しいしつけによるものかといったことは、治療上さほど重要ではないのです。知的に早熟な子どもなら、しばしば両親のメッセージを敏感に感じ取り、そのため実際以上に両親を権威者とみなします。一方、発達のごく早期に母子関係がうまくいってなかったのではないか、と疑わしくも確信せざるをえないような事例も見られます。興味深いことに、そうした分析家の推測を裏付けるような知見が近年の研究から得られていて、赤ん坊はこれまで考えられていたよりもはるかに環境に対して、聴覚的、視覚的、触覚的に反応していること、そして他者との話や遊びなどを通して、はるかに刺激を求めていることがわかったのです。とはいえここで重要なのは、症状の原因を外傷的な躾の仕方によるものとか、先に指摘したようにその原因にはさまざまな理論的相違があるとか、そうしたことを治療者が患者に説明することではありません。今現在の患者の状態と、これまでの発達過程上の体験を理解することが重要なのです。

❖患者との信頼関係、治療者の共感性

患者と適切なラポールを結ぶことができず、また直観的な方法によってではなく、独断的で、堅い枠組みからしか人間の性質を理解することのできない教条的な分析家は、自分の患者へ解釈を伝える際、ときに専門用語をそのまま使ってしまい、患者を疎外してしまうことがあります。

心理学者サザランド[*13]が自らの神経症体験をつづった著書『ブレイクダウン』には、患者と分析家のコミュニケーションがまるでうまくいかなかった一例を見ることができます[(6)]。分析は役に立たないとサザランドが確信したとしても、まったく不思議ではありません（ただし、彼の説明がどんな事例にも当てはまるという場合に限ってですが）。なぜなら、サザランドを担当した分析家は、理解の代わりに信念を用いていたからであって、患者を理解しようとして親密な関係を築くのではなく、患者を回心させて治療を行っていたのです。

作家ウィリアム・サーガント[*14]のような「洗脳」に取り付かれた人たちは、力動的心理療法の治療成果をすべて回心によるものと考えています。これは明らかに間違った考えだと私は思います。後の章で説明するように、人を助けることはさまざまな要素から成り立っていますが、回心が一番の要素ではありません。私の患者の多くは、私がユング派なのか、フロイト派なのか、それどころか学派に属しているかどうかさえ、きっと知らないと思います。私は、自分の患者をフロイト派やユング派に回心させたことはこれまで一度たりともありません。一方で私の治療成果は、控えめに言ったとしても、ほかの分析家の治療成果と比べてけっして引けを取らないと自分では思っています。

神経症者の行動や経験にはいくつかの種類があります。医学部の学生たちは、そうしたことを書物や講義、セミナーから学べますし、外来患者から生育歴を聴取する臨床経験からも学べます。とはいえ、実際に多くのことを学べるのは、継続的な心理療法を求める少数の患者からでしょう。また自分自身の問題や防衛を探索すること

からも多くのことが学べます。すぐれた心理療法家になるためにまず大切なことは、理論的な枠組をマニュアル的に身につけることではなく、さまざまなパーソナリティに対する幅広い共感性を身につけることなのです。

＊13　サザランド Sutherland, Professor Stuart（1927-1998）イギリスの心理学者。

＊14　サーガント Sargant, William（1907-1998）イギリスの心理学者。

第六章　夢、白昼夢、描画、文章

❖患者に夢の内容を尋ねる

心理療法家は患者との作業のなかで、夢の内容を聞いて、それにコメントできるよう準備しておかなくてはなりません。夢の解釈は、経験豊富で、しかも分析訓練を十分に受けたものだけが許される秘儀の技術の一つだ、といまだみなされがちです。そのため初心者は、しばしば夢の解釈を自分の手に負えないものと遠慮してしまいます。しかし、それはとても残念なことです。もちろんあらゆる夢が治療の道筋を示したり役に立つというわけではありませんが、なかにはそうした夢もあるからです。もし治療者が夢と取り組む準備ができていなければ、何か貴重なことが治療者からだけではなく、患者からも奪われることになるかもしれないのです。

治療者は患者に夢の内容を尋ねるべきなのでしょうか。つねに患者が自発的に話の主導権を握らなくてはならない、とする原則に忠実な治療者もいます。そうした治療者は、「治療者が患者に夢の内容を尋ねることによって、患者の自発性を妨げてはならない」と言うでしょう。一方、「治療者の質問が患者の語りの流れを遮らなければ、あるいは患者の取り組もうとしている喫緊の情緒的問題から逸れなければ、夢の内容を話し合うかどうかは患者に任せてみてもいい」、と考える治療者もいます（ちなみに私もそうした治療者の一人です）。

第二章で私が示唆したのは、心理療法家は紹介されてきた患者と初めて会う際、まず病歴や生育歴を聴き取ることが賢明だということでした。それはまた、患者が夢の内容を覚えているかどうか、夢に何らかの意味を見出しているかどうかを見定める良い機会でもあります。初対面の医師の診察を受けるのは不安を伴うので、患者はしばしば診察の前夜に夢を見ます。ですから、治療者は患者と初めて会った際、ふだんから夢をよく見るのか、昨晩は夢を見たのか尋ねてみる価値があるのです。

たとえば、患者が次のような夢を見たとしましょう。「私は旅行に出かけようとしていた。列車に乗り遅れはしまいかとても不安だったが、なんとか間に合った。ようやく目的地にたどり着くと、そこにはしかめつらした駅長（もしくは警察官）が待っていた」。この夢から、治療者に向けて権威的な態度を投げかけているのは明らかなので、すぐさま貴重で意義深い問題のテーマへたどり着けるでしょう。

患者から生育歴を聴き取るとき、子どもの頃、悪夢によくうなされることがあったか、とりわけ何度も繰り返し見る夢があったか尋ねてみるとよいでしょう。繰り返し見る夢は、しばしば未解決の問題を言い表しているように思われます。一連の問題を頭のなかに組み込むように、小さな空間に集約しているのかもしれません。

たとえばある男性患者は、幼い頃にきわめて不快な夢を繰り返し見ていたことを思い出しました。夢のなかで、ひどくもつれた、不揃いな模様をした糸（あるいは毛）の固まりをほどこうとしますが、上手くほどけずに手こずります。夢は患者に無力で寄る辺のない感情を引き起こしました。そのため夢見手は、もつれをほどこうといくら努力しても、ほどけるはずがないと感じたのです。

この夢はさまざまな水準から「解釈」することができます。おそらく分析家の学派が異なれば、その意味も異なってくるでしょう。私の立場からすれば、解釈は必ずしも必要ではありませんが、患者の幼少期を探るための貴重な手がかりになると考えられます。夢が示すように、その男性はしばしば無力感を感じていたのでしょうか。もしそうだとすれば、どうしてそんなに落胆してしまったのでしょうか。そうした無力感は、幼い頃だけ感じていたのでしょうか、それとも大人になってからも感じているのでしょうか、さらには今日も感じているのでしょうか。こうした繰り返し見る夢は、生き生きした情緒的記憶をたいてい後に残します。患者がその情緒的印象を詳しく思い出せば、内的な感情世界を覗くことのできる「窓」が瞬く間に開かれるのです。

❖夢の内容を尋ねてみる価値

定期的に来談しているのに、「今日は何も話すことがありません」とセッションの冒頭できまって言うような患者にも、夢の内容を尋ねてみる価値があります。そうした状況で患者が思い出す夢には、思考や語りの流れを遮るような問題のありかが隠されていることがとても多いのです。おそらくそれは、患者にとってあまりに恥ずかしいので打ち明けられなかった自分自身のことだったり、患者が治療者に対して感じているけれど、気づかなかったり認められなかったことだったりします。また夢は、難局を迂回する方法として役立つことがしばしばあります。

今のところ（この本を執筆している時点で）、夢の意味に関して、一般的に認められた理論はありませんが、だからといって、夢を臨床実践に用いるのを思い留まる必要はありません。夢には真剣に取り扱うだけの価値がある、という考えを現代に甦らせたのがフロイトです。たしかにフロイトの夢に関する独創的な考えが確かめられたわけではありませんが、夢の重要性を再認識できたのはフロイトのおかげなのです。

❖フロイトの夢についての考え

夢は満たされていない願望やしばしば受け入れがたい願望——そのほとんどが夢見手の幼少期早期に由来する本能的衝動——を表している、とフロイトは考えました。

私たちは、いかなる文化人も、ほとんど例外なく、何かある一点においては、幼児期に形成された性生活のパターンをいまなお保持していると主張する権利があるし、またそう考えることで、夢の形成にあたっては、追いやられている性的願望こそが一番よく登場し、また一番強力でもある推進力だということが理解できるのである。(1)

このような願望はそのまま夢のなかに現れず、夢見手が夢の内容を受け入れられるよう、さまざまな偽装が施されたうえで夢のなかに現れる、とフロイトは考えました。したがって、夢は「解釈」を求めているのです。夢見手が自分で思い出せるのは夢の「顕在内容」だけで、夢の本当の意味とされる「潜在内容」は、夢見手が夢のあらゆるイメージについて連想し、それを分析家が詳しく解釈する、といった長い過程を経てようやくわかるものなのです。

夢の内容を日常用語によって言い表すことはできませんが、だからといって、あらゆる夢は受け入れがたいことを隠蔽している、といった考えに何ら証拠はありません。そもそもあらゆる夢が満たされない願望を表している、といった考えにも十分な理由はありません。たとえば、何らかの外傷体験を抱えている人の夢や、外傷体験がそのまま繰り返し現れる夢などはそれに当てはまりません。フロイト自身もそうした夢があることを認めていて、そうした夢は、混乱した刺激を抑えようとしている現象を示しているのではないかと仮定しました。こうした夢の見方はフロイトのもともとの夢理論よりも実りがある、と私は考えています。

❖ユングの夢についての考え

ユングは夢について、先行するフロイトとはまったく異なる見解を示しました。第一に、夢は隠蔽ではなく、象徴言語を表していると考えました。象徴言語には理解できるものも理解しがたいものもありますが、本質的には人間の表す、自然な表現形態の一つです。たとえば詩は、隠喩と象徴が主な役割を果たす言語表現の一つですが、だからといって、あらゆる詩がやみくもに曖昧なわけではありません。

第二に、ユングは夢のなかにあらゆる種類のものが現れると考えました。

夢は抑圧された願望の充足にすぎないという見方は、すでに過去のものとなっている。なるほど、願望や恐怖をはっきりと表しているような夢もある。しかし、ほかにもいろいろな夢があるのではないだろうか。夢は、不可避の真理、哲学的な見解、錯覚、奔放な空想、思い出、計画、予測、非合理的な体験でもありうるし、テレパシー的なビジョンや、その他得体のしれぬものでさえもありうる。(2)

第三に、ユングは、身体と同じように、心を自己制御システムの一つだとみなしました（このことは私が自著『ユング』(3)のなかで論じています）。心の意識的部分と無意識的部分は、互いに関わり合っていると考えられることから、無意識から発せられる夢は、ある意味で、一面的あるいは極端に偏りすぎた意識の態度を補償するものと考えられるのです。私は『ユング』のなかで、ある少女の見た夢の事例を取り上げています。その少女は、意識的には自分の母親について良いことしか言わなかったのですが、夢のなかでは母親を敵対的で破壊的な人だとみなしていました。一方でユングは、ある男性の夢の事例を取り上げています。その男性は、意識的には自分の力を過大評価していましたが、夢のなかではすでにその限界が来ていることが示されていました。

❖夢の捉え方

心理療法家は患者から夢の内容を聞く際、夢の捉え方にはいくつかあることを頭に入れておくと役に立ちます。

一つめは、夢は願望を表しているという捉え方です。あたかも白昼夢のように、性的願望や野心的願望を表していることは非常によくあります。

二つめは、夢には衝動のはけ口としての役割があるという捉え方です。それは夢見手が表せない衝動だったり、一部しか気づけない衝動だったりします。治療者、職場の上司、両親などの権威者へ向けた攻撃衝動は、たびたび夢の内容に現れます。同じように、夢見手が性欲を感じる人へ向ける性衝動も夢の内容に現れます。というのも、そうした衝動は社会的な制約などから本人にとって近づきがたいものだからです。たとえば、ふだんは異性愛者であっても同性愛的な夢を見るかもしれませんし、逆にふだんは同性愛者であっても異性愛的な夢を見るかもしれません。

三つめは、ユングが取り上げた例のように、夢には補償的側面があるという捉え方です。意識は私たちの視界を単純かつ明瞭にしようと努めますが、あらゆる意識的態度にはたいてい別の補償的な側面があります。ふだんはたいそう毛嫌いしている人に対して、夢のなかで好意を寄せてしまうことがよくあるのは、そうした理由からです。同じように、無神論者は夢のなかで自分の宗教的側面を見出すかもしれませんし、科学者は夢のなかで自分は思っていたほど合理的ではないことに気付くかもしれません。

四つめは、夢は夢見手が今取り組んでいるけれど、まだ解決していない問題を表しているという捉え方です。

たとえば、私たちはやっかいな社会的状況に直面した際、たいていはこれから自分が取るべき行動をリハーサルしてみます。今後どのような状況になるのかを想像し、自分は何を喋ったらいいのか、どんなふうに振舞ったらいいのかを考えます。一般的にこれは、今後起こりうる事態をできるだけ予測することによって、自分の不安を和らげようとしているのです。これと似たようなことがしばしば夢のなかでも行われているように思われます。つまり夢見手は――なかば気づいているかもしれませんが――、私が述べたような予測過程を夢のなかで行おうとしているのです。こうした夢のもつ問題解決の側面は、新たな解決策を見出した科学者や、創造的な人たちが見た夢によって例証されています。もっともその解決策は、夜間に見る夢のなかで見出されるというより、むしろ睡眠と覚醒の間にある夢想状態、すなわち日中に見る白昼夢のなかで見出されることのほうが多い、と言ったほうが正しいでしょう。

❖夢の意味を探る

患者が報告する夢のなかには、治療者にとっても、あるいは患者にとっても、その意味がすぐさま明らかになるものがあります。それに対して、その意味がいっこうに明らかにならないものもあります。後者の場合、私は患者に夢のなかでどのようなイメージが心に浮かんだのか尋ねてみます。このように、私はたいてい、夢に関する一般的な理解よりもその人独自の意味を探ろうとします。もちろんなかには、患者の幼少期早期に由来するような、過去と結びついた夢もありますが、夢を見た日の昼間の出来事と直接結びついた夢も多いのです。それは、夢見手がまだ十分にその重要性を認識していない出来事や、まったく手がつけられないでいる問題を示す出来事と、とりわけ結びついているように私には思われます。

心理療法家の訓練生は、患者から夢の内容が報告されると警戒心を抱いてしまいがちですが、それは正確で完璧な夢の解釈が自分に求められていると思ってしまうせいです。ですが、実際そうしたことはめったにありません。患者がすぐに気づくのは、夢というのは治療者から独断的な解釈を押し付けられる素材ではなく、おそらく自分がそれまで十分意義を認めてこなかった、情緒的関心事を指し示す「貴重な指示器」だということです。しかも患者は、治療者と同じように夢を理解するのに貢献することが求められますし、またそう求められてしかるべきなのです。つまり、夢のなかのさまざまなイメージや出来事について連想することが求められ、解釈を自ら納得して受け入れられるようになるまで、治療者とともに責任を分かちあうのです。

夢のなかには、夢見手の過去や現在の問題を照らし出すようなわかりやすいものもあれば、初めのうちは訳がわからないけれど、治療が進むにつれてしだいにわかってくるものもあります。ときに夢は、患者だけでなく治療者にとっても、忘れがたいほどの深遠な体験をもたらすことがあります。それはユングやユング派分析家が好んで呼ぶ「集合的」な夢のことです。集合的な夢とは、夢見手自らが意識的に想像しうるであろう内容をはるかに超えた、遠い過去に由来するような夢のことです。そうした夢のなかから、おとぎ話や昔話に登場するような神話的テーマをしばしば見出すことができます。ユングは人間の経験には神話的基層があると考えました（ちなみに私もその考えに与しています）。というのも、私たちはふだん意識していませんが、さまざまな間接的な仕方を通じてそうした神話的基層が示されるからです。ロナルド・トールキン[*1]著『指輪物語』[*2]の絶大なる人気は、私たちがいかに神話や寓話に飢えているかを証明しています。そうした需要にはＳＦ小説なども一部応えている

＊1　トールキン Tolkien, John Ronald Reuel（1892-1973）南アフリカ生まれのイギリスの作家、言語学者。『ホビットの冒険』『指輪物語』など空想的な寓話物語で有名。

＊2　指輪物語 Lord of the Rings（1954-56）トールキン作の長篇ファンタジー。架空の世界ミッドアースを舞台に闇の帝王モルゴスに対するホビット族のフロド・バギンズとその仲間たちの戦いを描く。従来の英雄譚を打ち破り、平凡で微力な主人公が竜退治を果たす過程が若い読者の共感を呼び、二十世紀児童文学の古典となった。

かもしれません。私たちが夢中になる英雄の冒険譚では、善と悪とが戦い、偉大な功績が成し遂げられ、王国は栄枯盛衰し、生贄が奉げられ、真の勇気が試されます。私たちはそうした物語を読んでいるうちに、ありふれた日常生活のなかでは得られない意義を感じてくるのです。戦時になると神経症が減ることを考えれば、一大事態に加わるある種の高揚感は心の健康を保つのに必要なのかもしれない、と私には思えてきます。しかし、ここでそうした主張を論じるのはなじみませんし、紙面の数も足りません。かわりに、私たちはときに夢のなかで神話的世界へ足を踏み入れることがあること、患者と治療者はともにそうした夢に感動し心を奪われることがあることを指摘するだけで満足しなければなりません。ちなみに、ユングやユング派分析家の著作にはこうした種類の夢が数多く取り上げられています。

❖夢は夢見手に問いを投げかける

もう何年も前のことですが、ある男性患者が私に次のような夢を話しました。私がその夢をここで取り上げるのは、その夢が神話的な夢の典型を示していたからではなく（もっとも、神話的世界と結びついていたのは明らかでしたが）、夢見手の人生についての数多くの問い――しかも探索する価値のある問い――に満ちていることを示していたからです。

夢のなかで、その男性は、ある店のなかを窓越しに覗きこんでいました。店内には美しい女性の姿をした彫像が、四角形の台の上に置いてありました。それらは半透明の素材から出来ていたため、台の裏には何かの文字が彫られているのが見えました。夢見手はそこに人生の謎が書かれているのがわかりました。ところが、その文字は逆さまになったり歪んだりしていたため、男性が見ていた位置からは何が書かれてあるのか読めなかったのです。

この夢には数多くの問いが含まれています。夢見手の女性との関係や芸術との関係は、いったいどういったものでしょうか。おそらく夢見手にとって女性とは、温かみのある人間というよりも芸術作品のようなものか、もしくは理想化された対象として愛情を向けているものなのでしょう。夢見手はどんなふうに「人生の謎」を追い求めているのでしょうか。世の中には、人生を完全に説明しようとし、人生の問題をすべて答えようとするある種の思考体系があって、そうした思考体系を好む人は患者に限らず分析家にも少なくないのですが、夢見手もそうした人の一人なのでしょうか。もしそうだとすれば、夢は「人生の謎」を完全に把握したり理解することはできないという、夢見手の人格の懐疑的な一面を表しているのでしょうか。おそらく夢見手は、それまでずっと不毛な努力をつづけていたのでしょう。そしてそれが不毛な努力だと気づいた後の絶望感をこの夢は表しているのでしょう。

たしかに、患者がこの夢を見なかったとしても、心理療法の過程で同じような内容が現れてくる可能性は十分考えられます。しかし、夢はそうした問いを夢見手に直接投げかけるのです。患者の心が意識せず自発的に産み出したものなので、長い間表面化していなかった問題と直接つながっています。この夢は、夢見手の態度や問題を簡潔にまとめていると思われる夢の一例です。

とりわけレム睡眠が発見されて以来、これまで数多くの夢研究が行われてきましたが、夢の全貌を知るには、私たちはまだ遠い場所にいます。ですから、夢を独断的に解釈するのは適切ではないのです。むしろ芸術作品のように、夢にはそれ自体言葉があることをしばしば認めなくてはなりません。十七世紀の医師、トーマス・ブラウン卿[*3]はこう述べています。

＊3　ブラウン Browne, Sir Thomas（1605-82）イギリスの医師、作家。

夢が外的世界の出来事と関係しているかどうかはわからない。しかし内的世界にとって夢は本当に重要なもので、それによって自分自身を思慮深く理解することができるのである。私たちは睡眠中でも、覚醒時のような感覚、安堵、失望をはっきりと感じ取る。これらは心の奥底から語りかけてくる夢に由来しているのかもしれない(4)。

このブラウン卿の言及がなされてからおよそ三百年が経ちますが、私たちはいったいそこからどれほど進歩したと言えるでしょうか。

❖白昼夢

心理療法家は、患者の白昼夢も考慮に入れておかなくてはなりません。白昼夢が夢に比べて理解しやすいのは、その情緒の内容は概して限られていて、しかも夢にはないある種の一貫性が意識によってもたされているからです。誰しも白昼夢を見ていますが、それを明らかにするのはときに難しいことです。実際、私たちは皆、無意識下でずっと「B級映画」を鑑賞しているようなものだと言われます。第四章で私が示唆したのは、大勢の人は、ジェイムス・ジョイスが『ユリシーズ』の結末でモリー・ブルームに言わせたような独白で頭が一杯だということでした。ほとんどの人は、社会的成功や性的満足の白昼夢を見ているように思われます。もし金持ちになったとしたら、もし首相になったとしたら、もし偉大な作家や画家になったとしたら、いったいどんな気分がするのだろう、と。それに男性ならば、バスの向い側の席に座っている美しい女性を見て、「もし彼女と一夜を過ごせたら、どんなに素晴らしいだろう」と思うことでしょう。トルストイ[*4]はその『幼年・少年・青年』のなかでこう述べています。

人は、私の青年時代の空想が、幼年時代や少年時代のそれと同様に、子どもらしいものだからとて私をとがめないであろう。私は信じて疑わないが、もし私が大変な老齢まで生きのびる運命を持ち、私の物語が年齢を追って進んだとしたら、私は七十歳の老人になってもやはり、まったく今と同じように、やりきれない子どもっぽい空想にひたりつづけるに違いない。マゼーパを愛したマリヤのように、歯のない老人の私を愛するどこかの美少女について空想するに違いない。また、私の知的障害のある息子が、何かとんでもない機会に遭遇して、とつぜん大臣になるとか、思いもよらず私に数百万の大金がころがりこむとか空想するに違いない。また、これも私は確信するが、人間にはおそらくこの空想というありがたい、慰めになる能力を失ってしまうような性質も年齢もないに違いないのだ。[5]

もちろん、白昼夢はありふれたものだからといって、それが取るに足らないものとか、それによってパーソナリティが明らかにならないというわけではありません。

白昼夢には、ほかの心的産物と同じように「裏」の側面があります。それは、現実生活の課題や問題を避ける口実として働く、逃避的な空想という面です。それ以外にも、将来の行動リハーサルといった面や、問題解決のための価値ある試みといった面があります。

スキゾイド患者はしばしば現実感のない白昼夢を見ますが、それは彼らの孤独感や疎外感を反映しています。そうした白昼夢は精神病患者の妄想体系と多くの点で共通していますが、スキゾイドの人は統合失調症の人のよ

＊4　トルストイTolstoy, Leo（1828-1910）ロシアの小説家・思想家。領地の農民の教育事業に取り組むかたわら作家活動を行った。独自のキリスト教的立場（トルストイ主義）を提唱した。長編『戦争と平和』『アンナ・カレーニナ』『復活』、戯曲『闇の力』、創作民話『イワンのばか』など。

うに、白昼夢の内容を真実と受け取るような間違いはしません。統合失調症の人は「自分は偉大な人物だ」と空想しますが、その卓越性を裏付けるような証拠は何一つ示されません。そうした妄想体系はおそらく、人生の失敗を埋め合わそうとする、逃避的な白昼夢から始まっているのでしょう。それゆえ、白昼夢の内容が患者の自尊心を支えるのに大事であればあるほど、患者本人はそれを信じざるをえず、もはや願望充足の観点からは考えられなくなってしまうのです。

スキゾイド患者はしばしば白昼夢にのめり込むため、現実生活の責務に損害を被ってしまいます。学業や仕事に支障が出るのは、白昼夢の世界があまりに魅力的なせいで、日常に戻ろうとしてもそこから抜け出せなくなってしまうからです。そうした患者のなかには、白昼夢を見て、自分で自分の心が制御できないように感じたり、狂気――それはある種の恐怖と言っておかしくない――に脅かされるように感じたりする人もいます。

白昼夢を探索することは、性的問題を抱えるような患者の場合にとりわけ重要です。幼少期や思春期の頃、たえず周囲から孤立していて、同年代の友人と性愛感情を分かち合っていない人は、自慰の白昼夢に基づいた、しばしばきわめて非現実的な性生活を、大人になってからも営む傾向があります。自慰は部分的に報酬をもたらす行為なので、白昼夢をある種固定化したパターンへと強化していき、結果的に現実の人との性的関係を構築する能力を阻害してしまうのです。

こうした効果をもたらす白昼夢には、まったく対照的な二種類のものがあります。一つめは、女性のヒステリー患者にしばしば見られるもので、「ロマンス」小説の作品や、女性雑誌に登場するような白昼夢です。その種のストーリーではたいてい結末で、主人公の女性がたくましく力強い男性の愛を手中にすることができます（その後は、その男性から永遠に愛され続け、自分の美容を保つこと以外ほとんど何も求められません）。二つめは、男性にしばしばよく見られるもので、ポルノ雑誌に出てくるような、どれ一つとってみても悲しいまでにステレオタイプな白昼夢です。

患者が白昼夢の内容を明かすときは、たとえそれがどのようなものであれ、しばしば苦痛を伴います。とはいえ、その苦痛は自分を変えるために避けられません。性的発達が自慰の段階で留まっている場合、とりわけ肉体関係のような、親密な対人関係を築くことに多くの問題を抱えていることが一般的に見られます。白昼夢が「現実」の人間関係よりも勝るのは、白昼夢それ自体がある種の快楽をもたらすという理由だけでなく、現実の人との親密な肉体関係が不快だったり怖ろしかったりするという別の理由もあります。

こうしたことが白昼夢の否定的な側面ですが、それとは対照的に、先に述べたような逃避ではなく、将来の行動リハーサルだったり問題解決のための試みだったりする白昼夢も多くあります。人類の偉大な功績のなかには、白昼夢に由来しているものがあります。たとえば相対性理論の発見は、「光速で飛んでいる観察者の目に宇宙はどのような姿で映っているのだろうか」というアインシュタインの白昼夢の能力にかかっていました。アインシュタインは自らの科学者としての成功を、物理学や数学の卓越性ではなく、想像力のおかげだとしていました。ほかにも白昼夢の肯定的な例は、創造性に関する私の著作[6]や、ジェローム・シンガーの優れた著作[7]のなかで取り上げられています。

心理療法家なら、抑うつに苦しむ中年期の患者を担当することがたびたびあるでしょう。とりわけそうした患者には、子どもが成長してすでに独立し、自分は誰からも求められていないと感じている中年女性や、キャリアが頭打ちになって、もはや何の目的も持てないと感じている中年男性がいます。そうした人には、かつて青年だった頃に抱いていた白昼夢の内容を尋ねてみる価値があることを、私は発見しました。本人が大事にしていた野心や趣味は、家族を養い、キャリアを築くうえで、たいてい切り捨てなければならなかったはずです。かつて青年だった頃に抱いていた白昼夢をもう一度思い出すことによって、新たな出発点が見つかるかもしれません。退屈な日常生活を脱して、人生をもう一度胸躍らせる冒険へと変えることができるかもしれないのです。中年期の危機を脱する方法は、月並みな努力をただ続けていても成長するチャンスがつかめないような、当人の性質を育んでいくことなのかもしれません。

❖描画

患者が自分の気持ちを言葉で表現するのが難しい場合、絵を描いて表現するよう勧めてみることがあります。「絵を描くのは下手だから」と言って嫌がる患者もいますが、私が勧めているのは芸術作品を創ることではないので、上手下手は関係ありません。描画作品に色を塗るようにすれば、しばしば患者のそのときの気分がありありと映し出されます。とりわけ、患者の言動や行動からはわからない、人格の基底にある抑うつがあらわになることがあります。

描画は患者の今の「状態」をあらわにするのに役立つだけでなく、それ自体にも治療的作用があります。第四章で私は、言語化には心的距離を取る効果があると述べましたが、描画にもそれと同じような効果があります。話し言葉はその場で書き留めておかないとすぐに忘れてしまいますが、描画作品は後で振り返ることができるため、しばしば有用なのです。患者のなかには自分の情緒の進展を記した、とても興味深い作品をつぎつぎと描き出す人もいます。

経験の浅い治療者は、夢の場合と同じように、患者の描画作品や絵画作品をあらゆる面から解釈しなくてはならないと感じるかもしれませんが、そのように感じる必要はありません。治療者は患者の気づいていない部分に気づくかもしれませんが、納得のゆく解釈を与えるのは患者本人である場合がほとんどでしょう。

また次回のセッションまでに、描画を「宿題」として行ってきてもらうのも有用です。とりわけそれが大事になるのは、来談頻度の少ない患者の場合です。治療者は、怒りや絶望の気分に苛まれている患者から、次のように尋ねられることがあるかもしれません。「次回のセッションまでに自分で何かできることはあるでしょうか。

もし気分がイライラしたり落ち込んだりしたらどうしたらいいでしょうか」。こうした場合、しばしば私は患者にその気分を絵に描いてみるよう勧めてみます。ずっと惨めな気分でいるよりも、その気分を絵に描くことによって克服できることが実によくあるからです。

❖文章

描画と同じように、患者のなかには心理療法の進み具合（あるいは滞り具合）を日記に付ける人がいます。もしくは、自分の考え、気分、感情を、ただつぶさに記録する人もいます。こうしたことはまさに描画を行うのと同じように有用でしょう。あまりにも大量の描画作品を描いて治療者を困らせるような患者はめったにいませんが、あまりにも大量の文章を書いて治療者を困らせるような患者は大勢います。かりにそうした文章をすべて治療者に読んでもらうとなると、セッションの時間がふだんの二倍か三倍多く必要になるので、私は患者の責任を明らかにするため、こう言うようにしています。「今ここで、あなたの書いた文章すべてに目を通す時間はどうみてもありません。ですので、あなたの書いた文章のなかで一番重要だと思う部分や、さらなる探索が必要だと感じる部分をお話ししてくれませんか」。

非常に劇的な精神病の再発の既往を持つある女性患者を、かつて私が担当したときのことです。その患者は精神病だったため、本来なら心理療法の対象外でしたが、ふだんの態度は治療に協力的で、しかも援助を求めることに不安を抱いている様子でした。それまでほとんどの担当医は、精神病体験について気にしないよう、かつて吹き荒れた狂気の時期をきれいさっぱり忘れるよう患者に勧めていました。ですが私は、危険だとは承知のうえで、病気の顛末を文章にしてみるよう患者に勧めてみました。そうすることによって、たとえ今後再発したとしても、病気のなすがままではないことを感じてもらえるかもしれないと思ったからです。こうした私の勧めに患者は応じてくれました。そして後に、その文章をまとめて匿名で出版したのです[8]。

それ以来は再発もなく、十四年の歳月が過ぎようとしていた頃、彼女は別の用件で私に手紙を寄こしてきました。私はその返信のなかで、あのような本を書くことが心の健康維持に役立ったのかどうか尋ねてみました。すると患者から、次のような返事が返ってきました（そこには返事の内容を引用しても構わない旨も記されていました）。「ええ。私にとってあの本を書いたことはとても良かったんです。とくに心のなかで過去の出来事がありありとしていた頃はそうでした。あの本を書き終えたことで、言ってみれば『ふたをし終えた《ガット・イン・ザ・バッグ》』ことで、過去の出来事をきれいさっぱり忘れてしまうことができたんです。もしあの本を書かなかったとしたら、結婚なんて恐ろしいことだったでしょう。でも、相手の男性があの本を読んで、私と結婚する危険性についていろいろと考えてくれたおかげで、私も彼と結婚しようと思えるようになったんです」。

もちろん、彼女がその男性と結婚したことのほうが、自分の体験を文章にすることよりも、心の安定を維持するうえで重要だったことは確かだと思います。しかし、心のなかで起きた非常に混乱した体験を「きれいさっぱり忘れてしまう」ためには、一度それらに直面しておかなくてはならなかったことも、また確かだと思うのです。混乱した体験を文章にするのは、そうしたことを成し遂げるための一つの方法だったのです。

第七章 親密さと客観性

❖患者のことを親密に知る

心理療法家は日々の仕事を通して、大勢の患者のことをきわめて親密に知るようになります。たしかにこのことは、この職に就いて最もやりがいのある、興味深い側面の一つです。多少の違いはあるにせよ、心理療法を常勤職で実践している人は、ほかのいかなる職業人よりも患者のことを親密に知るようになります。さらに言えば、心理療法家は、自分の友人や同僚のことよりも——しばしば自分の配偶者や子どものことよりも——患者のことをはるかによく知るようになります。

あらゆる親密さのなかで最も緊密なのが性的な親密さである、と多くの人に思われているようですが、私にはそのように思われません。なるほど性的な親密さは、しばしばほかの種類の親密さも促します。たとえば戦時中、敵の将校から機密事項を入手するために「ハニートラップ」がよく仕掛けられたように、性的関係は言語的関係を必要としないばかりか、相互理解という幻想さえ生み出します。しかし性的関係が終わってしまえば、そうした相互理解も崩れ去ってしまうのです。また心理療法の実践を通じて私が気付かされるのは、多くの夫婦は性的関係に満足していてもお互いのことをあまりよく知らないということです。

もちろん、心理療法家は患者と一緒に暮らしているわけではないので、患者についてよく知らない部分もあります。しかし、もし有能な心理療法家なら、患者のことをほかの誰よりも親密に知るようになると思います。これは、概して心理療法家が一人ひとりの患者のために時間を割き、ほかの関係では真似できないほど長期間にわたって会っているせいです。また、その関わりがきまって一方向的であることも関係しています。セッションの間、心理療法家は自分から話すのを控え、患者に自由に話してもらいますが、こうした心理療法の特徴に匹敵するのは、ほかの社会場面では懺悔くらいしか思いつきません。心理療法の目標は患者が自分自身のことをより良く知ることです。そのため心理療法家は、患者が自らの姿を見出すよう鏡となって映し返したり、患者の一貫したパーソナリティ像を徐々に築き上げるため、第五章で述べたような解釈を伝えたりします。こうしたパーソナリティ像は長い時間をかけてようやく描けるものなのです。

この章のねらいは、心理療法家が患者のことを親密に知ろうとする際に生じてくる阻害要因について探ることです。また、心理療法家が患者に対して向ける知的態度だけでなく、情緒的態度（こうした態度は、私に言わせれば、心理療法家自身が養わなくてはなりません）についても説明します。私の考える心理療法家とは次の点を満たした人です。第一に、患者の話から何らかの結びつきを見出して、妥当な解釈を言えるほどの知性を備えていること、第二に、職業上の倫理に則って、信頼感があり、一貫していること、第三に、人間の問題に真の興味を抱いて、それゆえ共感能力をいくらか備えていることです。

治療者がまず初めにぶつかるであろう課題は、自分の偏見を取り去ることです。いくら自分のことを客観的だと思っていても、あるいは客観的になろうとしてみても、まったく白紙の状態で初対面の人と出会うことはできません。とくに治療者として初対面の患者に関心を抱くような場合、あるいは関心を抱こうと試みるような場合、きっとその人をどこかに「分類」しようとするでしょう。たとえば、あなたが列車に乗って旅行しているとき、向い側の席に座っている男性の乗客に魅力を感じたとしましょう（あるいは不快に感じたとしましょう）。あなたは「きっとビジネスマンだろうなあ」と呟くかもしれません。そして想像力の豊かさや興味の程度に応じて、その男性の年齢、家族、住所、職業などを推測するだろうと思います。自然は真空を嫌います。[*1] ロールシャッハ・テストからわかるのは、見知らぬ人というのは私たち自身の経験に派生しているということです。というのも、これまで過去に出会ってきた人たちは私たちの記憶に貯蔵されていて、私たちの心はそこから逃れられないからです。元来こうした「置き換え」行為は、生物学的に適応的なもので、いわば一種の安全装置なのです。たとえば未開人は、まったく見知らぬ人と出くわすと、まず相手が味方なのか敵なのか知ろうとします。そして相手に近づいたり話しかけたりして、あらゆる手がかりを手に入れようとするのです。

過去の経験というのはいわば諸刃の剣です。過去の経験がなくては、見知らぬ人にどう近づけばいいか皆目見当がつきませんし、過去の経験があったとしても、その人が本当はどのような人かわからなければ誤解を抱きやすくなるので、結果的に過去の経験を修正したり度外視したりしなくてはならなくなります。

たとえば、「赤毛をした人は皆、短気な性格をしている」と、幼い頃からずっと信じ込んでいた治療者がいたとしましょう。そうした人は、赤毛をした患者が目の前に現れると、ついこれまでと同じように「短気な性格をしている」と、とんでもない思い込みをするかもしれません。あるいは、患者の喋り方に上流階層の訛りがあれば、「横柄で鼻もちならない奴」だと、まったく誤った思い込みをするかもしれません。

＊1　自然は真空を嫌う Nature abhors a vacuum　古代人が信じた思想。真空とは、物質がなにも存在しない空間で、空虚ともいう。アリストテレスによれば、宇宙は充満体であり、真空は自然界にはまったく存在しえないものとみなされた。そしてこのようなアリストテレスの見解はヨーロッパ中世のスコラ哲学においては、「自然は真空を嫌悪する」あるいは「真空嫌悪」という自然科学的格言として一般化された。

若手の治療者や経験の浅い治療者は、とりわけ患者の話題が子育ての仕方や親子関係に及ぶと、しばしば自分の経験からある種の思い込みを抱いてしまいます。治療者が心理療法の実践を通して得る魅力的なことの一つに、世の中にはさまざまな社会背景を抱えた、さまざまな人たちがいることに精通するということがあります。たとえば、イルフォード[*2]の子育ての仕方とチェルシー[*3]の子育ての仕方は違っていることを学びます。また、近所の家族同士で社会的競争が激しく、それを重要事項と捉えている地域もあれば、逆にそうした競争を蔑んでいる地域もあることを学びます。

イギリスでは階層社会がいまだ社会生活を根強く支配しているので、自分の出身階層にかかわらず、自分と異なる階層の人たちがいったいどのような暮らしぶりをしているのか、およそ見当がつきません。初心の心理療法家は、「上流階層」の患者に圧倒されるように感じるかもしれませんし、自分とまったく異なる階層のことにまるで無知かもしれません。しかし、第三章で述べたように、治療者が受動的な聴き手として留まっていれば、たいていは患者の側から、あからさまな過ちは避けられるほどの情報がもたらされることに気付くでしょう。

そうした治療者の過ちの例として、私はある男性患者のことを思い出します。その患者は、由緒正しい家柄に生まれ、父親の所有する広大な敷地——ずっと以前から名勝史跡保存団体が所有することになった土地——のなかで育てられました。私のところへ来る前は、大陸在住の経験豊かな分析家から治療を受けていました。その分析家は、患者から青年の頃の話を聞きながら、彼の性的経験の乏しさを理解できず、こう言ったのだそうです。「あなたはそう言うけれど、お父さんの雇っていた農家の娘さんとは、本当に何もなかったのかしら」。この分析家はイギリスの子育てについて十分認識しておらず、またイギリスの土地貸主と賃借人との関係についても十分理解していなかったのでしょう。

とはいえ、お互いの文化がいくら違っていたとしても、治療者の側に相手の話を聞いて学ぶ準備さえできていれば、そうした性急なコメントに走らずにすんだはずです。たとえば、ガーナ生まれのある治療者はイギリスで心理療法の訓練を受けたのですが、私がその治療者と話をして確信したのは、たとえ彼の生まれ育った家庭環境がイギリスのそれと大きく違っていたとしても、両者を橋渡しするのは不可能ではないということでした（もっとも、彼が訓練分析家に自分の家庭環境を理解してもらうには何カ月も要したのだそうですが）。

初心の治療者は、自分よりも年配の患者、知的に高い患者、才能に恵まれた患者に対して居心地悪く感じるかもしれません。しかし次のようなことを思い出すと役に立ちます。いくら才能に恵まれた人であっても、人生の初めはみな無力な赤ん坊であったこと、またいくら知的に高い人であっても、情緒はその反対に鈍いかもしれないこと、さらに心理療法の状況は自己探索をするのに絶好の機会――いくら世慣れた人であっても、過去に心理療法を受けたことがなければ味わったことのないような機会――ということです。

患者の発する自由な語りの流れを促す、という治療者の初歩的な技術が適切であれば、患者はたとえ治療者の経験のなさに気付いたとしても、そのことを気にせず話しつづける場合がほとんどでしょう。かつて私が、心理療法を始めたばかりの女性医師をスーパーバイズしていたときのことです。その医師が初めて担当した患者は、きわめて教養の高い男性でした。自分よりも年配で、社会的経験もあり、おそらく知的にも高かったせいで、医師は患者にどこか圧倒されていました。ところがその患者が治療の進み具合について私のもとへ報告しにきたとき、自分の治療者は明らかに経験者だ、と感想を述べたのです。一方で治療者は、患者のことを良く知るようになると、自分の抱いていた畏れの感覚が消えていくのがわかりました。その畏れの感覚は、「大人は自分の手の届かないほど高いところにいる」という、幼少期の頃に由来した気持ちのある種の投影だったのです。

もちろん、患者に対する畏れの気持ちが消えたからといって敬意を失ったことにはなりませんし、ましてや、

＊2　イルフォード Ilford　現在は大ロンドンのレッドブリッジの一部。
＊3　チェルシー Chelsea　現在はケンジントン・チェルシーの一部。

患者のほうが知的、社会的、道徳的に優れている評価が下がることもありません。事実、人は相手のことを親密に知れば知るほど、たとえ重大な情緒的危機に直面したとしても、勇気と威厳を保とうとする仕方にますます敬意を払うようになるからです。

これまで説明した問題以外にも、治療者は自分の偏見と向き合うことがあります。治療者のなかには同性愛者に対して偏見を持つ人たちもいます（一人はユング、もう一人はライヒ）[*4]。また、女性治療者は、依存的で受動的な男性患者に我慢ならないものですし、男性治療者は、支配的で主張の強い女性患者にうんざりするものです。もしそうしたことが起きたとしたら、治療者は自分自身のことをよく振り返っておくことを勧めます。というのも、私たちがほかの人に向けて嘆くことのほとんどは、私たち自身の心の奥底で生じていることだからです。心理療法を主たる仕事にしようとする人は自己分析を受けなくてはならない、とよく言われるのはこうしたせいなのです。

❖治療者は受動的な態度を取りつづける

訓練中の治療者に共通する問題は、おそらく患者に受動的な態度を取りつづけることでしょう。第三章で述べたように、ふだん心理療法を実践していない医師にとって、伝統的な権威的役割を棄て去るのは難しいことです。一般的な診察では、医師はほとんど必ずと言っていいほど患者に何らかの指示を与えます。たとえ再検査の必要があるという些細なことであったとしても、それは指示に含まれます。ですから医師は、患者に養生法、処方箋、助言といった指示を与えることができないと、とりわけ居心地悪く感じるのです。経験の浅い治療者ほど、患者に何かしてあげなければと思って、患者の話をきちんと聴くことができません。

心理療法の実践に魅力を感じる人はどういったパーソナリティの人か、ということについては後の章で述べたいと思います。ちなみにそうした人は、総じて管理職には向いていません。命令を下したり、目標を決めたり、計画を立てたりするのをもともと好まないからです。たとえ管理職になる機会があったとしても、良き管理職にはなろうとせず、たいていはほかの人に譲ってしまいます。こうした受動性は心理療法を実践するうえで強みになりますが、心理療法を主たる仕事としない医師にとっては必要な特性ではありません。というのも、医師という仕事は思索的というよりも活動的だからです。予算の管理、器具の操作、外的世界の調整といったことを喜んで行う実践家なのです。

ライアン・ハドソンの分類によれば、医師は、拡散的思考者[*5]というよりも収束的思考者[*6]であり、芸術家というよりも科学者なのです（もっとも、それに当てはまらない人も大勢いますが）。そうした人は心理療法家に求められるような受動性に耐えられません。というのも、心理療法家の役割は、外科医の役割というよりも助産婦の役割だからです。ただし、なかには生来的に指示的なパーソナリティであっても、自分の能動性を抑えることができる人もいます。それができない人は良き心理療法家にはなかなかなれないでしょう。

＊4　ライヒ Reich, Wilhelm（1897-1957）オーストリア生まれの精神分析家。一九三九年アメリカに移住。性格分析の技法と理論を確立し、同時にマルクス主義と精神分析の統合を試み、さらに革新的な性の解放論を唱えた。

＊5　拡散的思考 divergent thinking　あまり多くない、むしろきわめて少ない手がかりをもとに、多くの解を求めていく思考の仕方のこと。

＊6　収束的思考 convergent thinking　いろいろな手がかりを利用し、一定の論理的道筋に従って、一つのまたはごく少数の、あらかじめ定まった解（正当、結論）を得ようとする思考の仕方のこと。

❖患者を好きになること、好きになれないこと

患者を援助するために患者のことを好きになる必要があるかどうか、訓練中の心理療法家からしばしば尋ねられます。こうした疑問はたいてい初回面接の際に生じます。医師が先に述べたような、ある種の偏見を持っている場合はとりわけそうです。自分の否定的な偏見やその由来について真摯に見つめ直したうえで、それでも受け入れられないようであれば、その患者を担当しないほうがいいかもしれません。とはいえ、実際にこうした問題はめったに起きません。たしかに最初の印象ではピンとこない患者も大勢いますが、患者と一緒に心理的作業を続けていくうちに、ほとんどと言っていいほど治療者は患者のことを好きになっていきます。相手のことを親密に知ることと積極的に嫌うことは、ふつう両立しません。私がこれまでどうしても好きになれなかった患者は、良く知るための時間や機会に恵まれなかった人たちに限られます。心理療法の実践から得られる副産物として、初めのうちは魅力を感じなかった相手であってもその後しだいに好きになっていく、といった能力が開発されることがあります。

心理療法家にとって、患者をあまり好きになれないことよりも好きになりすぎることのほうが、きっとはるかに多くの問題に直面するだろうと思います。そうした危険性の一つに、心理療法家が患者に同一視しすぎてしまうことがあります。あまりにも強く患者に同情し、患者の立場にすっかり身を置いてしまうと、患者が今どういった問題につまずいているのか、といった客観的な視点を見失ってしまうのです。

もう何年も前のことですが、ある聡明な女性患者の治療を、ある優秀な女性精神科医から引き継いだときのことです。二人が面接を行っていたことは聞いていましたが、私が面接を担当してかなりの期間が経過しても、過去のセッションの話は患者からいっこうに出てきませんでした。業を煮やした私は、患者にそのことを直接尋ねてみました。すると患者はこう答えたのです。「ああ、あのことですか。先生と一緒に、『男ってなんてひどい生

き物なんだろうね』ってお喋りしていただけなんです」。ここで明らかなのは、治療者が客観的な視点をまるで見失うほど、患者とのあまりに多くの共通点を見出したせいで、セッションが同情的なやり取りに陥り、力動的に進む可能性をすっかり失ってしまったということです。治療者と患者はそうした交流をおそらく楽しんでいたでしょうから、「何も起きない」ことへのわずかな不満や気づきすら二人の間では生じず、セッションはある期間順調に続いていたのかもしれません。

他者を援助する情熱的な欲望がときとして思わしくない結果を招くことがあるのは、治療者が患者の問題にとくべつな感情を寄せてしまうせいです。ある男性精神科医は、女性患者が涙を流すのを目の前で見るのを耐えられなくなると、患者を思わず抱きしめて慰めていました。こうした行為は、ときに性的関係にまで発展するおそれがあります。とはいえ、その医師は女性患者を故意に搾取しようとしたわけではありません。「患者を苦痛から一刻でも早く解放してやりたい」という強い欲望が働いたせいで、患者を抱きしめて慰めるという直接的な仕方で愛情を示してしまったのです。今日、たとえば「エンカウンター・グループ[*7]」では、参加者間の壁を打ち破るという目的で身体接触を持つよう勧められることがあるため、訓練中の治療者は、患者と身体接触を持ってはならないとする治療上の規則を、どこまで厳しく遵守すべきかどうか疑問に思うことがあるかもしれません。

この例は、自分自身を欺くのはいかにたやすいかということを表しています。その精神科医は患者と身体接触を持ったことによって、患者が自分で自己充足の方法を見つけるのを妨げたことになります。また患者に現実以上のことを暗に約束してしまったせいで、結果として結婚幻想を抱かせてしまったかもしれませんし、かりにそ

＊7　エンカウンター・グループ encounter group　集団心理療法のためのグループ。十人あまりの参加者で構成され、各自の感情体験を素直に表明し合うことにより、自己認識や対人関係の発展を図る。日本では、ロジャーズの理論と実践に基づくグループを指すことが多いが、ロジャーズはベーシック・エンカウンター・グループと呼んで、ほかのものと区別している。

こまで言えないとしても、患者に「二人だけのとくべつな関係」という幻想を抱かせてしまったことにはなるでしょう。もしその幻想が今後現実化しなかったとしたら、患者に怒りと失望を抱かせてしまうことになりかねません。しかもそうした治療者の行為は、医療上の倫理規準に違反するような重大な危険を冒しているだけでなく、そこから自分の性的満足をも得てしまっています。通常、男性が女性と性的関係を持とうとすると、相手から拒絶されることもありますし、かりに拒絶されなくても何らかの危険や責任を伴うものですが、その医師はそうしたことを引き受けずに自分の性的満足を得てしまっていたのです。ふだんから異性に対して優柔不断で、いつも自信が持てなかったのですが、治療場面であれば異性の愛情を勝ち取るための「安全な」方法を手に入れることができたのです（もっとも、本人はその事実に十分気付いていませんでしたが）。

治療者が患者を搾取するやり方としてもっとわかりにくいのが、患者の依存を知らず知らずに強めるというものです。いくら自信のない心理療法家であっても、大勢の患者から満足を得ていることは認めざるをえません。というのも、本当の信頼を寄せられるのはこの世でおそらくたった一人しかいない、というほど治療者は患者から求められ、尊敬され、大事にされるからです。私たちは皆、ほかの人から評価されたいと願っていますし、精神科医もその例外ではありません。常勤職の心理療法家は「優秀な」患者をたくさん集めようとします。定期的に来談し、心理療法家に感謝を示し、興味深い夢や臨床素材を提供し、個人開業の場合はきちんと料金を支払う、といったような患者です。そうした患者は、治療者と良い関係を築きたいがために「治療は人生の代わりにならない」ことを見過ごすようになりますし、治療者の側も、患者の依存心が自分の自尊心を支えていることに気付かなくなります。

そうした状況では、患者が自立に向かって前進しようとすると、かえって治療が停滞してしまうおそれがあります。もしそうしたことが続くようならば、治療は永遠に終わりません。治療者はこうした危険性に十分気付いておかないと、依存していることを解釈したり、自立しようとしないことを指摘したり、いったん治療の終結を提案してみるといったことを、患者に対してきちんとできなくなります。イギリスの国民保健サービス下で、先に述べたような長期間の心理療法を患者に勧めるのはおよそ無理な話ですが、事例のなかには長期に及ぶものもあります。そうした事例については、たとえ経験を積んだ心理療法家であっても同僚と話し合うべきだ、と私は考えています。というのも、一見前進しているように見えながら、いつまでたっても終結が見えてこない事例があるからです。

心理療法についてあまりよく知らない人たちから、治療期間の長さについて批判されることがあります。たしかになかにはそうした批判を受けても仕方ない事例もありますが、きわめて長期に及ぶ心理療法が必要とされる事例も少数ながらあるのです。治療が十年以上続いているという理由だけで、誤診とか搾取と捉える必要はありません。マリオン・ミルナーの『生きし神の御業』[1]には、精神分析的治療が二十年以上続いた事例が描かれています。なるほど、患者が搾取された可能性も考えられるかもしれませんが、逆に、分析家が信じがたいほど高い職業意識に則って、心理療法を行っていた可能性も考えられるのです。

❖なぜ心理療法家は患者に自分のことを明かさないのか

先に私は、心理療法家にとって患者をあまり好きになれないことよりも好きになりすぎることのほうが、はるかに多くの問題に直面するだろうと述べました。治療者が患者に激しい同情心を寄せるような場合、たいていは治療者の側も患者と似たような病理を抱えています。たとえば、孤独を抱えた治療者なら、同じように孤独を抱えた患者に対してとくべつな憐みを感じるでしょうし、自分の身体を居心地悪く感じている治療者なら、自分の身体に疎外感を感じているスキゾイド患者のことを理解しやすいでしょう。経験の浅い治療者がこの種の同情を感じると、まるで悩んでいる友達に声をかけるように、「あなたの感じていることはよくわかりますよ。私にも以前そういった悩みがありましたから」などと、自分の過去や現在の悩みを患者に話してしまうことがあります。

心理療法家は患者のことをとても親密に知るようになりますが、だからといって患者は、治療者のことを知ろうとはしませんし、また知るべきでもありません。心理療法を始めたばかりの治療者は、しばしば患者の感じている不公平感をともに分かち合おうとします。自分の問題を明かすことが患者に役立つと思うのは、そうすることによって抑うつや不安といった苦しみを心から理解しているのだと、患者に納得してもらえると思うからなのでしょう。逆に自分のことを明かさないでいると、どこか見栄を張っているような、威張っているような、実際にはまだまだなのに成熟や安定の状態に達しているような、そんなふりをしていると感じるのでしょう。

とはいえ、治療者は患者に自分のことを明かしたいという誘惑に乗らないことが肝心です。その理由はいろいろあります。理由の一つめは、もし治療者がその誘惑に乗ってしまうと、患者に関する貴重な情報が奪われてしまうためです。先ほど治療者は患者に幻想を抱きやすいと述べましたが、それと同じように、患者も治療者に幻想を抱きやすいのです。深層に関わる心理療法や長期に及ぶ心理療法では、いかなるものであれ、患者が治療者に抱く幻想を探索することを治療的に重要視します。ところが、患者は治療者のことを知り過ぎてしまうと、治療者にあまり幻想を抱かなくなってしまいます。もちろん、治療者はその話し方や服装、外見などから、すでに多くのことを明らかにしているので、完全な「白紙のスクリーン」でいることはできません。とはいえ、患者からの私的な質問に答えない場合のほうが答える場合よりも、患者のことをはるかによく知るでしょう。

たとえば、治療者が結婚しているかどうかを知りたがる患者は大勢います。治療者はそれに直接答えるのではなく、もし結婚していればどう思うのか、あるいはもし結婚していなければどう思うのか、患者に尋ね返してみることが重要なのです。患者が男性の同性愛者で、治療者が男性である場合を考えてみましょう。患者は治療者が未婚であることを願っているかもしれません。なぜなら、自分のことを理解できるのは、目の前にいるもう一人の同性愛者しかいないと思い込んでいるかもしれないからです。かりに治療者が既婚者であることを知ってしまうと、治療者には理解できない体験があると思って傷つくだけでなく、異性愛の困難さを話し合うこともできなくなってしまうかもしれません。

次に、患者が女性で、治療者が男性である場合を考えてみましょう。治療者が結婚しているかどうかという患者の気がかりは、治療者との結婚幻想によるものかもしれません。それは、前もって治療者が既婚者だと知っていれば、決して明かされることのない幻想です。そうした幻想を探索することによって、男性をめぐる願望や恐怖といったさまざまな気づき——それは自分自身の問題や対人関係の問題を理解するのに大いに役立つ——が患者にもたらされるかもしれません。

私たちは、悩みを抱えた友人に自分の経験を分かち合おうとしますが、それと同じように治療者が、患者に自分の悩みや問題を打ち明けるのは勧められません。なぜなら治療者は友人ではなく、あくまで治療者だからです。もちろん、相手の気持ちを理解しようとする際、自分の経験と照らし合わせてみることもあるでしょう。ですが、「あなたの気分が落ち込むのもわかります。私もあなたと同じようにひどく気分が落ち込んだことがありますから」と患者に伝えるのは、たとえそれが本当のことだったとしても治療的とは言えません。患者の側も治療者に悩みがあることくらい気づいていますし、教養のある患者なら、治療者が心理療法に興味を抱いたのは偶然でないことくらいわかっています。いずれにしろ患者が治療に求めているのは、信頼と信用のおける治療者であって、自分の未解決な問題に取り組んでいるような治療者ではないのです。こうしたことはとりわけ治療の初期において言えることです。ただし治療がいったん進み出すと、しばしば患者は自分自身にだけでなく、治療者にも強い不安や不確かさを感じるようになります。その後、「治療者もほかの人と同じように誤りを免れえない人間だ」と思えるようになって初めて、自分自身に自信が持てるようになるのです。

私がまだ若くて駆け出しだった頃、ある男性患者を担当したときのことです。その患者の主訴は自慰に対する激しい罪責感でした。患者とのセッションはとても順調に進みました。ある日、セッションが終わって、患者が面接室から出ようとしたとき、突然、「先生は自慰をしたことがありますか」と尋ねてきました。不意を突かれた私は、「ええ、ありますよ」と思わず答えてしまいました。それ以来、患者は二度とセッションに現れませんでした。そのとき、私はこう答えるべきだったのです。「どんなふうに答えたらいいですか。『いえ、一度もありません』と答えたらいいですか。そう答える人こそ、あなたがある意味で理想とする人なのでしょうから」と。このように治療者が答えることによって、患者の幻想の探索はいっそう前進するでしょう。おそらくそこから明らかになるのは、両親の性生活をこれまで一度も想像したことがなかったことや、男性一般の性欲をあまりに非現実的に捉えていたことなどでしょう。ところが、私が思慮のない応答をしてしまったばかりに、患者はすっかり脱錯覚化してしまい、私の存在がまったく役立たなくなってしまったのです。

　たしかに患者から神のような存在に祭り上げられたくない、と治療者が思うのもまったく無理はありません。しかしこの例からわかるのは、治療者が患者に明かしたことは、治療者にはささいに思えることであっても、患者にはまったく違ったように受け取られる可能性があるということです。ですから、さしあたって治療者は、世俗の聖職者という外套をまとっておく必要があるのです。私たちは聖職者に向かって懺悔するとき、聖職者自身もまったくの潔白ではないことくらいわかっています。だからといって、自分の罪が放免されることを願って懺悔しているとき、わざわざ聖職者の犯した罪まで耳にしたくはないのです。

　実際、治療者が患者に自分のことを明かすのは、たとえそれが患者の利益のためと思ってなされたとしても、治療者のわがままとほとんど変わらないのです。治療者も患者と同じように、他者から受け入れられたい、他者から理解されたいと望んでいますが、そうした目的のために心理療法のセッションを利用してはなりません。治療者が患者に自分のことを明かしてしまうと、相互交流の状況は一変してしまいます。いわば友人同士のような日常的関係になるため、友人と相互交流しているときに感じる満足感が治療者にも得られます。しかし治療者の仕事は、あくまで患者を理解することであって、患者から理解されることではありません。治療者はいわば患者の代理人なのです。治療者は患者にとって役立つことだけに専念します。心理療法の技術を用いて、それで自分の収入を得て、自分の仕事に誇りを持つ、といったことに満足を感じても一向に差し支えありません。しかし、それ以外の報酬を得ようと求めてはならないのです。

こうした理由から、心理療法の関係が一方向的になるのも仕方ありません。とりわけ治療が後半にさしかかったとき、しばしば患者の口から、「自分の人生のことをこれだけ話しているのに、先生は一向に話そうとしてくれないんですね。どうして私だけがこんな不公平な立場に置かれなくてはならないんですか」、といった不満が出てきます。治療者はこのように責められたとき、患者の考えにたんに屈するのではなく、「治療者のことを明かしたい」という患者の願望に共感できると思います。そうした願望を分析していくと、自分よりも優位にいる人を侮辱したい、鼻をへし折りたいという願望と結びついた、患者がふだん感じている劣等感にしばしば光が当たるかもしれません。

治療者は、そうした患者の感情を探索したいと思うことでしょう。またそれと同時に、自分のことを初めに明かしてしまうと、そうした探索ができなくなってしまうことを患者に指摘したくなるかもしれません。ですから心理療法家は、さまざまな人たちの経験をよく理解しておくだけでなく、自分自身のパーソナリティもよく理解しておくことが必要なのです。とはいえ、心理療法家の仕事は、セッション中に自分のパーソナリティを打ち出したり表したりすることではなく、患者がこれまで以上にきちんと自分自身のことに気付けるように、いわば鏡となって映し返してやることなのです。後の章でも取り上げるつもりですが、こうした治療者の自己抑制的な態度は、治療者自身にも影響を及ぼしてきます。そのため治療者は、職業上の自己表現の欠如を埋め合わす必要性を感じて、治療以外の場で自分自身を打ち出す方法を探し出すのです。

治療者のなかには、たった数回のセッションで患者のことをファーストネームで呼ぶ人もいますが、私はふだんそうしたことはしません。患者が私のことを「ストー先生」と呼んでいるのに、私が患者のことをファーストネームで呼んだとしたら、患者をまるで「子ども」扱いしているようで、侮辱することになりかねないからです。それに、互いにファーストネームで呼び合うとしたら、それは職業上の関係というよりも日常の友人関係のように思われます。

❖共感性と客観性

ここまで読まれてきた読者のなかには、私がまるで精神分析の慣例に則った治療態度――患者と距離を置いた、切り離された、没個性的な態度――を勧めていると思われた人がいるかもしれません。しかし、それはあまりに真実とかけ離れています。ある調査結果によると、治療成果を左右しているのは、患者が治療者を思いやりと共感性のある人物と感じているかどうかといったことで、しかも患者が治療者をそのように感じるのは、治療者を「本当に」思いやりと共感性のある人物とみなしているか、自分の感情を表出することもいとわない人物とみなしているかといったことでした。もし治療者が防衛的になって、患者の感情を自分から切り離してしまえば、患者の感情を理解するという大事な道筋から外れてしまい、治療者としてあまり役立たなくなるでしょう。それゆえ、心理療法は治療者に情緒を求めますし、私の考えではそうでなくてはなりません。治療者は一日の仕事が終わったとき、情緒を消耗した感じがしなければ、治療的作業を十分に行ったのかどうか疑わしいのです。

一方で治療者は、患者の対処できない問題や、克服できない問題を直視するだけの客観性を保っておかなくてはなりません。客観性のない共感性は、共感性のない客観性と同じくらい、治療にはほとんど役立たないのです。治療者は、患者への過剰な同一視と過少な同一視との間を、まるで綱渡りするかのように行ったり来たりしなくてはなりません。治療者が批評的態度を失ってしまうほど患者への同一視を強めてしまえば、患者がこれからどのように変わればいいかわからなくなりますし、逆に、治療者がまるで科学の実験をするかのように患者と切り離されたままでは、患者を一人の人間として理解したり、患者の直面している問題を評価したりすることはできなくなります。こうした理由から、心理療法の実践は、科学の実践というよりも芸術の実践といったほうがおそらく近いのです。

このことについて、ユングは次のように述べています。

もし医師が患者を指導したくなったり処置を施したくなったなら、患者の心を感じなくてはならない。医師が判断を下す際に患者の心を感じることはできない。判断を口にするのか、それとも自分の心の中に留めておくのか、それほど大差はない。それとは逆に、患者に手放しに同意するのは治療に役に立たないばかりか、非難と同じくらい患者を疎遠にしてしまう。感情は公平な客観性を通してしかもたらされない。このように言うと、まるで科学の対象のように聞こえるし、たんに知的で抽象的態度と混同されるかもしれない。だが、私が言おうとしていることはそれとはまったく異なっている。つまりそれは、人生の難題に直面し、それに苦悩する患者や事実、そうしたことへの深い敬意を表す、ある種の人間の性質なのである。(2)

すなわち、ユングの言う「公平な客観性」とは、人間への敬意に支えられたものであって、たんなる公平性や客観性を意味するものではないのです。このようにユングは患者の立場に立ちましたが、逆に、患者の行為に嘆くことも、患者の意見に反対することも多々ありました。

❖全面的に患者の立場に立つこと

カール・ロジャーズの言う「無条件の積極的関心*8」とは、患者に最も役立つ治療者の態度のことを意味しています。相手のことをとても親密に知るようになると、ほとんどと言っていいほど、その人のことを好きになります。ですから心理療法家は、自分と患者との区別が失われるような感覚を抱くのです。誰しも自分の家族がよその人から非難されるとその弁護に回ろうとしますが、それと同じように心理療法家も、自分の患者の欠点をつい甘く見てしまいます。ガチョウはみな白鳥に変身する、といった感覚が心理療法家にはあります。こうした感覚を心理療法家が抱くのは避けられないと私は思いますし、患者の立場に立って考えれば、それは決して望ましくないことではありません。全面的に「患者の立場」に立ち、さしあたり患者の側にいて、全身全霊を傾ける。そうした人がとにかく一人いることが、心理療法の治療要因の一つであることはたしかに間違いないのです。

この章で述べたことのほとんどは、いわゆる「逆転移*9」の問題と関係しています。それは広い意味で、患者に対する治療者の情緒的な態度のことを意味しています。逆転移の一部には、治療者が患者のことを親密に知ろうとする際に生じる「不合理な偏見」もあると私には思われます。「心理療法家は、自己評価の低い患者と、あまりに長い時間を過ごしている」と批評家から批判されることもありますが、それは不合理な偏見のことを意味しているのかもしれません。なるほど、心理療法の資源は少ないため、そうした批判も一理あるのかもしれません。しかし、他者に傷つけられ、軽蔑され、侮辱され、痛めつけられた人たちを好む不合理な偏見は、そうした人たちを好まない不合理な偏見よりも、良いことであるのもまた真実なのです。私の考えでは、そうした不合理な偏見こそがきわめて重要な治療要因の一つなのです。

＊8　無条件の積極的関心 unconditional positive regard　来談者中心療法においてクライエントが治療的に変化するための、カウンセラーの態度条件の一つである。カウンセラーがクライエントに接するとき、その人の成長可能性に全幅の信頼をよせ、その人を疑いの目で見たり見下げたりしないで、条件付きでない態度で接することをいう。このような態度がとられるためには、まずカウンセラー自身の自己一致が十分に達成されていなければならない。

＊9　逆転移 counter-transference　もっとも狭い意味では治療者に対する患者の転移に対して治療者が患者に向ける無意識的な反応のことであり、もっとも広い意味では治療者が患者に向ける種々の感情や態度などを意味する。その位置づけについては、フロイト以降、各精神分析家によって多岐にわたっている。第一に、それは治療者としての意図的な役割行動を妨げる反応であり、適切に洞察して解決されるべきという立場。第二に、むしろ治療上積極的な意義を持ち、積極的に生かしてゆくべきという立場。第三に、治療者・患者双方の無意識と無意識の相互作用、つまりコミュニケーションの治療者側での現れとする立場がある。

第八章　転移

❖患者は治療者に両親像を投影する

前の章で私は、私たちが他者のことを知るためには自分自身の誤解を正していくことも必要だと述べました。なぜなら、私たちは皆、これまで出会ってきた人に由来するイメージを、見知らぬ人に対して「投影[*1]」しているからです。私はまた、患者が治療者に抱く幻想は重要な情報源だとも述べました。たとえば、患者が新たな人と知り合うたびに、相手から軽蔑されるのではないかとか、相手から批判されるのではないかと予期したとすれば、新たな友人を作る能力は大きく損なわれることになるでしょう。

こうした現象は、別の角度から見ると一種の条件付けとしても考えられます。もし患者が幼少期早期より自分の親から虐待され拒絶されていたとすれば、その後も新たな人と知り合うたびに相手から同じ目にあうのではないかとおそらく予期するため、一種の条件付けがなされたことになるのかもしれません。つまり、私たちは新たな人と「白紙のスクリーン」のごとく会っているのではなく、これまで過去に出会ってきた人を「転移[*2]」して会っているのです。

こうした過程は日常生活でも必然的に起きてしまうものですが、心理療法場面ではある種とくべつな様相を呈してきます。それには二つの理由があります。理由の一つめは、治療者が匿名性を相当に保っているせいです。たとえ治療者は患者に誤解されたとしても、私的なことがらを打ち明けてまで誤解を正すことはしません。なぜなら、そうした誤解をすぐに正してしまうと、患者が治療者を誤解したことについて探索したり話し合ったりすることができなくなってしまうからです。理由の二つめは、患者は治療者のもとへ助けを求めにやってきているため、治療者は自ずとやむをえず権威的な立場に立たされてしまうせいです。私たちは権威ある人物と対面するとき、往々にしてこれまで出会ってきた権威ある人たちの属性をその人にいくらか持たせてしまいます。もちろん、ほとんどの人にとってこれまで最も権威のあった人物とは、自分の両親にほかなりません。

いかなる心理療法であれ、その治療が長期に及ぶと、患者に幼少期の頃の情緒を思い出させたり蘇らせたりするのはやむをえません。そのせいもあって、患者が治療者に向けて自分の両親像を投影する傾向はますます強ま

＊1　投影 projection　防衛機制の一つ。自己の本能・衝動・情緒・観念・表象などを外在化して、自己とは別個の外界の対象に属するものとして知覚する機制。取り入れが生物学でいう同化にたとえられるのに対して、投影は異化ないし吐き出しの機制に相当する。すなわち、自己の内部にとどめておくことが不快なものを外に出してしまうこと。たとえば、自分が攻撃的な感情を持っているときに、それをほかの人に投影して他人が自分のことを怒っていると知覚するような機制である。

＊2　転移 transference　本来は過去、ことに子ども時代に重要な人物、とくに両親に対して経験した感情、思考、行動、態度を現在の対人関係の人物に置き換えること。したがって、現在の対象にとっては、よく考えると不釣り合い、あるいは不合理な内容の感情、思考、行動、態度である。転移という言葉はフロイトが『ヒステリー研究』（一八九五）の中で初めて使用した。当時、治療関係の中で治療者に対する激しい個人的感情が治療を左右することを体験したのがきっかけである。転移には陽性と陰性があり、前者は、信頼、友情、憧れ、賛美、恋愛など取り入れが起こりやすいものであり、後者は、不信、反発、拒否、非難、敵意、憎しみなど破壊的なものである。

るのでしょう。たしかに、今日の心理療法家は忘却した記憶の回復や心的外傷の想起をフロイトほど重要視しません。しかし、幼い頃の体験が大人のパーソナリティを形成するうえで重要であること、また、幼い頃の情緒的環境がその後の他者に対する態度や、誰しも生きていくうえで避けられないさまざまな難題に対する態度を大きく決定づけてしまうことは、ほとんどの心理療法家が賛同するだろうと思います。

人は誰かの「世話をする」とき、自分を世話し育ててくれた両親の役割をどこか担っているところがあります。もちろん心理療法の目標の一つは、患者が自分自身を上手に構えるようになることであり、またそうなることで自分が自分の両親役となり、実際に両親代わりとなる人を探し回らずにすむようになるのです。しかし治療の初期は、治療者は激しく苦しむ患者と向き合うことになるため、ある意味で親子関係と似た情緒的状況に支配されたとしても仕方ありません。とりわけ恵まれなかった人たちを除けば、誰しも自分が傷ついたり失望したときに、両親から慰められた経験があるのではないでしょうか。もちろん治療者は患者を直接慰めるようなことはしませんが、患者の話すことをよく聞いて理解しようと努めます。こうしたために、治療者は自ずと「両親」の役割を担うことになるのではないでしょうか。

❖転移についてのフロイトとユングの考え

フロイトが初めて転移の現象に出会い、それを説明しようとしたとき、治療の妨げになると考えました。おそらくフロイトは、患者にとって情緒的に重要な人物としてではなく、いわば外科医のような人物――すなわち身体ではなく心を専門とする技術者――としてみなされるのを好んだのだと思われます。そうしたフロイトの考えが変わったのは、一九〇七年、ウィーンにいるフロイトのもとへユングが初めて訪れたときでした。(1) フロイトがユングに転移についてどのように考えているのか尋ねたところ、ユングは「治療のアルファでありオメガである」

と答え、それに対してフロイトは「あなたは転移を理解している」と言ったのです。

転移についてのフロイトの考えもユングの考えも正しい、というのが私の意見です。転移こそが治療のなかで一番の重要な要素です（ここで私は転移を広い意味で用いています。つまり、患者と治療者の変わりゆく関係のなかで起こりうる、あらゆることがらを含んでいます）。繰り返しになりますが、心理療法のような場面は、まずほかに見当たりません。というのも、治療者が行うことは患者が治療者に向ける態度を理解し解釈することであり、またそうすることによって、患者が自分の対人関係の問題を理解するのを援助することだからです。

❖否定的な思い込みを抱いている人

ここで一つの例を挙げてみましょう。かつて私が二十二歳の女性患者を担当していたときのことです。患者には過去に自殺未遂が一度あったので、心理療法に適しているかどうか判断が求められていたなか、セッションが始まりました。初めのうちは流暢に話をしていた患者も、対人関係の問題に話題が及ぶと、急に話をするのをやめました。

「先生は何も話さないんですか」、と患者は私に尋ねました。「私だけ一方的に話をして、先生はそれを黙って聞いているだけ。私、もうこの沈黙に耐えられません」

私は患者にこう伝えました。「あなたが自由に話しているとき、わざわざこちらから話を遮る必要はありません」。そしてこう続けました。

「先ほど黙っていたとき、何を考えていましたか」

「先生が何も話さないから、先生からどう思われているのか気になっていました」

「私にどう思われていると想像しますか」

「きっと退屈と思われているか、批判的に見られていると思います」

「いつもほかの人に対して、否定的な思い込みを抱いているようですね。まるで自分は誰からも期待されない人間なんだ、誰からも好かれない人間なんだというふうに」

患者は実際そうであることを認めました。とても幼い頃に母親を亡くし、父親ともずっとうまくいってなかったのだそうです。そのせいで、幼い頃より誰からも十分な愛情を受けたことがなく、自分のことを愛される存在なのだと感じたこともなければ、好かれる存在なのだと感じたことすらなかったのです。その後、私たちが話し合ったのは、自分のことを好きになれないと、誰からも好かれていないと思い込みやすくなることや、ほかの人と接するたびに猜疑心や敵意を抱きやすくなるといったことでした。

こうした事例では、患者と治療者の関係が変化し発展していくことが、患者を援助するうえで決定的な要因となります。患者が長い時間をかけて次第にわかっていくことは、自分のことを構ってくれる人や、ありのままの自分を理解してくれる人が、この世に少なくとも一人はいるということです（これはまた、心理療法家の願いでもあります）。治療がうまく進めば、その結果として患者は、自分のことを構ってくれる人が治療者以外にもいると思うようになります。

初めのうち患者は、過去に由来した否定的態度を治療者に対して向けてきますが、それとは反対に、ほとんどの場合、治療過程で培われた肯定的態度を治療者以外の人に対して向けるようになります。ごく幼い頃に両親やほかの重要な人物に対して向けた態度は、成長するにしたがって、それ以外の人たちへも向けるようになるのは明らかです。もし子どもが家族から無条件の愛情と思いやりを十分に受けていたとすれば、見知らぬ人からも同じように温かく接してくれると期待するでしょう。一方、もし家族の愛情に飢えていたり家族から虐待されていたとすれば、新たな人に出会っても同じように拒絶されると強く思い込むでしょう。

心理療法家は否定的な思い込みを持った人たちに対応する機会が多く、またほとんどの場合うまくやっていけます。そうした人たちは、自分は誰からも必要とされていないとか、誰からも理解されていないと信じ込んでいて、ほかの人と親密に関わることを脅威に感じて孤立してしまっています。もし治療がうまく進めば、このような否定的予期に当てはまらない人が、この世に少なくとも一人はいることを感じるようになります。子どもは自分の家で両親からしてもらうことを、別の人からもしてもらおうと期待しますが、それは両親との体験を別の人にも般化しているのです。それと同じように、患者も治療者のことを理解してくれる人とか、助けてくれる人とみなすようになれば、その関係を別の人にも般化していき、ゆくゆくは誰にでもどこか少しは親切なところがあるとみなすようになるでしょう。そうした心理療法は、一種の「修正情動体験」[*3]と呼ばれるものになります。つまり治療者は、患者との変わりゆく関係を繰り返し分析することによって、患者が他者に抱く否定的な思い込みを徐々に修正してゆくのです。

❖陽性転移と陰性転移

それゆえ治療の間は、さしあたって治療者が患者にとって情緒的に重要な人物となるのも無理ないのです。もし患者が人生のほとんどを、ほかの人から「誤解されている」とか「不当に扱われている」と感じていたとしましょう。そうしたなかで、自分のことを理解し受け入れてくれる人が目の前に現れたとすれば、その人が情緒的

＊3　修正情動体験 corrective emotional experience　精神分析の治療機序の一つで、患者がかつての葛藤の対象から受けたのとは異なる新しい応答を情緒的に体験すること。この概念を提唱したアレキサンダーによれば、転移の扱いにおいてはときには分析医の能動性が必要であり、患者が恐ろしい両親像を転移してきた場合、分析医はその転移像とは正反対の優しい態度を積極的に示すことによって、神経症の起源となった両親像の脅威を中和・矯正することができると言う。そして患者の自我は内外の葛藤を処理する能力が増大する。

に重要な人物になったとしても驚くに値しません。こうした治療者に対する患者の情緒的評価のことを、一般的に「陽性転移」と呼びます。

それとは反対に、先にも簡単に触れましたが、治療者に対する患者の拒否的で敵意のある思い込みのことを「陰性転移」と呼びます。もし治療が順調に進めば、こうした陰性転移は「解消」されなくてはなりません。そのため治療者は、患者の否定的態度を見逃さないようたえず注意を払い、拒絶された体験や敵意を向けられた体験からその由来を慎重に辿ってゆくことが必要です。先に例として挙げた女性患者は、治療者から退屈だと思われているのではないか、批判的に見られているのではないかと怖れていました。こうした陰性転移が解消されなければ、いずれ患者は来談しなくなり、治療は中断してしまうでしょう。それとは逆に、さほど頻繁ではありませんが、治療者が患者に「陰性の逆転移」を抱き、それが解消されない場合も、やはり治療は中断してしまうでしょう。

もし治療が進めば、陰性転移の分析は必須となりますが、陽性転移の分析は必要とされないばかりか、治療の妨げになると言われることさえあります。患者が治療者のことを、愛情溢れる、包容力豊かな両親像としてみなすこと、すなわち過去の傷を癒してくれ、拒絶、誤解、苦痛、喪失といったあらゆる体験——つまりは治療を求めざるをえなくなった体験——を償ってくれる両親像としてみなすことは、はたして援助的とは言えないのでしょうか。

その答えは「イエス」でもあり「ノー」でもあります。患者が治療者を肯定的な存在としてみなすことは、たしかに治療が進展するには必要不可欠なことです。しかし転移の投影は、フロイトも認めていたように、患者の幼少期の経験に由来しているので、非現実的かつ誇大的になりがちです。ひどく混乱した患者ほど、ほかの人と情緒的な関係を保てないために、治療者のことを「自分を理解してくれる、この世でたった一人の人」にまで高めてしまうのです。こうした激しい転移が生じた際、現実的な認識を持たせるような解釈を時期尚早に患者に与えることは賢明ではありませんし、かりにそうしたとしても、患者が現実的な認識を持ってくれるようになるとはとうてい思えません。もちろん治療者は、患者の親代わりとなったり、患者の幼い頃の寂しさを——あるいは寂しいと思っていることを——償ったりすることは決してできません。しかし患者が治療者を理想的な親として経験することによって、ある種の治療的な効果がもたらされるかもしれないのです（もっとも治療者が解釈を時期尚早に与えてしまえば、そうした治療効果も消え失せてしまいますが）。

もし傷つきやすく自己卑下的な治療者なら、たとえ一時的であっても、奇跡を起こす万能的な治療者として、あるいは申し分のない親として患者からみなされることは耐えがたいかもしれません。自分もまた、悩みを抱えた、誤りを免れえない一人の人間にすぎないと自覚しているからこそ、余計に耐えがたいのでしょう。とはいえ治療者は、治療に入ると素の自分ではいられないことを理解しなくてはなりません。治療者の存在とは、患者が過去の経験に由来するイメージや、現在の欲求に由来するイメージを引っ掛けておく「釘《フック》」のようなものです。当面の間、治療者は治療者の役割を引き受けなくてはなりません。ちょうどそれは、聖職者が告白者と同じく自分も罪人であることを十分にわきまえながらも、聖職者としての役割を担っている間は神の代表者であることを甘んじて引き受けるのと同じことなのです。

もし患者から非現実的なほど理想化されることによって問題が改善されたとすれば、治療者はこの改善をとても胡散臭い、根拠の無いものと感じるかもしれません。ですが心配するに及びません。なぜなら心理的問題の治癒は——すべてがそうであるとは限りませんが——、言葉とイメージが主たる役割を果たす、ある種の象徴過程からもたらされるからです。治癒過程の大部分は隠喩的《メタフォリカル》です。すなわちそれは、患者が過去に出会ってきた人物や将来出会うであろう人物を、治療者が体現するようになる「かのような《アズイフ》」過程のことです。現実の改善はそうした象徴的な相互作用を通じてもたらされるのです。

❖良い対象としての治療者の内在化

治療が進むにつれて、患者の治療者イメージに幾度となく変化が生じ、結果的に、治療者は神のような存在としてではなく、一人の普通の人間としてみなされるようになります。では、患者のなかでいったい何が起こったのでしょうか。

第一に、治療者を非合理的なまでに崇拝する段階をすでに経ていれば、患者はそうした段階で安全感を得たことになるので、治療者にとくべつなイメージを投影する必要がもはやなくなります。これは、幼い子どもの情緒発達の進み方に似ていると考えられるかもしれません。なぜなら、初めのうちは両親を全知全能な存在としてみなしていたのが、情緒的にとくべつで重要な存在であることは変わらないにしても、しだいに普通の人とそれほど大きく違わない存在としてみなすようになるからです。

それと同時に、治療がうまく進めば、患者の心のなかで治療者像が統合されていく過程、すなわち患者が経験した治療者像が統合されていく過程が進みます。クライン派の分析家なら、それを「良い対象として治療者を内在化する」過程と呼ぶでしょう。こうした過程も、幼い子どもの心のなかで生じうると言って差し支えありません。赤ん坊は、自分一人の力ではとうていやっていけないような状態でこの世に生まれてきます。小さくて寄る辺のない赤ん坊にとって、世界は広大で危険に満ち溢れています。どれだけ自分を信頼できるかは、何よりもまず、どれだけほかの人から信頼されてきたかということにかかっています。どれだけ遺伝的に恵まれていようとも、赤ん坊が「自分自身」を頼れるようになるには、信頼と信用のおける大人の存在や世話を必要としているのです。ここで私が「自分自身」と括弧書きしたのは、子どもが自分自身を頼れるのは、良い両親との経験を自分のなかに取り入れた結果であるように思われるからです（ただし、ここでいう「自分自身」とは、さしあたり「私」や「自我」とまで言えない、自分自身の一部とみなされるようなものに限られます）。

それと同じように、患者は治療場面において治療者を信頼するに足る人物として経験すると、その後たとえ困難にぶつかった場合でも、今度は自分を信頼するに足る人物として経験するようになります。初めのうち、そうした人物は治療者像にほかなりません。私の患者のなかには、何かの問題に直面すると、「こんなとき、ストー先生だったら、いったい何と言うだろう」と呟く人もいるそうです。もっとも、実際のところ私に尋ねてみたところで、「いったいどうすればいいんでしょうね。もう少し詳しく話を聞かせてもらえませんか」といった答えが返ってくるのは患者も重々承知しているのですが。

子どもは成長するにつれて、心のなかの両親イメージが消えていきます。それと同じように、治療が進むにつれて、患者の心のなかの治療者イメージもたいていは消えていくものですし、また消えなければならないと私は考えています。治療過程のなかで治療者に非常に依存的になったことのある患者は、治療が終結するといったいどうなってしまうのか、しばしば気がかりに思います。「先生がいなくても、ちゃんとやっていけるでしょうか」と尋ねてきます。そうしたときに先のような説明をして、治療者がいなくてもきちんとやっていける理由を示してやるのが良いのではないか、と私は思っています。

罰あたりで傲慢な行為だと思われないよう願うばかりですが、患者が両親や治療者を内在化させていく過程を、キリストが弟子たちに聖霊の教えを説く過程になぞらえて説明してみましょう。キリストは弟子たちのもとを去るとき、弟子たちにこう告げたのだそうです。

> 父が私の名によってお遣わしになる聖霊が、あなたがたにすべてのことを教え、私が話したことをことごとく思い起こさせてくださる。(2)

すなわち、キリスト自身に由来した、もしくはキリスト自身と似た聖霊の存在が、弟子たちの心の内に宿ることによって、キリストの実在の代わりをなすのです。

患者のなかには、内在化の過程が十分に起こらない人もいます。その結果、二つの事態が生じます。一つは、患者が治療者と離れることができず、治療者の実在にいつまでも依存してしまうという事態であり、もう一つは、患者が治療者への信頼を別の人に向けることができないため、自分のことを理解したり構ってくれたりするのは治療者しかいないと思い込んでしまうという事態です。この二つの現象は、実は一つの現象であるように思われます。というのも、患者は自分の心のなかで治療者イメージを抱くことができなければ、そのイメージを別の人に向けて投影することができないからです。

幼い子どもは、母親が一時的にでも自分の側からいなくなると、再び戻ってくるとは考えられず、しばしば抑うつ的になってしまう、といったことはよく知られています。母親の実在に依存しているために、母親が自分の側にいないと安心できないのです。通常の発達過程では、子どもは成長するにつれて、母親の不在を少しずつ我慢できるようになります。ところが母親との関係がしっかり築かれていないと、その不在にとりわけ傷つきやすくなって、たとえ母親以外の人から何かを与えられたとしても、それを取り入れることができなくなってしまうのです。いろいろな説明の仕方はありますが、どんな心理療法家であっても、次のような患者と少数ながら出会うはずです。信頼できる人はこの世にたった一人しかおらず、その人からたえず関心を向けられていないと安心できない、そのように治療者のことを見ている患者です。そうした患者への対応の仕方は、後の章で詳しく取り上げるつもりです。

❖恋愛性転移

患者の治療者への一時的な理想化には、しばしば性愛的な要素が含まれています。とりわけそれが言えるのは、患者が異性愛者で、治療者が患者の異性である場合です。こうした現象は広く一般にも認められるようになっていて、心理療法では「医師と恋に落ちる」過程こそが重要であるという迷信すら生まれました。患者の治療者への感情に性愛感情が含まれると、当然のことながら、患者の多くは治療者を恋人役にした夢を見たり空想を抱いたりします。そうした場合、とりわけ経験の浅い治療者は、「はたして自分の手に負えるのだろうか」と思い、そうした現象を扱うことに懸念を示します。

私がまず重要だと思うのは、性的欲求と依存欲求とが釣り合っていないことを理解することです。統合失調症者を別にすれば、私たちは大人になっても人間関係を求め続けるので、そうした意味では他者に依存した状態が続いていると言えます。フェアバーンはこうした依存を「成熟した依存」と呼びましたが、それは子どもの頃の依存とは大きく異なっています。

理想を言えば、性的パートナーは信頼できる人物から選ぶべきです。なぜなら、若者の性愛は両親から自立する際の大きな原動力となるからです。かりに両親から自立するだけの自信がなければ、性的パートナーを見つけられないか、さもなければ親イメージを投影できる相手を選んでしまうでしょう。対等な恋愛関係を満足に築き上げるためには、前もって両親から自立しておくことが必要です。結婚がうまくいっていないケースの多くは、パートナー同士の関係が対等ではなく親子関係のようになっています。

先に述べたような理由から、患者は治療者に主として親の属性が備わっていることを期待します。そのため、性愛の要素が加わると、治療者を親と恋人の混じり合った存在とみなすようになるのです。フロイトは、依存的な結びつきよりも性愛的な結びつきのほうが患者の成長を妨げていると考えたので、こうした現象を、患者と異性の親がいまだ性愛的に結びついているせいだと説明しました。同性の親を押しのけて、異性の親と性愛的に結びつきたいという子どもの願望とは、もちろん、かの有名なエディプス・コンプレックスのことです。

たしかに子どもにも官能的欲求があり、それが行動と幻想の点において大人の性愛の前駆をなしていることは否定できません。ですが私が以前から残念だったのは、神経症者の大半は、親イメージと執拗に結びついた依存的要素にまぎれもなく苦しんでいるというのに、そうした要素をフロイトは重要視しなかったことです。患者にとって性愛的な結びつきよりも依存的な結びつきのほうが親の愛情や理解を求める理由だとすれば、エディプス・コンプレックスや近親相姦の意味がもっとはっきりしてくると思います。

かりに親と子の間で近親相姦が行われたとしましょう。そうなると子どもは、圧倒的なまでに体力と権力の上回った相手からあらゆる危険に身をさらす——脅かされ、威され、乱暴される——だけでなく、自ら成長して自立することも妨げられるので、自分自身の力で外的世界に対処したり自律的に行動することができなくなってしまいます。かりに近親相姦が親の世話と支持のもとで行われたとしたら、子どもはわざわざ自ら成長して自立しようなどと思わなくなるでしょう。ですから、親とか親代わりの人を恋人にしたいという願望は、人生の課題や問題を回避するための方法として、また子どもの世界と大人の世界を両方とも手放さないための方法として理解できるのです。

患者が今問題を抱えているのは過去の固着点から解放されていないせいだ、とフロイトは考えました。それに対してユングは、患者が過去の固着点まで退行するのは、しばしば今問題を抱えているせいだと考えました。両者を比べてみると、ユングの見解のほうがはるかに納得がいくと思います。たとえば死別を経験した患者の場合を考えてみましょう。非常に強い情緒的ストレスを受けた患者は、しばらくの間、依存的な子どものようになることが多いのです。同じようなことは、出産直後の母親にも起こります。私たちはストレスを受けると、自信を失って、自分の過去の行動パターン——たいていは幼い頃の行動パターン——に逆戻りするのです。

恋愛性転移に対応する際、私は次のようなことを心がけています。もちろん、治療者が患者の性的願望に応じてしまうのは問題外です。それは、治療関係を規定する倫理基準を破ることになるだけでなく、真の自律性を獲得するという治療目標の到達を妨げてしまうことにもなります。とはいえ、臨床実践において治療者は、愛を告げる患者に対して優しく寛大に接しなくてはなりません。治療者へ向ける患者の愛は、治療場面以外で生じるような現実的なものでないとしても、まさしく「本物」なのだと理解することが重要です。治療者は患者の子どもじみた面とだけ関わっているのではなく、大人の面とも関わっているからです。男性患者であれば、男性特有の性的満足への切迫した欲求にも影響されています。

❖患者からの贈り物

患者の治療者への感情表現の一つに、患者からの贈り物があります。この問題が厄介なのは、患者からの贈り物にはさまざまな意味が込められているせいです。ときに贈り物は賄賂を意味します。つまり、治療者をつねに自分の支配下に置き、自分の要望に応じてもらえるよう確かなものとしたい、という願望が贈り物には込められていて、しかもそうした願望は贈り物以外の方法で表されることはないのです。

患者からの贈り物には「とくべつ」な関係、すなわち自分と治療者しか分かち合えないような、親密な関係を結びたいという願望が表れていることもあります。また選び抜かれた贈り物には、治療者の好みや欲しいものまで熟知し、そのことを治療者に伝えたいという願望が反映されていることもあります。そうした動機を見抜くのはさほど難しくないので、患者から贈り物を受け取らないようにするだけなら簡単です。とはいえ、贈り物が本当の感謝を意味していることもあるので、患者の気持ちを傷つけずに贈り物を受け取らないようにするのは難しいのです。

一般的に、最終回のセッションを除いて、患者からの贈り物は受け取らないほうがいいでしょう。最終回のセッションでの贈り物は、患者の感謝を意味するだけなく、患者との別れの作業に一役買うかもしれません。というのも、患者が治療者に「何かを与える」ことによって、治療者との関係を対等なものとし、別れを迎えることができるからです。一方、治療中に患者が創作した作品を受け取らざるをえないことが頻繁にあるもしれません。患者の書いた本や患者の描いた絵を受け取らないのは無作法なことでしょう。というのも、患者の作品は患者のいわば一部なので、患者の気持ちを傷つけずに受け取らないようにするのは難しいからです。

❖転移への対応の仕方

もし治療者が、患者から向けられる性愛に直接応じるのではなく、それを受け止めるだけの機転や優しさを持ち、しかも拒否されたという感情を患者に抱かせないとしたら、たいていの問題は治療が進むにつれて自ずと解決していくでしょう。こうした患者の性愛感情の表現は過去のことを指しているにすぎない、つまり親へ向けられていた感情が蘇ったにすぎない、とフロイトのように解釈することもできますが、それですべてを説明したことにはなりません。というのも、患者が大人になって抱く性愛感情は、子どもの頃に抱いていたものとは異なるからですし、またそうした考えは、私が思うに、患者の愛情をたんなる子どもじみたものと、ばっさり切り捨ててしまっているからです。

もし治療者が患者の性愛欲求には一切、断じて応じられないことをしっかり頭に叩き込んでおけば、その決意の固さは近親相姦のタブーと同じような効果を発揮します。実際、患者との性的関係のタブーは近親相姦のタブーを表しています。治療場面では患者の欲求すべてが満たされるわけではありませんし、治療者が行うのは患者が自ら満足を得るために是非とも備えておきたい新たな信頼基地を提供することですが、そうしたことを患者に理解してもらう効果が近親相姦のタブーにはあるのです。異性の親との愛は決して成就しませんから、私たちは皆、失恋を伴って自立した人生が始まると言うことができます。そして、そうした失恋がきっかけで心理療法が始まることもしばしば本当なのです。

神話やおとぎ話のなかには、幼い子どもが「自らの運命」を探し求めるため、両親の庇護のもとを離れて数々の苦境に立ち向かうという、ある共通したテーマが見られます。主人公はたいてい幾多の危険と苦難にさらされます。『魔笛』*4に登場するタミーノのように、勇気が試され、数々の難関を潜り抜けることが求められる話も多数あります。『眠り姫』*5や『ジークフリート』*6のように、お姫様が火の壁や棘の壁に囲まれていて、誰もそこに近づけない状況のなかで、英雄があらゆる障害を乗り越え、ついには姫を手に入れるという話もあります。すなわち性的な幸せとは、両親の庇護のもとを離れ、自立した人生のなかで必ずや直面するであろう危険へと立ち向かう、そうした勇気を奮ったことに対する報いのことなのです。

患者が治療者へ向ける情緒の程度は実にさまざまです。先に指摘したように転移は普遍的な現象の一つですが、深い情緒的関与を示さないまま、治療が進んでいくことも少なくありません。しかしそうした場合でも、治療者は患者の態度に注意をよく払って、必要に応じて検討できるよう準備しておかなくてはなりません。心理療法を求める患者は、すべてとは言わないまでも、ほとんどが対人関係に関する悩みを抱えているので、そうしたことが治療者への態度にも必然的に現れてくるでしょう。患者が変わり始めるのは、「今ここ」という治療場面のなかで治療者へ向ける自分自身の態度に気付くようになる、まさにそのときなのです。

たとえば、誰に対しても猜疑心を抱く人、従順な人、傲慢な人というのは、そうした態度が対人関係の妨げに

＊4　魔笛 Magic Flute（1791）　モーツァルトが生涯最後に完成させたオペラ。王子タミーノが鳥刺しのパパゲーノとともに夜の女王の娘パミーナを救う物語。

＊5　眠り姫 the sleeping beauty　おとぎ話の主人公。王女が魔力によって眠らされ、真の恋人である王子の出現とその接吻によって初めて目覚める物語。

＊6　ジークフリート Siegfried　ゲルマン伝説の英雄。ニーベルンゲンで、大竜を退治して宝物を奪い、女傑ブリュンヘルトをグンター王の妻とした。

なっているとはまったく気付いていないか、もしくはそれを意識していないかもしれません。彼らがそうしたことに気付けるのは、おそらく治療場面のなかしかありません。というのも、ふだん顔を合わせるような人からそうした態度を指摘されると、必ずや憤慨するだろうからです。しかも、日常生活のなかでそうした態度が変わる機会は与えられていません。心理療法に長い時間がかかるのは、そうした態度が変わるのに時間や手間がかかるためです。精神分析家はこうした過程を「ワーキング・スルー」[*7]と呼びます。つまりそれは、患者がある種の洞察を一時的に得たとしても、その洞察を生かすには応用が求められるということを意味しています。

＊7　ワーキング・スルー working through　徹底操作と訳されることもある。患者が知るに至った抵抗をさらに熟知させて、反復強迫からの支配からの脱却を目指すための作業。この作業を経て、洞察は単なる知的認識にとどまらず、体験的確信にまで深化する。フロイトによれば、解釈を真に受け入れて同化するには苦痛を伴うため、分析医と患者は時間をかけた一定の共同作業が必要となる。

第三部

患者のパーソナリティ

第九章

ヒステリー・パーソナリティ

この章から、さまざまなパーソナリティの患者と治療を行う際に遭遇するであろう、いくつかの問題点について論じていこうと思います。まずその前に、これまで述べてきた心理療法家の仕事の性質について、もう一度振り返っておこうと思います。

心理療法家のなすべき仕事は、第一に、患者が成長できるような、安全で信頼しうる環境を与えることです。たとえば子どもは、たえず世話をしてくれるのが当たり前の、安定した家庭で暮らせるという幸せな状況にいるならば、自ずと成熟へと向かって成長していくと考えられます。神経症者も、それと同じように、治療者という形をした安全基地が与えられ、世話してくれる、構ってくれると感じるようになれば、自分自身を理解することや自分の問題をより良く対処することを学ぶようになると考えられます。

治療者のなすべき仕事は、第二に、患者の症状やそのパーソナリティを全人的に理解するよう、患者のことを十分親密に知ることです。そこには、患者が幼少期早期からどのように育ってきたのかという生育歴も含まれます。たしかにそうしたことを理解したからといって、患者の症状がすべて消えるわけでもパーソナリティが急に変わるわけでもありません。しかし患者は、いったん自分自身と距離を置き、治療者のように批評的な視点や共感的な視点から自分自身を見つめ直すことができます。自分を変えるためには、自分自身をあるがままに見つめることが必要だと私には思われます。心理療法を求める神経症者がそれをしないのは、その精神病理が正常者と呼ばれる人と大きく違っているからではなく、自らの精神病理に打ちひしがれ混乱しているからなのです。自分のパーソナリティや問題と距離を置き、批評的に自分を理解することができれば、ある程度自分を制御できたことになります。

治療者のなすべき仕事は、第三に、自らが患者と関わることのできる人物となって、対人関係を改善する機会を患者に与えることです。まず治療者は、自分自身を多かれ少なかれ未知なる存在として患者に差し出します。これは、患者が過去に由来した情緒的に重要な人物像を治療者に投影できるようにするためです。次に治療者は、患者のこうしたイメージや思いこみが、いかに日常生活のなかで対等で肯定的な関係を築こうとする際の妨げとなっているか、「今ここ」で患者に気付いてもらいます。患者が過去に由来した否定的な思いこみを抱くことなく治療者と関われるようになれば、ほとんどの場合、治療者以外の人とも否定的な思い込みを抱くことなく関われるようになるのです。

ではこれから、さまざまなパーソナリティの患者と治療を行う際に遭遇するであろう、いくつかの問題点について論じていこうと思います。本章から十二章までは、ある特定の神経症症状ではなく、いくつかのパーソナリティ類型に焦点を当てます。これは今日の心理療法が、ある特定の神経症症状の除去というよりも患者の全人的な理解のほうに関心を寄せているためです。この話題については後の章で詳しく取り上げるつもりです。私はいくつかのパーソナリティ類型のなかから、ヒステリー、抑うつ、強迫、スキゾイドといった精神医学でよく使われる類型を選ぶことにしました。こうした類型は、満足できる内容と言うには程遠いですし、途方もなく広い、しかも込みいった人間のパーソナリティを描くにあたって、十分に妥当とは言えないかもしれません。ですが、少なくとも大まかな分類枠を設けておくことは、何の分類枠も設けずに始めるよりもはるかにましだと言えるでしょう。

❖ヒステリー・パーソナリティとは

「ヒステリー」あるいは「ヒステリー・パーソナリティ」という言葉は、あまりに誤用されているせいで、心理療法家はそうした診断名の付いた患者が紹介されてくると気分が沈みこんでしまいがちです。しかも自分をヒステリー・パーソナリティと同一視できないので、患者のことを理解できないのではないかと心配するかもしれません。精神科医のほとんどは、自分自身も抑うつ的になったり、さまざまな不安に苦しんだり、強迫的な特性や症状を示したり、スキゾイドのようにほかの人に無関心になったりすることを容易に認めますが、何らかのヒステリー的要素を持っていることは普通なかなか認めようとしないでしょう。それゆえヒステリー患者は、心理療法家にとってなじみのない患者と思われているようです。ですがそうした患者は、初期の精神分析によって見出された精神病理構造を有しているだけでなく、治療反応性が最も良いのだろうと思われます。

今日の心理療法家が、十九世紀の精神科医が生き生きと描いたような、劇的なヒステリー症例と出会う機会はあまりありません。ヒステリー性の著しい麻痺、失明、聾、意識喪失、発作、振戦、失神といった神経症症状は、めったに見かけなくなりました。気が動転するような出来事に直面すると、そのときのことが思い出せなくなる「健忘」が断続的に生じる症状はもちろん今でも見られます。また、過去の広範囲にわたって著しい健忘が生じると、いつの間にか自分が知らない場所にいることに気づく――しかしそこまでどうやってたどり着いたのかは覚えていない――「遁走」が見られることもあります（こうした事例は、病院の外来や個人開業においてしばしば出会います）。一方、それほど劇的ではないヒステリー症状を示す、いわゆる「ヒステリー・パーソナリティ」の患者はもっと頻繁に見られます。

私がこれまで目にしてきたなかで最も優れたヒステリー・パーソナリティの定義は、次のスラブニーとマックハイによるものです。

> ヒステリー・パーソナリティの人は、他者に気に入ってもらえない恐怖から逃れるため、他者に気に入られようとする切迫した欲求に支配されている。その結果、社会的な手段か、もしくはあからさまに性的な手段――それはしばしば周囲に失望をもたらしてしまう――によって、活動性、劇化、誇張、誘惑をたえず振りまき、他者に未熟かつ非現実的に依存するのである（現代精神医学入門ハーバード版[1]からの引用）。

❖ヒステリー・パーソナリティの理解

ヒステリー症状の最も際立った特徴は、患者自身まったく気づいていない、もしくは一部しか気づいていない、ある目的にかなっているという点です。それゆえ、この目的は最初から患者に否認されています。

ヒステリー症状は主に三つの目的にかなっています。ヒステリー症状は、第一に、不快、恐怖、屈辱などの状況から逃れるという目的にかなっています。「都合良く」生じる頭痛は典型的なヒステリー症状です。心理療法家は患者をヒステリー症状から解放させるために、患者の幼少期の記憶を探索しなくてはなりません。そのなかで身体症状の既往歴が少なくとも一つは見つかるでしょう。そうした身体症状は、本人がうんざりしたり不安になる場面に近づくと、そこから逃れるかのように都合よく生じていて、そうした場面が無事過ぎ去ると、今度は都合よく消え去っているのです。

ヒステリー症状は、第二に、憤りを感じた人に対して、復讐したり処罰するという目的にかなっています（ただし、その憤りが客観的に見て妥当かどうかはわかりません）。たとえば、妻の不感症は性行為に対する嫌悪を表していますが、それと同時に夫を殴りつける棍棒もしばしば表しています。

ヒステリー症状は、第三に、周囲の同情を得る――少なくとも周囲の関心を集める――という目的にかなっています。この種の患者は、他者に直接求めることを怖れているので、症状、それも周囲が注意を惹かざるをえない症状を示すことによって、自分の困っていることを訴えて周囲の助けを求めるのです。

それゆえ、ヒステリー症状を示す患者の自己は、二つに分かれていると言えます。観察者から見ると、患者の訴える要求や感情は、症状の示す要求や感情と明らかに矛盾しているのです。たとえば患者は、「本当は散歩したいのですが、足が痛くて歩けないのです」とか、「夫のことは愛していますが、身体を触れられるのが我慢ならないのです」と言います。また、「薬を飲むたびに死にたくなります」という患者の発言からは、自殺のおそれがあることに気付いてもらおうと慎重に言葉を選んでいることがわかります。

こうした矛盾に医師が気付くと、患者はひょっとすると演技をしているのではないか、という疑念が頭をよぎります。苦悩であれ、感謝であれ、愛情であれ、憤怒であれ、患者がまるで「ヒロイン」のようにおおげさな情緒を示すとなると、そうした医師の疑念はいっそう強まるかもしれません。実際、門外漢の人にとって「ヒステリー的 hysterical」と「大げさな histrionic」の意味はさほど違いません。フロイトはヒステリーを抑圧によって説明しましたが、医師にしてみると、それでもなお患者は何かだまそうとしているのではないか、感情をかき乱そうとしているのではないかといった疑念を抱かせます。一方で患者にしてみると、自分がそんなことをしているとは露とも知りませんし、そうしたことを指摘されても否定するので、たいてい本当の自分とはまるで別人の振りをするのです。

ヒステリー患者の特徴は医師を非常に苛立たせてしまうことです。抑うつ患者の絶望、スキゾイド患者の孤独感、強迫患者の強迫症状といったことに共感するのはさほど難しくありません。そうした患者は自らの認めがたい部分に無意識的かもしれませんが、彼ら自身にはまったく偽りがないからです。ところが、ヒステリー患者にはそうした疑惑がぬぐえません。ヒステリー患者の矛盾は一目瞭然だからです。ヒステリー患者は、医師に気に入られようとして過剰に振舞うため、医師は自分が「操作されて」いるのではないかと感じます（ちなみに「操作」という言葉は、このようなヒステリー患者につねに適用される侮辱的な言葉です）。ヒステリー患者の多くは、相手を「うっとり」させて気に入られようとします。それはさながら東洋のじゅうたん売りですが、その隠された動機はつねに相手に気づかれてしまっているのです。

医師は患者の正直さを頼りに治療を行っているので、もしそれが疑わしいとなると、困り果て、挙句に腹を立ててしまいます。なぜなら、自分がそれ相応の権威者として敬意を抱かれるのではなく、まるで「こき使われている」ように感じてしまうせいです。こうした医師の怒りもわからなくはありませんし、そうなってしまうのもある意味仕方ありません。なぜなら、先に述べた事例のように、患者の情緒的葛藤が意識に上ってくれば、患者は意識的に振舞っているのか、それとも無意識的に振舞っているのか、実践上見極めるのはきわめて難しくなるからです。

最近（この本を執筆している時点）のヒステリー患者は「過量服薬」を行うために、精神科医は注意を求められることがとても増えていると思います[*1]。これは、相手の注意を自分の情緒的問題に惹こうとする、まったくうんざりしたきわめて危険を伴う方法ですが、とても効果的な方法でもあります。たえず死にたいと切実に苦しんでいるのか、最愛の人に構ってもらえなくてそのことを責めているのか、あるいはそもそも本当に悩みを訴えているのか。そうしたことを治療者がいくら推し量ろうとしても、彼らの多種多様な動機をきちんと見抜くのはほとんどお手上げであると思い知らされるでしょう。

このような事例に対して、精神科医が疑心暗疑になったり腹を立てたりするのもわかります。とはいえ、そうした情緒を感じたままで患者を援助することは決してできないでしょう。医師がやるべきことは、患者の示すさまざまな外見に惑わされず、即座に感じる自らの情緒的反応を十分に抑えることです。もしそれができれば、患者は、医師が共感し援助することのできる、とても不幸な人だということがわかるでしょう。

ヒステリー患者は言わば敗北者です。自分が他者と対等に競い合えるとは思っていません。とりわけ周囲から無視されていると感じていますが、しばしば実際、幼い頃に見捨てられた経験があります。いくら自分の要望を訴えても大人はそれに見向きもしてくれないことに子どもが気付いたとしたら、いったいどう振舞えばいいのでしょうか。自分の要望を何とかして満たそうと、駄々をこね、注意を惹き、おおげさに訴え、それでもうまくいかなければ別の口実を探そうとするでしょう。

ヒステリー患者を理解するのに、ある一人の子どもを想像すると役に立ちます。それは、自分を一人の人間としてまっとうに扱ってほしい、と繰り返し親にせがんでみたところでまったくそれに応じてもらえない、そうした子どもです。そうした子どもの親の多くは、子どもの要望をほとんど顧みていません。あるいは、親とは別の同一性や別の要請を持つ、一人の人間として子どもをみなすのではなく、自分の人格のたんなる延長として子どもをみなしています。

親が子どもの声に耳を傾けないでいると、ますます子どもは大人の注意を惹くために大声を上げなくてはならなくなります。学校に行くのはとても恐ろしい、けれどその恐ろしさを親にうっかり言ってしまうと、「おまえは怠けものだ」と一笑されてしまう。そんなふうに思っている子どもは、自分の気持ちを親にきちんと受け取っ

＊1　現在では、境界例の自殺企図や自己破壊行動、あるいは自傷行為症候群（リストカットなど）といった問題に該当すると考えられる。とりわけ過量服薬は自傷行為と密接な関係がある（ただし過量服薬は、狭義の自傷行為と比べると、はるかに切迫した危機を示唆する自己破壊的行動と言える）。自傷とは自己の肉体の一部を傷つける行為のことである。自殺を目的となされた行為が未遂に終わることもあるが、自傷とは本来それ自体が関係した行為と考えられる。近年ではリストカットなどの問題が多発しているが、そうした精神力動としては、彼らが些細なことで対象喪失感を抱きやすく、自己が傷つきやすいために、自傷はこの傷つきを癒すための無意識的な試みであると考えられている。

てもらいたいがために、大声を上げて叫んだり、家出をしたり、自殺を図ったりするかもしれません。

こうした直接的な訴えが功を奏さなくても、間接的な訴えが功を奏する場合があります。身体の病気は、子どもが学校に行かなくてもよい妥当な理由として一般的に受け入れられていますが、それはまた、少なくとも大人の注意を惹きとめておくのに恰好の材料です。絶望的な苦境にいる子どもが、そうした二重の目的にかなった病気を選択したとしても、さほど不思議なことではありません。

子どもがこの種の行動パターンを取るのは、子どもにとってそれが唯一有効な方法だからですし、またそれが自分の要求を大人に気付いてもらう唯一の方法だからです。こうした行動パターンが大人になっても依然として続くようであれば、それは「ヒステリー的」と呼ばれます。

ヒステリー患者はたいてい自分のことを役立たずだと感じていますが、それと同じくらい誰からも愛されていないと感じているので、しばしば性的アピールに躍起になります。欧米の文化圏では男性よりも女性のほうが自己顕示的で自由な外見が許されているため、そうした努力を懸命に払うのは女性が多くなります。モデルのような女性が実は不感症で悩んでいる、といった事例は心理療法家にとって珍しくありません。なかには男性を魅了する術をよく心得ている女性もいますが、かりにそうした人が男性にせがまれて一夜をともにしたとしても、きまって男性をがっかりさせてしまいます。あるいは、決して果たされることのない約束をしつづける、いわゆる「据え膳を食わせる」女性もいます。「自分の外見を『自己愛的』（これも誤用されている精神医学用語の一つ）に着飾ることによって過度に周囲の注意を惹こうとしている」のだと、そうした女性を批判するのは容易いことですし、そうした過度に周囲の注意を惹くことこそが、ネグレクトの症状の一つであるのを見逃してしまうことも容易いことです。そうした女性は、これまで周囲から十分に注意が払われてこなかった人たちなのです。

演劇関係の職業は、ヒステリー患者にとってとりわけ魅力的に映ります。事実、一流の役者のなかにもヒステリー・パーソナリティの人たちがいます。これにはさまざまな理由があります。

理由の一つめは、演劇関係の仕事には情緒を大げさに表す機会があるからです。ヒステリー・パーソナリティの人にとって、そうした演じる術は幼少期から学んできているので、すでにその道の専門家であることが多いのです。

理由の二つめは、役者は素晴らしい演技をすると、大勢の観客から拍手喝采が送られるからです。自分の家族に大事にしてもらった経験がなく、その結果、誰かに受け入れてもらった確信をついぞ抱けなかった人にとって、大勢の観客から憧憬の的になることはこのうえない満足感をもたらします。実際の報酬は微々たるものですし、いくら観客に忠誠を尽くしたとしても自分の配偶者や両親のように当てになるわけでもありません。しかしそれを差し引いたとしても、自分が有名人であることにやりがいを感じるのです。

理由の三つめは、役者とは何らかの役を演じる人のことを意味しますが、その役を演じている間は別人の振りをすることができるからです。これまで見てきたように、ヒステリー患者は自ら欲しいものを自らの力で手に入れることができません。そのため、ありとあらゆる仮面や役割を引き受け、そうすることで周囲に受け入れてもらおうとします。そうしていくなかで、ヒステリー患者は自らのパーソナリティにおける連続性の感覚――「本当の私」という内的な核としての感覚――をしだいに失っていくのです。こうしたタイプの人は内的な空虚感を抱えているため、自分のことを一人の人間ではなく、一体の死人のように感じています。ですから逆説的ですが、自分とは別の誰かを演じているときのほうが現実感を感じ取ることができるのです。言ってみれば、自分とは別の誰かを演じているときしか生きている実感が湧かないのです。

❖ヒステリー・パーソナリティの患者との心理療法

ヒステリー・パーソナリティの患者との心理療法が成功するかどうかは、陽性転移を築けるかどうかにほとんどすべてかかっています。そうした患者はときにとても頭が良かったりしますが、理性を重んじる人はめったにいません。ですから、改善するうえで洞察は情緒的確信ほど重要にならないのです。つまり、「治療者は自分のことを理解し大事にしてくれるたった一人の人だ」、といった情緒的な確信のほうが重要になるのです。

もちろん、こうした安定した関係は一朝一夕で築けるわけではありません。その途中で幾多の紆余曲折があり、そのたびに治療者の忍耐が試されます。なぜならこうした患者は、自分のことを理解し世話してくれる人が見つかるかどうか内心ではとても気にしながら、そんな人はぜったい見つかりっこないと捨鉢になっているので、治療者が自分の要求に耐えられるかどうか試そうと、あえて「悪ぶった」振舞いをするからです。たとえば、とくだんの理由がないにもかかわらずセッションを休んだり、個人開業では料金を支払い忘れたりするかもしれません。またセッション中は、治療者に対して「不誠実だ」と責め立てることも少なくありません。「本当に心配してくれているんですか。先生にしたら、生計を立てるための仕事に過ぎないんでしょうけど」などと。

もし心理療法家が若くて比較的経験も浅ければ、患者はそのことを取り上げて、責め立ててくるかもしれません（心理療法家が医師である場合、医師名簿に必ず情報が掲載されています。それを見ると、医師の資格取得年、学位、経歴等が一目でわかるようになっています）。もし医師が若くて傷つきやすければ、患者の非難をきちんと受け止めることができず、その結果、患者に対して腹を立てて治療が中断してしまったり、逆に治療者としての至らなさを感じて治療者自身が抑うつになったりするかもしれません。しかし、患者が非難するのはその背景に患者自身の根深い不幸が関係していること、また「治療者は本当は悪い人ではない」と思っていなければ、わざわざ相談にも訪れていないことをきちんと治療者が理解しておけば、たいていの陰性転移は乗り越えられるでしょう。

患者のなかには、治療者に対して理想化とこき下ろしを代わる代わる示す人もいます。かつて私が担当した患者にもそのような人がいました。あるセッションでは、治療者のことをこのうえなく親切で、ものわかりがよく、洞察力があり、思いやりがあると褒めそやすのですが、次のセッションになると、役立たずで、残酷で、鈍感で、とにかく憎いと罵るのでした。そうした「悪口」セッションの後は、私に見捨てられるのではないかと恐れて、きまって詫び状をよこしてきました。

そうした患者はひどく恵まれない不幸な人です。というのも、一般的にそうした人は、幼少期早期から母性愛を受けられなかったことに苦しんでいるからです。誰かと愛情関係を結ぼうとするたびに幼い頃の失望を繰り返してしまうのは、愛着の対象に無理な要求を押しつけるせいで、相手はその要求に応じることができず、結果的に激しい怒りを感じてしまうからなのです。たとえばある女性は、いつも母親代わりとなる男性と付き合っていて、蜜月の関係が続いているうちはその男性のことを崇めてやみませんでした。一方、つねに自分だけに注意を向けて欲しいがために、その男性の注意が少しでもほかの女性に向くと、そのことに激しく嫉妬してしまい、二人の関係はいつもうまくいきませんでした。ついにその怒りは言葉で表すだけでは収まらず、自分のことを不憫に感じてくれていた女性にまで「重傷」の傷害を負わせてしまい、実刑判決が下されてしまいました。経験の浅い治療者のもとへ、こうした「行動化」を起こすヒステリー患者が紹介されてくることはあまりないと思います。そうした患者は、「精神病質者《サイコパス》」というある種軽蔑的な精神医学的レッテルを貼られ、心理療法には適さないと判断されるからです。

また、たとえ患者が情緒に基づいた行動化をせず、自分の情緒を言語化できるまで制御できたとしても、そうした情緒もやはり同じように激しくなりやすいのです。ここで私が伝えたいのは、ひどく混乱したヒステリー患者との治療の際には、きわめて激しい原初的な情緒――治療者自身も混乱するような情緒――に巻き込まれるかもしれないということです。もし治療者が、患者にさんざんこき下ろされても落ち着いていられるなら、患者の感情を理解、共感することができ、患者の生育歴の観点からそれらを解釈することができるでしょう。もし患者から「無視された」とか「拒否された」と責められたとすれば、治療者はこう言うことができるでしょう。「きっとこれまでも、ほかの人から拒否されたと感じてこられたのでしょうね。実際、いつもそんなふうに感じているのではないですか。はじめてそんなふうに感じたときのことを思い出せますか」。治療者がこう尋ねることによって、期待した後に失望するというパターンがずっと以前から繰り返されていることを明らかにでき、またその期待があまりにも大きすぎるためにいつも失敗を余儀なくされていることを患者に示すことができます。

あるいは先に示したように、とりわけ患者の態度が急変したとき、治療者は「今ここ」の自分の振舞いが患者に「拒否された」という誤解を与えたのではないかと指摘することもできます。とくに患者が治療者の振舞いにささいな変化を見出した際、「拒否された」という感情が生じやすいのです。たとえば患者は、「さっき先生が私を部屋に招いたとき、にこりともしてくれませんでしたね」とか、「先生の様子がおかしい。きっと私の話にうんざりしているんでしょう」とか、「私がこんなに話しているのに、さっき先生はあくびをしていましたね」などと言うかもしれません。

心理療法家はいつも穏やかで頼もしい態度でいるようにしなければなりませんが、日によって多少態度が違っていても仕方ありません。疲れているのかもしれませんし、気がかりなことがあるのかもしれませんし、二日酔いのことだってあります。拒否されることにとても敏感な患者なら、たとえ些細なことであっても、いつもとたしかに違う治療者の振舞いをあら捜ししようとします。それゆえ、治療者が患者の不満をたんなる言いがかりだと一蹴してしまうのは賢明ではないのです。これまで説明してきたように、さまざまな理由から治療者は自分の感情を語るべきではありませんが、一人の人間であることを一切認めてならないというわけではありません。そこで治療者は、「いつもと違っている」という患者の非難に対して、こう言うこともできます。「ええ、いつもと違っているかもしれません。それはきっとあなたとて同じでしょう。誰しもそうした点はあると思います。どうしてあなたがそれに我慢ならないのか、それが私には不思議に思えるのです」。

もし治療者が実際に過ちを犯していたなら——たとえば、あくびをしていたとか、患者の言ったことを聞き漏らしていたとか、以前のセッションの話題を忘れていたとすれば――治療者はそうした過ちを認めなくてはなりません。心理療法を行うには、お互いの誠実さを頼りするしかありません。お互いの関係を実際よりも良く見せかけようとするのは、その関係を偽ることになります。

「理解に欠ける」と患者から責められたとしても、治療者はそれにじっと耐え、持ちこたえることができれば、患者の心のなかで治療者の「良い」イメージが優勢になってくるでしょう。しかし、患者の障害の程度によっては、このイメージは先に示唆したような理想化へと向かうかもしれません。つまり患者は治療者のことを、ありえないくらい良心的で、ものわかりの良い、愛情深い人物だとみなしてしまうのです。それは、あらゆる徳の鑑であり、理想化された親――あらゆる問題を解決してくれ、あらゆる傷を癒してくれ、あらゆる過去の不幸を埋め合わせてくれる親――でもあります。そうした患者が治療者に求めているのは、生まれたばかりの赤ん坊しか求めることが許されないような、全面的な献身なのです。

実際に患者が発達早期にそうした幼児的要求を応じてもらえなかったかどうか、客観的に検証するのはきわめて難しいことです。ですが、現に母親から愛してもらえなかったという患者の証言を、私は少数ながら得ています。人間はそれぞれの発達段階に応じた要求が満たされなければ、その後もずっと強迫的な渇望にさいなまれることになると私には思われます。なぜなら、手に入れられなかったものを是が非でも手に入れたいと駆り立てられるからです。実際に本当かどうかはさておき、こうした説明はヒステリー患者を理解するのに役立ちます。そうした患者は、全面的な受容、保護、世話、愛情といったこと、すなわち母親が何ら見返りを求めず、生まれたばかりの赤ん坊に施すようなことを、治療者に求めてやまないのです。

もちろん治療者はそうした非現実的な要求に応じることはできません。たとえ治療者がほかの仕事を投げ打って、患者と一緒に暮らし、生活のすべてを患者のために捧げ、患者の要求にどれだけ応じたとしても、患者の過去を埋め合わすことはできませんし、ましてや患者の心の内でうずいている空虚感を満たすことなどできません。

なるほど、患者は治療者のおかげで新たな、より良い対人関係が築けるようになるかもしれません。とはいえ、ごく幼い頃に手に入れられなかったものをそっくり取り戻すことなどできない、という事実とも折り合っていかなくてはならないのです。

こうした事実を受け入れていくのは、身体の障害と折り合いをつけていくのとちょうど同じです。もし片足を失ってしまえば、義足をつけなくてはなりません。患者がそうした事実を受け入れることができれば、強迫的な要求はおさまり、以前よりも現実的に、新たな態度で人と接するようになります。そしておそらくは、抑うつを経験できるようにもなります。つまり、きっとどこかに理想的な母親がいるのではないかと願い続けるのではなく、理想的な母親などどこにもいないのだと悲しむことができるようになるのです。

私の考えでは、ヒステリーは抑うつに対する防衛という観点から見るとよく理解できます。患者は苦痛を避けようとして悪循環に陥っています。治療者はヒステリー患者の外見に隠された点を理解してはじめて、患者を援助することができるのです。

第十章　抑うつパーソナリティ

❖抑うつとは

抑うつは、精神科を受診する患者のなかでおそらく最もよく見かける症状です。日常の失敗などで誰しも経験するような一時的な意欲の低下といった状態から、最終的には自殺に至るほどの憂うつな絶望感といった苦しい状態まで、抑うつの程度にはさまざまあります。

かつての精神科医は、抑うつを「神経症的」なものと「精神病的」なものとに分けていました。前者はしばしば「反応性抑うつ」と呼ばれ、死別、失恋、落第、失業、困窮といった外的世界の出来事に対する明らかな——しかしおそらくは過度な——反応を意味しています。反応性抑うつの治療には薬物療法が用いられますが、とくにほかの神経症症状を伴っている場合には心理療法家のもとへ紹介されることがあるかもしれません。一方、後者の精神病水準の抑うつは「内因性うつ病」のことを指し、外的世界の出来事とは関係なく、患者の気質に由来すると考えられています。そうした抑うつには、不眠、食欲不振、体重減少、ほかの身体症状といった訴えを伴っていることが多いでしょう。以前の精神科医は、そうした抑うつ患者から個人的背景や社会的背景を詳しく聴き取ることはせず、抗うつ薬を処方するか、電気痙攣療法を処置することで済ますことがほとんどでした（今の精神科医が行うことも、それとあまり変わりありません）。

きわめて重度の抑うつ患者は、ほかの人と最低限の信頼関係や協力関係すら結ぶことができず、心理療法家の手には負えないため、薬物療法や電気痙攣療法が最良の治療であることに変わりありません。[*1] しかしだからといって、その障害が「神経症性抑うつ」や「反応性抑うつ」といった軽度の抑うつと異なるわけではありません。両者の抑うつには明確な違いがあるのではなく、体の痛みと同じく、その強さの程度によって違いが生じているように思われます。つまり抑うつの種類の違いは、内因性か心因性かという違いではなく、その程度によって区別されるのです。

さらにある研究結果から、日常の外傷的な出来事による抑うつ症状の発現は、社会的要因がきわめて大きな影響を及ぼしていることが示されています。ジョージ・ブラウン教授が率いる研究グループの調査結果によると、抑うつは何の前兆もなく急に生じることはめったにないこと、また外傷的出来事に対して抑うつ反応を示す女性は、一般にさまざまな問題、すなわち抑うつ反応を生じさせやすい問題を抱えていることが明らかになっています。具体的に言えば、結婚の不和や家計の困窮に苦しむ女性、十一歳以前に自分の母親を亡くした女性は抑うつになりやすいことがわかっています。家庭に十四歳以下の子どもが三人以上いること、周囲に信頼できる大人がいないこと、家庭の外に仕事を持っていないことも抑うつになりやすい要因として挙げられています。また労働者階級の女性は、突発的な外傷的出来事に対して、中産階級の女性よりも四倍抑うつになりやすいことがわかっています。[1] さらに慢性の身体疾患を有している人も抑うつになりやすく、発展途上国における慢性の抑うつは、栄養不良、病気、寄生虫の体内侵入の結果という点で共通しています。私たちの文化でも出産直後あるいは閉経期には生化学的な変化が生じますが、それと同じように、高熱やインフルエンザといった感染症には抑うつが残遺することで知られていますし、ときには月経前の緊張も抑うつと結びつきます。

それゆえ精神科医は、患者の過去の生活環境や今の生活環境をできるだけ詳しく聞き取っておくことがきわめて重要です。それに加えて、とくに抑うつになりやすい患者には、たとえ抑うつの主たる原因が過酷な環境のせいというよりも遺伝的な要因のせいと思われる場合であったとしても、患者のパーソナリティを理解しなければならない、と私は思っています。

とくに抑うつになりやすい人は、「抑うつパーソナリティ」の人、あるいは「抑うつの精神病理」を示す人と言われます。こうした患者は、いかなる心理療法の実践においても相当数の割合を占めています。話がやっかいなのは、抑うつパーソナリティの人は必ずしも一種類とは限らないことです。たとえば、躁とうつの気分が激しく入れ替わる、いわゆる「双極性」の躁うつ病患者は、たんなる抑うつ患者と比べると神経症症状をさほど示しません。また抑うつになりやすい人のなかには、自分の粗暴で攻撃的な面に苦しんでいても、そうした点を除けば過活動によってたいてい上手に対処している人たちもいます。バルザック[*2]やチャーチル[*3]などはその典型例です。とはいえ、心理療法家のもとを訪れる抑うつ患者のほとんどは、もっと受身的で依存的です。これから私が詳しく取り上げようとするのは、そうした種類の人たちのことです。

＊1　電気痙攣療法とは、頭部に通電し、全身痙攣（ショック）を起こさせることによって精神症状の改善をはかる方法。現在は薬物療法の発展によって例外的な治療手段となっている。

＊2　バルザック Balzac, Honoré de（1799-1850）フランスの作家。近代リアリズム文学を代表する作家で、「人間喜劇」と総称する長短九十編余の小説のなかに多種多様な人間の気質を描出した。『ゴリオ爺さん』『谷間の百合』『従兄ポンス』『絶対の探求』など。

❖抑うつパーソナリティ――自己非難、自尊心の欠如

抑うつパーソナリティの人は、ほかの人から敵意を向けられると無力感や絶望感を抱いてしまいがちです。自分から努力して状況を変えようとせず、自ら進んでその犠牲者となるのです。表面的にはただ不幸であることを嘆くだけでなく、絶望して諦めているようにも見えます。自分を落ち込ませたものがどんな逆境であれ、その逆境が到来することは初めからわかっていたと主張するだけでなく、その逆境を引き起こしたのは自分自身の責任であるとすら主張するのです。彼らが諦めているのは一目瞭然です。というのも、どんな人であっても相手から苦しめられると、ただ苦しむだけでなく苦しめる相手に向けて怒りを示すものですが、彼らはそうしないからです。彼らの憤りは実際の攻撃反応となって現れず、代わりに心の内側へと抑え込まれ、結果的に自己非難や自己卑下となって現れるのです。

それゆえ抑うつパーソナリティの人は、自分のことを実際よりもはるかに役立たずで不適格だと思っています。そこで心理療法家の仕事となるのは、患者の援助要請をもたらした、かすかな希望の光に明かりを灯すだけでなく、その大部分が抑圧され使えなくなっているパーソナリティの活動的、攻撃的な面を明るみに出すことなのです。

こうした抑うつパーソナリティの人は、心理療法を受けるとしばしばそこから多くの利益を得ます。たしかに現代の抗うつ薬を飲めば、激しい抑うつ発作の苦しみはかなり和らぎますが、この本を執筆している時点では抗うつ薬がきわめて過剰に処方されているせいで、心理療法を受ければ利益を得るような人まで躊躇させているのもまた本当なのです。[*4] 自分の人生や気質とうまくやっていくことは、抗うつ薬からは学べないでしょう。たしかに抗うつ薬によって抑うつを一時的に和らげることはできますが、感受性を鈍くし、現実感を妨げるような効き目もあるので、長期間服用することはめったに勧められませんし、実際に有害な場合すらあるかもしれません。

分析家のなかには、「不幸な出来事に対する反応性の抑うつなら、どんな事例であっても抑うつを取り除くことができる」、と主張する分析家もいます。私が言いたいのはそうしたことではなく、ある特定の抑うつエピソードなら和らげることができ、またかりに抑うつが再発したとしても、患者自らがより良く対処するのを援助できるといったことです。

私の考えでは、抑うつ患者の最も際立った特徴とは、否定的なこと、すなわち本来備わっているべき自尊心が欠落していることです。たとえば、実際抑うつに苦しんでいるときはたいてい、自分には価値がない、取り柄がない、望みがない、悩む価値さえないと感じたり思ったりします。そうした感情は外的な要因というより内的な要因によって決まります。たしかに先に述べたように、外的世界の出来事（死別、失恋など）がきっかけで抑うつが生じることがあるかもしれませんが、そうした絶望感や自己非難は、観察者からすると、きっかけとなった

＊3　チャーチル Churchill, Sir Winston（1874-1965）　イギリスの政治家、著述家、首相。初め保守党ついで自由党に入り商相・内相を歴任した。第一次大戦時には海相・軍需相、戦後陸相・植民相、のち保守党に復帰して蔵相を歴任した。第二次大戦には首相として指導力を発揮し、連合国の勝利に貢献した。戦後も再び首相を務める。チャーチルの抑うつについては、ストー著『Churchill's Black Dog and Other Phenomena of the Human Mind. London/Harper Collins. 今井幹晴（訳）（二〇〇七）『天才はいかにうつをてなずけたか』（求龍堂）に詳しい。

＊4　アメリカでの操作的診断基準（ＤＳＭ‐Ⅳ‐ＴＲ）の「大うつ病性障害」の領域は古典的な「うつ病」より範囲が広がっている。精神医療におけるうつ病治療では薬物療法と休養が優先されるが、心理療法と併用したほうが有効と言われる。一方、近年はＳＳＲＩなどの抗うつ薬の発展により、心理的、性格的な要因による抑うつにも抗うつ薬が有効なことがあり、心理療法と薬物療法との併用が有効と言われることがある。こうしたことから、古典的なうつ病概念はそれだけでは不十分になりつつあり、個々のケースについて個別に評価し、治療計画を立てることが必要になる。また、医療における医師と心理士は一人の患者に対してＡ‐Ｔスプリットと呼ばれる治療形態を取ることもある。具体的には、投薬、医学的管理、指導などの現実的側面を担う管理医と、患者の秘密を保持しつつ心理的側面を扱う心理療法家に分けて治療を行うことである。

出来事と釣り合っていないように見えるのです。たとえば喘息患者の呼吸器官は、ある種のアレルゲンに対して過剰に反応し、粘液の流出と気管支の痙攣を引き起こしますが、その程度はふつうの人が毒ガスに対して反応するのと匹敵するほどだと言われます。抑うつパーソナリティの人もまた、外的世界の出来事に対して過剰に反応しやすく、普通の人にとって取るに足らない失敗であっても、自尊心の低い彼らはひどく深刻に受け止めてしまうのです。

たとえば、情緒的に重要な人との喧嘩は、普通の人にしてみればたわいもない出来事にすぎませんが、抑うつパーソナリティの人にとっては世界の終わりのように感じられます。試験の落第も、ほとんどの児童生徒や学生にしてみれば後に課題が課せられるだけなので、一過的な悩みで終わる場合がほとんどでしょう。ところが抑うつパーソナリティの人にとっては、自分の価値をまったく見失うような感情反応を招いてしまうおそれがあるのです。

しばしば抑うつ患者は、陽気でいるときよりも沈んでいるときのほうが物事の本質について洞察を得ることができると思っています。そのため、抑うつから解放された状態は、現実感を曇らせるある種の蜃気楼にすぎないと思っている節があるのです。ほとんどの精神科医は、それとは反対に、抑うつ気分は認知を歪めると考えています。

ですが、患者の言うことにも一理あります。なぜなら、これからおわかりになると思いますが、抑うつ患者の生活はその大部分が抑うつを避けるための努力によって費やされているからです。つまり過剰な活動によって、どん底に落ち込むやもしれぬ恐ろしい状況から身を守ろうとしているのです。抑うつ患者が外的世界に示す態度の裏には、つねにある種の抑うつがあるように思われます。それは、外装は明るいけれど中身は老朽化してしまった家を見たときに感じる物悲しさと似ています。なるほど、抑うつ患者の訴える自己価値の低さは多少仰々しく思われるかもしれません。ですが、抑うつ状態のときのほうがそうでないときよりもリアルで本質的な自己が映し出される、というのはあながち嘘ではないのです。はたから見ていて多少仰々しくても、本人からするとそれが偽らざる実感なのです。

いったい私たちの自尊心は何に由来しているのでしょうか。また、なぜ抑うつパーソナリティの人は自尊心が低いのでしょうか。もちろんこうした問いに完璧に答えられる人などいませんが、多くの事例に見られる真実らしいことであれば、ある程度は説明できます。

人間の赤ん坊は、もっぱら無力で依存的な状態でこの世に生まれてきます。そして、この無力で依存的な状態は、少なくとも一部残り、一生を通じてほかのどの動物よりも長く続きます。赤ん坊は初めのうち、自分の能力について何も知りませんし、自分の能力が欠けていることすら気づいていないと考えて差し支えないと思います。それが成長するにつれ、自分一人では何もできず、周囲の大人を頼りにしていることにしだいに気付くようになります。もし自分の家族から喜んで受け入れられ、かわいがられ、抱っこされ、およそ「大事に」育てられたとしたら、自分は大人と比べてまだまだ未熟だと気付かざるをえなくても、自分のことを十分価値ある人間だと思うようになるでしょう。このことを心理学の専門用語で言えば、「赤ん坊に正の強化を繰り返し与えることによって、好ましい自己価値を条件づける」ことになろうかと思います。あるいは、クライン派の専門用語で言えば、「赤ん坊の心のなかで両親が『良い対象[*5]』として内在化される」ことになろうかと思います。

愛されている子どもなら、新たな言葉を学んだり新たな身体技能を身につけたりすると、たいていは両親から褒めてもらえます。すでに一、二歳になると、何か新たなことができるたびに、両親から褒めてもらって当然だ

＊5　良い対象 good objects　クライン派の基本概念のひとつであり、無意識的幻想における内的対象のあり方を示すもの。良い対象、悪い対象はこうした早期の対象関係を基本とした部分対象関係である。良い対象とは自分の欲求を満たしてくれ、快をもたらしてくれる対象であり、悪い対象とは自分の欲求を満たしてくれず、苦痛をもたらす対象である。

と思うようになります。実際はほんのささいなことしかできなくても、両親から手放しに褒めてもらえると、ますます子どもは自分のことを良い人間だと思って成長していきます。

先ほどの文章のなかで「大事に」と括弧書きにしたのは、両親が子どものことを愛していれば、子どものすることすべてを過大評価するのは普通だし当然だ、ということにあえて注意を促したかったためです。両親から大事にされるからこそ、子どもは自分のことをより良く思えるようになるのです。このように子どもに自尊心が生まれるのは、もともとは自分の価値が外部から繰り返し肯定されるかどうかにかかっていますが、ゆくゆくは自分のパーソナリティの一部として「内在化される」かどうかにかかっています。それは、もともとは両親から与えられた禁止がゆくゆくは自分の良心あるいは超自我になるという過程、つまり良心の形成過程と似ています。

母親の病気や死によって、子どもと母親との接触が遮られることがあるかもしれません。霊長類の発達に関する研究によると、ある種の抑うつは乳幼児期の母子関係の断絶に関係しているという仮説が支持されています。母親ザルと六カ月離れて育てられた赤ん坊ザルは、仲間のサルと交わろうとさせても脅えて不安がってしまい、一緒に遊べず、最後まで仲間に加わることができないのです。また、母親ザルから多少は自立できていても、母親ザルから短期間離されてしまうと、抑うつになってしまうばかりか、社会的遊びができず、見知らぬ対象をひどく脅えてしまうといった影響が後に何年も残ってしまいます。

逆に、親子関係がうまくいかない場合を考えてみましょう。両親は、子どもを手放しに褒めないかもしれませんし、いつまでも子どもを手放そうとしないことで子ども自身の達成感を奪ってしまうかもしれません。一方で子どもは、身体障害を生まれつき抱えていたり大病を患っていたりするせいで、たえず自分を仲間と比べて引け目を感じるかもしれません。あるいは、期待に応えようとしても応えられないほど高い要求水準を両親から課されているかもしれません。抑うつパーソナリティの人は、前の章で取りあげたヒステリー・パーソナリティの人のように、他者からなおざりにされているとは感じておらず、むしろ几帳面とか役立たずとみなされているように感じています。

自分に価値がないという内的感覚はさまざまなことに影響を及ぼします。まずそうした人は、必要以上に仲間の意見を当てにする傾向があります。なぜなら自分の心的健康のためには、他者から肯定的意見を繰り返しもらうことが必要だからです。ちょうどそれは、赤ん坊にとって身体的健康のためにミルクを繰り返し飲むのが必要なのと同じです。抑うつパーソナリティは口唇期に固着している、というフロイトの考えに与するかどうかはさておき（なお、そうした主張を裏付けるような証拠がいくらか得られています。詳しくはフィッシャーとグリーンバーグ(2)を参照ください）、そうしたパーソナリティの人は、ほかの人から認められることに「飢えて」いて、繰り返し承認を得たり、何度も成功体験をしたり、別の方策を強めたりというやり方によって、自分が他者から受け入れられている証拠を繰り返し求めているのです。それはまた、基底にある絶望感に再び陥ってしまうことを防ぐためでもあるので、その絶望感から自分を守りつづけなければなりません。相手の意見に従順で、しかも相手からの批判に傷つきやすいために、しばしば自分の意見をきちんと主張できず、相手に気に入られようとして心配しすぎるのです。ヒステリー・パーソナリティの人も相手に気に入られようとして心配しすぎますが、周囲の注意を惹こうとして大げさな訴えをしたり相手を苛立たせてしまいます。一方で抑うつパーソナリティの人は、それほど押しつけがましく要求したりはしません。

抑うつパーソナリティの人のなかには、他者に同一化することに熟達している人もいて、そうした人は他者が感じていることをきわめて敏感に察知します。相手のことを非難しないように気遣い、しかも相手から認められたいと願っているので、相手がどんなことに取り乱すのかとか、どんなことに喜ぶのかといったことを察知するアンテナを持っているのです。この種の感受性は、忙殺されている管理職の秘書に求められることと似ています。というのも秘書は、一つひとつ指示されなくても上司の考えていることをきちんと察知し、それに応じて行動することが求められるからです。

こうした適応様式は本人に明らかな不利益をもたらします。もしほかの人から攻撃されるのを恐れ、自分の意見を主張できないとすれば、将来有能な管理職や指導者になれる見込みはおそらくありません。ほかの人に意見を譲る習慣はある種の受動性を伴うため、そうした人は「いい人」と褒められることはあっても、敬意を払われることはないのです。これは幼少期に培われた、ある側面の延長とみなすことができます。子どもが両親の意見に従うのは、両親からの承認を得つづけたいせいですし、また、自分が大人になるまでは両親のほうが経験的に何事もよく知っているせいです。現に抑うつパーソナリティの人は、自分より劣った人に対してもしばしば意見を譲るため、こうした習慣づけられた行動様式によって自分には価値がないという内的感覚がいっそう強化されていくのです。

さらに抑うつパーソナリティの人は、ふだんから他者の感情に合わせているので、自分自身の感情がはっきりせず、自分と「内的自己」とが切り離されていることがしばしばあります。つまり、つねに他者の意見に合わせているので、結果的に自分自身の確たる意見をまったく持たなくなっていますし、いつも他者の感情の状態に合わせているので、いつの間にか自分自身の気持ちを意識しなくなっているのです。

彼らは、パーソナリティの自立的、遂行的な面を習慣的に抑えつけているせいで、一般の人よりも無力感を抱きやすく、実際に無力なこともあります。そして、自分の決断が求められるあらゆる場面でほかの人に助言を求めます。どんな決断を下すにせよ、自分の下す決断は間違っているという確信が底にあるため、また、たとえほかの人の意見が間違っていたとしても、その人のことを責めたくないと思うため、たんに無力感を抱くだけでなく、現に無力なことにますます拍車がかかるのです。

近年の研究では、抑うつにおける無力感の役割が重要視されています。ある実験では、犬に電気ショックという外傷を不意に繰り返し与えつづけたところ、最初は逃げ回っていた犬もしばらくすると逃げるのをやめて、まったく抵抗しなくなり、ついには横たわって悲しそうに鼻を鳴らしたのだそうです。[3] 無力感は絶望感を伴いながら強まります。抑うつパーソナリティの人は、外的世界の出来事に影響を与えるだけの力が自分にはないと感じ、何ごともあきらめ、受動的な役割に回ってしまうのです。

彼らの生育歴を聞いていて時おり気づかされるのは、学校や大学での成績が、彼ら本来の知的才能が保証するであろう成績よりもはるかに下回っているということです。これは一般的に、発達過程のどこかで自分は努力しても無駄だと確信したせいなのでしょう。抑うつ気質の人がしばしばうまくやれるのは、誰でも難なくこなすことが求められるような場合です。逆にうまくやれないのは、それをこなすために何らかの努力が求められるような場合です。なぜなら彼らは、自分一人の力で努力してうまくこなすことができるとはまったく思えないほど、自信が持てないからです。

人生の後半を迎え、成功が努力にある程度追いついてくるようになると、それまでの受動性にかわって、たゆまぬ努力を発揮しはじめるかもしれません。目標を達成すると、しばしば抑うつを招くおそれがあるのはそのためです。本を書き上げた作家、取引を成功させたビジネスマン、昇進した会社員。彼らは成功した後に、幸福感を感じるよりも抑うつを感じるかもしれません。というのも、彼らにとって成功した結果は、「休養」すなわち活動しないことを意味するからです。普通の人にとって「エネルギーを充電する」機会となるのが、抑うつパーソナリティの人にとっては自分の無能さを確信する機会になるのです。ある目標に向かってひたすら懸命に努力してきたとすると、その目標がいったん達成されてしまったならば、そこには事実上何らかの喪失、すなわち莫大なエネルギーを注いできた努力の喪失が生じます。懸命に努力している間は、「自分は有能だ」とか「自分は重要な人物だ」と感じられていたおかげで、自尊心を維持できていたかもしれないのです。普通の人はきつい仕事をやり遂げると休暇を求めますが、抑うつパーソナリティの人は休暇があるとかえって抑うつを招きかねないのです。

❖抑うつパーソナリティ――攻撃性の抑圧

ここまで見てきたのは、抑うつパーソナリティの人は対人関係上で自分の意見を抑え、相手の意見に従い、相手の態度に合わせるため、相手に同一化する傾向があるということでした。こうした自己主張の欠如から、抑うつパーソナリティの人はいわゆる攻撃性を相当抑圧していると考えられます。

これまで私が至るところで指摘してきたように（『人間の攻撃性』[4]、『人間の破壊性』[5]）、決断を下し、主導権を握り、事態を変えるための一歩を踏み出さない限り、攻撃性における建設的、効果的、主張的側面を、暴力的、破壊的、敵対的側面から分けることはとうていできません。自分のパーソナリティをはっきりと打ち出さなければ、一人の独立した存在としていることはできないのです。実際、「十人十色」のパーソナリティがおぼろげながらにもわかるのは、各人が自分のパーソナリティをはっきりと打ち出したときなのです。

抑うつパーソナリティの人はいつも他者に打ち負かされていると感じています。自分のなかにマゾヒスティックな従順さとは別の側面、すなわち攻撃的、敵対的、破壊的側面があることに、ふだんはほとんど気づいていません。ふだんあまりにもそれを恐れているせいで、それが表に現れてこないよう驚くべき防衛を築き上げているのです。誰しもほかの人から繰り返し打ち負かされると、相手に対して憤りを感じるものです。抑うつパーソナリティの人の行動は「角を矯めて牛を殺している」ようなものです（ただし無意識的であって、意識的ではありません）。つまり、自分の破壊的な敵意を抑えようとするあまり、攻撃性の肯定的な側面――相手に立ち向かい、大事な行動に踏み切り、困難な問題に取り組み、この世に自分の足跡を残すといった、必要とあらば自分自身を打ち出せるような側面――が奪われてしまっているのです。先に私は、「無力感は絶望感を伴いながら強まる」と述べましたが、今度はそこに敵意を付け加えて、「三つのＨ」（無力感 Helplessness、絶望感 Hopelessness、敵意 Hostility のそれぞれの頭文字）と呼ぶことにしましょう。

　こうした抑うつパーソナリティの特徴は、事情に精通していない人には気づかれにくいと思います。というのも、抑うつパーソナリティの人の多くは、とりわけ外見上は「いい人」に見えるからです。概してこれは、これまで見てきたように、自分のパーソナリティを犠牲にして他者のパーソナリティに合わせることに長けているからです。かりに抑うつパーソナリティの人と話をしたとしましょう。後でその人のことを思い出そうとしても、ほとんど何も知らないことに気付くかもしれませんし、どこか謎めいた印象か、あるいは当たり障りのない印象しか思い出せないかもしれません。とはいえ、自分の意見を聞いてもらい、自分の見解に敬意を払われ、自分の願望を受けとめてもらえるので、ほとんどの人は嬉しく思います。そのようにして彼らに暖かい気持ちを抱くようになると、「あの人はいったい何者なんだろう」という疑念もどこかへ消え失せてしまいます。もちろんこれは、彼らが無意識的であれ相手にそう思われたいと望んでいることにほかなりません。「自分は有能でありたい」とか、「自分は周りから有能だと思われたい」といった望みを捨ててしまうと、後は周りから「いい人」だと思われることくらいしか、自分の自尊心を維持する方法は残されていないのです。こうした人の良さは敵意をすっかり覆い隠してしまいます。

　かつて私が、ロンドンのハーリー街[*6]の一角で働いていたときのことです。部屋の管理や面接の受付といった業務は、今ではすっかり目にしなくなった、古風な執事が一人で取り仕切ってくれていました。職業柄のせいか、その執事はとても礼儀正しく、よく気がきき、こちらが面食らうほど従順なことさえありました。しばしば患者からは、「なんていい人なんでしょう」と評されていました。しかしあるとき以来、まったく別の一面があることに私は気付かされたのです。私の自宅宿舎は、彼の自宅宿舎のちょうど階上にあったのですが、私が仕事を終えて自宅に戻ると、階下から彼が妻に怒鳴り声をあげているのが聞こえてきたのです。日々の仕事で従わねばな

＊6　ハーリー街 Harley Street　ロンドンのウェストミンスター区にある街路名。一流医師が多数開業していることで有名。

らなかった人たちにおそらく憤りを感じていて、そのうっぷんを妻に吐き出していたのでしょう。彼の人の良さは、彼の復讐心をすっかり覆い隠してしまっていたのです。

❖抑うつパーソナリティの患者との心理療法

ここまで詳しく述べてきたのは、抑うつパーソナリティのなかでも、心理療法家が最もよく出会うであろう受動的、依存的なタイプの人たちでした。もし先に概説したような抑うつの精神病理の見解が受け入れられたとすれば、抑うつパーソナリティの患者との治療では、どういったことが目標となるのか示すことができ、どうすれば良い成果が得られるのか示唆することもできます。

第一に、治療者が自ら進んで抑うつ患者と一定期間会い続けることによって、患者の希望は強まり、絶望は弱まります。第二に、治療者が抑うつ患者を理解し受容することによって、患者の否定的な自己感は打ち消されていきますし、もし治療が十分続けば、転移の章で述べたように、患者のなかで「内在化」の過程が起きるかもしれません。「自分のことを本当にわかってくれる人がこの世に少なくとも一人はいる」と患者が感じるようになれば、たとえば、それまでほかの人に対して批判的な態度を向けていたのが親密な態度を向けるようになるといったように、ほかの人に対する態度も変わってくるかもしれません。第三に、患者がこれまでうまく有能に振舞った機会を治療者が多く取り上げることによって、患者は自らの業績や能力についての否定的な見方を和らげられるかもしれません。第四に、治療者が抑うつ患者の攻撃的な面を見出し活性化させることによって、患者は自分の人生に以前よりも積極的に取り組めるようになるかもしれません。

抑うつの精神病理が基底にある患者と治療を行う際、心理療法家は、ほとんどすべての抑うつエピソードが「自発的に」治癒することを心に留めておくと役立つかもしれません。ここで「自発的に」と括弧書きにしたのは、抑うつ発作の促進要因を精査するようにその回復の促進要因を精査してみると、たいていは多少なりとも微細な心理的要因が働いていることが明らかになるからです。

こうした心理的要因は三種類あるように思われます。第一の心理的要因として、とりわけ患者が仕事を続けられている場合は、仕事をうまくやれていることに気づくことによって、自尊心の一部が回復することがあります。ほとんどの仕事で求められているのは、重要事項の決定や新規企画の立案ではなく、ある種決まった行為の繰り返しです。抑うつ患者は自分が仕事をある程度うまくやれていることに気付いて驚きますが、そう気付くことによって自分はまったくの役立たずではないことを確信するかもしれません。こうした理由から私は、「仕事を辞めたい」、「家で休みたい」、「病院に入院したい」という患者の訴えをめったに支持しないのです。ただし、明らかな精神病症状を示していたり、自殺する危険性があったり、抑うつが強まって協力関係が結べないような場合は除きます。

第二の心理的要因として、抑うつ患者は情緒的に重要な人との愛情関係を再確立することによって回復することがあります。すでに述べたように、脆弱な抑うつ患者は、愛し愛される関係であればいつでも起こりうるようなささいな喧嘩がきっかけで、深い絶望にまで落ち込んでしまうかもしれません。自分はほかの人から愛される価値があるのかとか、この愛はいったいいつまで続くのかと思い悩んでしまうのです。また、愛を一時的にでも見失ってしまうと、すぐに悲観的な確信を抱いてしまいます。とはいえ、機転の利いた配偶者や恋人の存在によって「自分はまだ愛されている」と確信することができれば、さらにこれはもっと重要なことですが、「そのうえ自分は怒っている」と認めることができれば、しばしば抑うつ気分は回復していくでしょう。

ただし、そうした患者の回復はほんの一時的なもので、心理療法家に誤解を招いてしまうおそれもあります。つまり、実際は心理療法家の援助とは何ら関係していないにもかかわらず、心理療法家はそうした回復を自分の行った援助の結果だと心ひそかに自負してしまうかもしれないのです。それに、そうした回復が生じると、治療の途中にもかかわらず、患者のほうから中断が申し出されることがあるかもしれません。私は先に論じたような理由から、治療を望まない人に対しては無理をせず、次のような指摘で留めておきます。「抑うつが良くなるのは決して珍しいことではありません。私たちが目指しているのは、なるべく再発したり悪化したりしないようにすることです。抑うつエピソードにうまく対処できるようになるには、もう少し時間と忍耐が必要だと思います」。

抑うつ患者との心理療法では、彼らの語る自身の無能さに惑わされないことが重要です。彼らの多くは自分の有能さについて一切語ろうとしないので、治療者が患者にそれをはっきりと思い出してもらい、それに注意を向けてもらうことは意義があります。彼らはまた、自分がいくら努力したところで何の見返りも返ってこないと確信しているので、何ごとも早々に諦めてしまっています。治療者がそうしたことを見抜いておくことも同じように重要です。

抑うつ患者のなかには、成功者に対してまったく非現実的なイメージを抱いている人がいます。つまり、成功者はたいした努力を払わなくても技術力があって卓越していると信じこんでいるのです。こうしたイメージは、幼少期の頃、両親やほかの大人のことを絶対にかなわないと確信したことに由来しています。かつて私は、「どうせ私は間抜けですから」と言うのが口癖の抑うつ患者を担当していたことがあります。知的な面から言えば、患者はどこも間抜けではなく、実際はかなりの高度な専門性が求められる仕事を十分こなしていました。ところが、「間抜けですから」という口癖が、患者の才能からすると当然期待していいような成果を下回る、ある種の口実となっていたのです（とうとう最後までその口癖は変わりませんでしたが）。

一般的に心理療法家のもとへ紹介されてくるこうした抑うつ患者は、依存性や受動性が強く、他者に気に入られようとするので、すぐさま治療者と陽性転移を結ぼうとするか、あるいは陽性転移を結んでいるふりをするでしょう。実際以上に従順で機嫌良さそうに見えることから、心理療法家は患者が解釈を素直に受け入れたものと簡単にだまされてしまいます。ですが本当のところは、治療者の解釈に対して反対したい気持ちや保留したい気持ちをあえて表に出さないだけなのです。心理療法家にとってとりわけ重要なのは、こうした可能性に気付いておき、過剰なまでの礼儀正しさや敬意について、また治療者の言動へのあまりに熱心な従順さについて解釈することです。患者が学ばなくてはならないのは、ほかの人と違ってもいいということや、たとえほかの人と違っても親しい関係は維持できるということです。こうしたことは死活的に重要です。先に述べたように、自分を一人の独立した存在として他者から分化させるためには、ある程度の攻撃性が求められるからです。

抑うつ患者との治療で治療者が行う最も難しい仕事は、患者に患者自身の敵意を気付かせることです。つまり患者の敵意を探り当て、それを表出させることによって、患者に自分の敵意を気付かせて回復を図ろうとするのです。抑うつ患者の適応様式はおよそ幼少期の頃からずっと続いているので、理想化してきたであろう両親に対して敵意の感情を抱いていたことを明らかにし、しかもそうしたことを自ら受け入れるのは、とりわけ難しい作業となるでしょう。ほかの子どもとうまく付き合えず、自分の意見を言えない子どもは、自分の両親のことを理想化しがちです。これは、自分のことを世話してくれる人がこの世に両親しかいないと感じているせいであって、まさにそう感じているからこそ「完璧」な両親像を維持しようとするのです。大人になってもそうした信念にしがみついたままでいると、自立する能力や新たな対人関係を築く能力が損なわれてしまいます。

治療者が休暇を取るときや、やむを得ない事情で次回の予定をキャンセルしなくてはならないときに、患者の敵意が明るみになることがあります。こうした場合、患者は治療者に依存しているほど、いっそう治療者から見捨てられた怒りを感じます。セッションが休みの間に抑うつが悪化する可能性があるので、自分のもとを離れようとする治療者を直接批判するのは慎重に避けながらも、きっとそのことへの不満を漏らすはずです。もっともその不満は、暗に治療者を非難しているようにも聞こえます。たとえば、けんか腰のような話し方をしたり、「何も話すことはありません」、「この治療は役に立ちません」と言って黙ったりします。これは一種の「すねた」表現です。もし患者がこのことに気付けば、自分の敵意を表しても治療者との関係を終わりにしなくてすむことがわかり、治療としては一歩前進したことになります。

かつて私が担当した患者に、服従や順応の技術が優れ、きわめて高い同一化の能力を持った女性がいました。患者は幼い頃から、気難しく短気な父親の機嫌を損なわないよう暮らしてきたので、父親の激怒は何としても避けなくてはならないと感じていたのです。大人になると、患者を知る人はみな患者のことを好きになり、患者もほとんどすべての友人に対して親友か支持者のように振舞ったせいで、抑うつに陥ってしまいました。なぜなら、友人からいろんな役を押し付けられたために、自分自身のパーソナリティを表す機会をすっかり失ってしまったからです。それ以来、人付き合いをまったく断ち、順調だった仕事も辞め、文筆活動によって自分自身を表現することにしました。ところが文筆活動は孤独を強いるので、患者は自らの依存欲求に突き動かされ、しばらくしないうちにもとの人付き合いに戻ってしまい、その結果、再び自分がなくなったように感じ、抑うつに陥ってしまったのです。患者の抑うつは、実のところ、いろいろな役を押し付けたり搾取したりする友人に対して向けられた、怒りの感情に帰せられます。患者の課題は、こうした自分の怒りに気付いてそれを表に出すことであり、それと同時に、患者自身も友人の搾取を招いていることを理解することでした。

こうした患者は、抑うつパーソナリティというよりスキゾイド・パーソナリティに近いと言えるかもしれません。というのも、相手との関係が親密になると危険を感じ、逆に関係が疎遠になると孤独を感じるという、典型的なスキゾイド・ジレンマを示しているからです。しかし後の章で述べるように、スキゾイド・パーソナリティの人には、抑うつパーソナリティの人特有の、相手に同一化する能力が欠けています。たしかに抑うつパーソナリティの人も孤独になろうとしますが、いわゆるスキゾイド・パーソナリティの人ほど、他者を恐れたり一人で寂しがったりすることはないのです。

この患者は文筆家になろうとしましたが、私が『創造のダイナミクス』(6)のなかで説明したように、創造的な人はときに抑うつの精神病理を有していることがあります。文筆などの創造的な営みは抑うつパーソナリティの人にとって二通りに役立つかもしれません。一つめは、とにかく何かを生み出すことによって有能感が得られるかもしれません。二つめは、自分の作品を発表したり披露したりするたびに他者から認められれば、何か新たなものを生み出すたびに繰り返し得られる、自尊心の高まりを感じるかもしれません。

ただし先にも指摘したように、一つの作品を完成させると、その直後の余波として抑うつになることもあります。これは、皆さんの予想通り、抑うつパーソナリティの人が批判を受けることにきわめて脆弱なせいです。創作者なら誰しも、自分の作品や研究に対してある程度同一化します。というのも、たとえ科学的な客観的態度が最大限要求される数学や観察であっても、必ず研究のどこかに創作者の一部が含まれてくるからです。想像力豊かな作家なら、科学者よりも自分の作品に対していっそう同一化するのは当然ですから、自分の作品への批判にはいっそう敏感になります。「創作上のスランプ」、すなわち製作には着手したけれどなかなか完成しない最大の原因は、作品を完成披露したときに浴びる辛辣な批判を恐れているせいです。一流作家のヴァージニア・ウルフ[*7]もそうした作家の一人でした。ウルフはその生涯を通じ、自分の作品への批判にはめっぽう弱かったのだそうです（精神病水準の抑うつ発作が何度も生じた後、その発作に耐えられなくなり、最後は自殺を遂げました）。

❖自殺の危険性

抑うつ患者が自殺する危険性は、心理療法家の脳裏からたえず離れないかもしれません。とりわけ経験の浅い

＊7　ウルフ Woolf, Virginia（1882-1941）イギリスの作家・評論家。「意識の流れ」の手法を用いて現代小説を革新した。代表作は『ダロウェー夫人』『灯台へ』『波』など。また、評論によってフェミニズム思想を表明し、女性解放運動にも大きな影響を与えた。

心理療法家の場合はそうでしょう。私の患者のなかにも自殺した人がいて、私はそのことで罪悪感を抱き、抑うつに陥ったこともあります。どんな人でも死別を経験すると、亡くなった人に間違ったことを言ったのではないか、悪いことをしたのではないかと、とかく後悔しがちです。ところが、私が定期的な治療を行っていた患者のなかに自殺した人はいませんでした。そのことを同僚と話し合ったところ、同僚も同じようなことを言っていました。つまり、通常の心理療法のセッションが軌道に乗り、肯定的な信頼関係を築くための時間を十分持てたとすれば、たとえセッションの終わり際に患者の気分が沈んだとしても、「次回のセッションでも、きっとこれっぽっちの安心感も抱けないだろう」と、患者が絶望してしまうことはめったにないのです。この例外は、私も一人経験がありますが、患者が途中で転居したために治療が中断してしまうような場合か、患者と一、二回しか会えなかったために、信頼関係を築くための時間が十分持てないような場合です。

心理療法の主たる目標の一つが達成されるようなとき、すなわち患者が以前よりも自立的かつ自律的になるようなとき、自殺の危険性が高まることがあります。受理面接の際に、自殺の危険が今にもありそうな事例だと思ったならば、心理療法は実施できないと判断し、患者に病院の受診を勧めるか、さもなければ心理療法以外の方法で対応します。しかしすでに患者が定期的に来談していて、心理療法家と信頼関係を築いているならば、治療者が急に交代するのは患者に対して不適切なことですし、危険なことでもあります。たとえば、患者に自立や選択の自由を勧めていた心理療法家から、患者の意思に反する制限も行使できる特権を持つ、精神病院の精神科医へと変わるような場合です。また、心理療法家が抗うつ薬などの薬物療法を処方したり電気痙攣療法を処置したりするのも勧められません。というのも、そのような治療では、セッションで患者と一対一で向き合うのとはまったく異なる役割を担うことになるからです。たとえば、急性期の混乱がようやく収まった患者が、それ以前に行っていた心理療法を再び求めたとすれば、治療者との関係は混乱をきたすかもしれません。

自殺企図の可能性が高まっているからといって、患者に制限を加えることが必ずしも自殺を防ぐことになるとは限らないでしょう。もちろん、自殺をほのめかす患者には慎重に対応しなくてはなりません。「自殺を口にする患者は、実際には自殺しない」という考えは、もはや誤りであることがわかっています。だからといって、心理療法のなかで自殺をほのめかす患者の背景を探索することが認められないわけではありません。それは、「もっとセッションの時間を取ってほしい」という治療者への脅しなのかもしれませんし、「もっと悩みを真剣に聞いてほしい」という治療者への要求なのかもしれません。そうした患者のほとんどは、重度の抑うつ患者というより、前の章で述べたヒステリー患者のグループに属しています。もしヒステリー患者なら、愛してくれなかった相手への復讐かもしれないので、自殺企図から敵意の動機を探し出し、意識化させることが重要です（もっとも、あえて探し出そうとしなくても、すぐ目の前に現れている場合がほとんどですが）。

このほかに、ある種の忘却を求めているような場合があります。それは、スウィンバーン[*8]が『プロセルピナの庭園』[*9]のなかで「疲れ果てた川はどこか安全な海へと流れ込む」と描いたように、理想化された母親像との完全なる融合といった究極的な願望を表していることがしばしばあるように思われます。そのような場合、次のことを患者に穏やかに指摘するのが良いでしょう。「もしあなたが本当に自分の人生を決めたと言うのなら、誰もそれを止めることはできません。ですが、なぜ自分自身の人生にピリオドを打つと決めたのに、それを私に話すのをためらったり、こちらに治療を求めてきたりするのでしょうか」。こうした指摘はきわめて巧みに行わなくてはなりません。というのも、患者はこうした指摘を聞くと、自分の状況の深刻さを治療者にわかってもらえなかったと受け取り、自殺するくらいしか治療者にわからせる方法はないと思い込んでしまう危険性があるから

＊8　スウィンバーン Swinburne, Algernon Charles（1837-1909）イギリスの詩人・評論家。十九世紀末、耽美派の代表的存在として知られる。劇詩『アタランタ』、詩集『詩と民謡』など

＊9　プロセルピナの庭園 The garden of Proserpine（1866）スウィンバーンの詩。その大意は、あらゆるものが結局は死、終焉を迎えることへの安堵というもの。

です。

かつて私が訓練生だった頃、自分も担当していた入院患者が過量服薬を起こしたときのことを例に挙げてみましょう。それが起きたのは、患者が精神科コンサルタントに緊急の診察（あるいはそれに類したこと）を電話で求め、それが拒まれた後のことでした。その精神科コンサルタントは、攻撃的な女性で、たいそう気難しい人だったので、患者に巧みに対応できなかったのだと思います。患者は外来患者用に病室に置いてあった大量のアミタール[*10]を口のなかに放り込んだのですが、これは周到な自殺未遂というよりも明らかに一種の意志表示です（もっとも、この患者は後に肺炎を患わせて亡くなってしまいましたが）。

幸運にもこうした事例はめったにありません。繰り返し言いますが、患者との信頼関係を築くための時間が十分あれば、心理療法の最中に自殺が起きることはめったにありません。経験の浅い心理療法家なら、自殺のおそれのある心配でならない事例は、自分よりも経験のある心理療法家に担当してほしいと思うかもしれません。もしそうであれば、別の治療者に交代したほうがいいという理由を、患者にきちんと説明するのが賢明でしょう。しかし実際に交代するかどうかは、患者の希望に沿ったほうがいいと思います。ほとんどの場合、患者は別の治療者に交代することを望まないので、治療者の申し出は断られるでしょう。それはある意味で患者の自立の表明ですから、治療者はそれを受け入れなくてはなりません。

次のセッションで治療者は、大変役に立つ素材が現れることに気づくでしょう。それは、患者の死にたい気持ちがいかに本当なのか、患者の抱いている治療者像がいかに有能なのか（あるいは有能でないのか）といったことです。

❖抑うつパーソナリティの人物例

抑うつの精神病理が基底にある人の多くは、自分の攻撃性のはけ口として過剰に働いたり仮想敵を見出したりして、実際に抑うつにならないよう、かろうじてやり過ごしています。そうしたやり方が誰の目から見ても行きすぎてしまうと、精神科医が「躁的防衛」[*11]と呼ぶような状態になります。

そうした典型例の一人がウィンストン・チャーチルです(7)。チャーチルは、ボーア戦争[*12]で短期間投獄されていたとき、抑留状態にあったため、抑うつになりました。また、一九一四年から一九一八年までダーダネルス海峡で軍事作戦を指揮したとき[*13]のように、何らかの失敗に直面したときも抑うつになりました。彼自身、「ふさぎ虫《ブラック・ドッグ》」と呼ばれるほど脆弱なのは、その生い立ちが大きく関わっています。一方、その生涯のほとんどを通じて、抑うつにならないよう上手に対処していました。目を覚ますと仕事を始め、そのままほとんど休憩を取らず、就寝する午前三時まで、ぶっ通しで働き続けたといいます。そのようにして、人生の大半を通じて責任ある役職の任務を果たした

＊10　アミタール Sodium amytal　アモバルビタールの商品名。睡眠薬。

＊11　躁的防衛 manic defence　クライン学派によって解明された概念。内容としては、抑うつ的不安、罪悪感、喪失体験などの精神的現実に対する否認を基礎とした防衛機制からなり、対象に対する征服感、支配感、および軽蔑によって特徴づけられる。抑うつ的不安、すなわち自分の攻撃性が自分にとって大切な良い対象を破壊してしまうのではないか、あるいは破壊してしまったのではないかという不安に対する防衛として働く精神機制である。

＊12　ボーア戦争 the Boer War（1899-1902）　イギリスとトランスバール共和国およびオレンジ自由国との戦争。チャーチルは一八九九年のボーア戦争には従軍記者として参加した。ナタールで敵に捕われ捕虜となるが、脱走に成功した。

＊13　チャーチルがダーダネルス海峡制圧をねらって推進したガリポリの戦い（一九一五年）は、意見対立から陸軍の援護が無くイギリスの惨憺たる敗北に終わった。そのためチャーチルは、「ガリポリの肉屋（屠殺者）」と批判され、内閣を去らねばならなかった。

のです。仕事以外には、絵を描くこと――ひときわ彼自身の攻撃性が表れている創造活動――に興味を向けました。一番調子が良かったのは、一九三九年から一九四五年までの第二次世界戦争の間でした。当時は、ヒトラーが事実上の敵であり、ヒトラーを打ち破る必要性を疑う人はほとんどいませんでした。このようにチャーチルは、年老いるまで、基底にある精神病理に対してとても上手に対処していたのです。ところが晩年になると、動脈硬化症のせいで意志の働きが弱まり、一種の昏迷状態にまで落ち込んでしまいました。ほかの抑うつ患者のように受動的、依存的には見えませんし、ましてや精神科の患者にはまったく見えません。しかし心理療法家のもとへは、チャーチルのような人が大勢紹介されてくるでしょう。そのなかには政治家も含まれていて、一見すると、依存的、受動的な人とは程遠いのですが、抑うつに対する防衛としてチャーチルと同種のものを用いています。

ジョン・スチュアート・ミル[14]も、そうした典型例の一人です。彼は大人になって重度の抑うつ発作に苦しみましたが、そうしたことを引き起こすようなしつけを子ども時代から受けていました。周知の通り、彼は知的な面において際立って早熟な子どもでした。父親のジェイムス・ミル[15]がじきじきの教育係となった結果、三歳の頃からギリシャ語を習い始め、八歳の頃にはすでにヘロドトス[16]やクセノポン[17]の『キュロス教育[18]』全巻、プラトン[19]の『対話篇[20]』冒頭六話など、ありとあらゆる書物を読破していました。

ところがプラトンの『テアイテトス[21]』だけは、理解しなければならなかったものの、「とうてい理解できるものではなかった」と、当時の彼は書き記しています。「しかし父は、何を教えるに当たっても、私のなしえる最善を要求するだけでなく、私の絶対なしえないことまでしきりに要求した」のでした。もちろん、こうした父親の厳しい教育方針のおかげで、彼は二十代半ばになるまで、同年輩の者よりも自分が有利な立場にいるとみなしていました（ただし同年輩の者と関わることが禁止されていたので、一四歳になるまで、自分の成績がほかの人に比べて抜きん出ていることを知りませんでした）。とはいえ、父親の基準に合わせて生きていたせいで、いつも自分に何かが欠けていると感じていました。しかも同年輩の少年たちからは注意深く隔離され、彼らがふだん行うゲームや遊びに加われなかったために、身体能力はきわめて低く、「手先の熟練を要すること全般がずっと不器用」でした。何よりもまず知的訓練が優先されていたために、「私の教育上の主な欠陥は、子どもたちが自分自身の手で何とかすることだったり、仲間集団のなかで何とかすること」だったのです。さらに、父親はひときわ精力的で決断力のある人物でした。「精力的な親の子どもは、しばしば非精力的に育つ。なぜなら、子どもは親に寄りかかり、親は子どもの分まで精力的だからである」とミルは述懐しています。

ジョン・スチュアート・ミルが二十歳の頃にひどく苦しんだ抑うつについて、ここで取り上げることはしませ

＊14　ミル Mill, John Stuart(1806-1873) イギリスの哲学者・経済学者。ジェームス・ミルの長男で、幼年より英才教育を受けた。功利主義運動に従事したが、功利哲学に疑問をいだき一種の理想主義に転じ、功利哲学の演繹法に対して、実証的な帰納法の論理をも展開する『論理学体系』を著した。また、その方法を適用し、リカードを修正して、『経済学原理』を執筆した。

＊15　ミル Mill, James（1773-1836）イギリスの哲学者・経済学者。ジョン・スチュアート・ミルの父。ベンサムの友人で、彼の功利主義哲学を普及させ、それを心理学的に基礎づけ、またリカードの経済学の通俗化に寄与した。

＊16　ヘロドトス Hérodotus（484?-425? B.C.）ギリシアの歴史家。諸方を遊歴し、『歴史』でペルシア戦争を中心に東方諸国の歴史・伝説、アテナイやスパルタなどの歴史を叙述した。「歴史の父」と呼ばれる。

＊17　クセノポン Xenophon（434?-355? B.C.）ギリシアの軍人・歴史家。ソクラテスの弟子。

＊18　キュロス教育 Cyropaedia　ペルシア帝国の始祖キュロスを主人公としたクセノポンの歴史物語。

＊19　プラトン Plato（427-347B.C.）古代ギリシアの哲学者で、ソクラテスの弟子。霊肉二元論をとり、霊魂の不滅を主張した。肉体的感覚の対象たる個物は真の実在ではなく、霊魂の目でとらえられる個物の原型たる普遍者（イデア）が真の実在であると説いた。

＊20　対話編　dialogue プラトンの著作は戯曲の形式に則った対話形式で書かれており、『対話編』と呼ばれる。

＊21　テアイテトス Theaetetus　中期の対話編。「知識とは何か」という問いについて、ソクラテス、テアイテトス、テオドロスの間で対話が為される。

ん（とはいえ精神科医なら、一度はその様子が描かれた箇所を読んでみるべきです）。彼の暗澹たる気持ちに一筋の光が差し込んできたのは、マルモンテル*22の『回想録』を読んでいたときだった、ということを代わりに述べるだけで十分でしょう。

父親が亡くなって、一家が悲歎に暮れていたとき、まだほんの子どもだった彼に、突如次のような霊感が湧き出てきた。一家のために何でも引き受けよう、一家の失ったものをすべて埋め合わそう。そのように彼は感じ、また皆にも感じさせたのである。

「この一節を呼んで、感動して涙が出た」と、ジョン・スチュアート・ミルは書き記しています。おそらく、この回想録を読んで、自分の感情を感じられるようになり、気分が回復し始めたのがはっきりとわかったのでしょう。また別の解釈をすれば、この回想録を読んで、ときに息子というのは「父親に取ってかわろう」とか、「父親を乗り越えよう」と思って構わないことに気づいたのでしょうし、自分は不適格な人間ではないことも実感したのでしょう(8)。

どのような解釈であれ、次のようなことは言えるかもしれません。まず、ミルの受けたしつけからはっきりと示されるのは、子どもというのは、両親からどれだけ献身的に世話されたとしても、それだけで適切な自尊心が得られるとは限らないということです。また、チャーチルやミルの例から示されるのは、子どもの頃に自分のことを不適格な人間だと思い込んだがために、大人になってもそうした人間ではないことを懸命に打ち消そうと努力する人は、どんな分野であれ、ある程度の偉業を成し遂げられる可能性があるということです。

＊22　マルモンテル Marmontel, Jean-François（1723–1799）フランスの作家、歴史家。『回想録』（一八〇四）は死後に出版された。

第十一章　強迫パーソナリティ

❖強迫パーソナリティと肛門期パーソナリティ

強迫パーソナリティの人は、几帳面で、良心的、正確で、頼もしく、正直です。また、統制、秩序、潔癖さに強い関心を抱いています。西洋文明に顕著な貢献をなした人たちの多くは、こうしたパーソナリティ特性の持ち主です。実際、普通の人が知的業績を相当なしとげるには何らかの強迫性が必要とされます。ですからこうした特性は、強迫的儀式や侵入的思考にまで発展してはじめて、強迫神経症の話題として取り上げられるのです。

フロイトは、自らのパーソナリティを「強迫的」だと説明していました。また、もし自分が神経症にかかるとしたら、きっと強迫的なものになるだろう、とユングに言ったことがあるそうです。強迫パーソナリティについて、「いつも一致して、次のような三つの特徴を示す点において際立っている。つまり彼らは、とくに几帳面で、倹約家で、強情なのである」と説明しています。(1)

それと合わせて、こうした特性は、フロイトの呼ぶ「肛門期」的特性をなしていることもわかりました。なぜなら、子どもが排泄コントロールのしつけを受ける時期、つまり肛門領域が主たる情緒的関心になるとされるような時期に由来している、とフロイトは考えたからです。フロイトの考えによれば、「潔癖さ、几帳面さ、信頼といったことは、不潔なもの、混乱させるもの、身体の一部でなくなったものといったことへの興味に対する、反動形成[*1]という印象を与えるのです。（「不潔とは、おのれのところを得ていないことだ[2]」）」

子どもが初めて頑固さを示すのは、適切な時間に適切な場所で排泄するよう、権威ある大人からしつけを受け、それを拒むときです。「けち」という言葉は、「便」と「金」が奇妙に結びついて生まれました。[*2]「不浄の金」という表現は、その両者が結びついた一例です。今日、「けち」は一般的な表現として用いられていますが、身体と関わることや、自己と密接な関係にあると感じられることと分かちがたい関係にあります。

強迫神経症や「肛門期」パーソナリティは、厳しいトイレット・トレーニングの結果もたらされたのでしょうか、それとも排泄コントロールを獲得する時期に何らかの葛藤が生じ、その結果もたらされたのでしょうか。そうした問いに答えようとする研究結果からは、いまだ何の因果関係も見出されていません。だからといって、肛門期パーソナリティについてのフロイトの説明や、習慣的に結びついた諸特性についてのフロイトの鋭い理解が間違っているわけではありません。フロイトの理論のなかにはすでに廃れてしまったものもありますが、フロイトはいまだ偉大なる臨床観察者なのです。

強迫パーソナリティの人のなかには、強迫観念や強迫行動といった症状を生じやすい人がいます。それは、自分の意識に勝手に侵入してくる邪魔な考えや、自分の意思に反してでも実行しなくてはならないと感じる儀式的行為といったものです。そうしたものを病理と正常とに区別するのは、しばしば難しくなります。たとえば、外出中に玄関の鍵をかけ忘れたのではないか、ガスの元栓を閉め忘れたのではないかと時おり不安を感じたとしても、病理の疑いはかけられません。というのも、誰しもおそらくそれと似たような経験をしているからです。ところが、外出前に玄関の鍵とガスの元栓を必ず十回は確認しないと気が済まないとしたら、それは神経症的と呼ばれるでしょう。

文筆家は言葉の選択を綿密に行わなくてはなりません。ところがそうしたことは、「五つの言葉を書くのに七つの言葉を書きかえなければならない[3]」と述べたドロシー・パーカー[*3]のような作家にとって不都合なことです。

とはいえ、心理療法家のもとを訪れる大半の強迫患者が示す特性や行動は、良心、信頼、自己統制、正直といった強迫パーソナリティの価値ある側面をわずかに誇張したものにすぎません。彼らが心理療法を求めるのは、緊張や不安を感じ、対人関係で困っているせいです。強迫的儀式や侵入的思考といった強迫症状は、一般的に、患者のなかでは取るに足らない副次的な問題にすぎないのです。

「肛門期」パーソナリティや強迫パーソナリティの由来が何であろうと、そうした人は統制や秩序を重んじていることに間違いないでしょう。あらゆる強迫特性のように、秩序や統制を手に入れようとする欲求には二面性があります。良く言えば、それらは価値あるもので、事実、いっそう複雑さを増す文明生活の営みの本質をなしています。悪く言えば、それらは人間の自発性を損なうもので、ゆくゆくは行動を麻痺させるものかもしれません。

＊1　反動形成 reaction-formation　自我に許しがたい衝動ないしはその派生物が起こってくるとき、その衝動とは逆方向の態度で対峙する防衛機制ないしは過程を言う。この過程は、まず抑圧の機制が働くが、それでは足りないために、さらに逆方向の力で補強しようとする試みである。

＊2　フロイトは、肛門愛の対象となる大便の象徴的な等価物として、贈り物とお金をあげている。つまり、けちや倹約は、肛門愛的な保持、つまり対象を失う怖れと、大便を保持する快感への固着に由来していると言える。

＊3　パーカー Parker, Dorohy（1893-1967）アメリカの詩人・短編作家。『ニューヨーカー』をはじめ多くの雑誌に批評を寄稿しつつ、詩集『井戸ほど深くなく』、短編集『ここに横たわる』などの軽妙で風刺的な作品を書いた。

❖強迫パーソナリティの理解――統制感

前の章まででわかったのは、ヒステリー患者はしばしば自分の価値のなさを感じ、抑うつ患者はしばしば無力感や絶望感を抱くということでした。それに対して、強迫患者は自分の感情を積極的に防衛し、内的世界や外的世界を支配しようとします。それと同時に、まるで予測しえない災害にいつ見舞われてもおかしくないといったような行動をします。私たち親は、「自分自身を統制したり、周囲の環境をある程度統制したりするのは望ましいことだ」と子どもに言い聞かせますし、また、子どもが大きくなるにつれてそれができるようになるのを待ち望んでいます。ですが、私たちが受け入れなくてはならないのは、自分自身や周囲のすべてを統制することは決してできないということです。なぜなら、日常生活上の些細な災難であれ、地震や竜巻のような大規模な災害であれ、外的世界では不慮の出来事はつきものだからです。それに、たとえこの思うようにならない心と身体をどれだけ厳しく鍛えたとしても、自分自身を完全に統制することは決してできません。食事と排泄の過程が嫌いだとしても、それらをしないで済むわけにはいきませんし、セックスも大半の人にとってはあまりに衝動的な欲求なので、完全に抑えこむことなどできません。夢からインスピレーションに至るまで、私たちの「心の生活」の大部分は私たちの意志の届かないところにあります。ですから私たちは、ほかの人に合わせなくてはならないのと同じように、自分自身の性質にも合わせなくてはならないのです。自分自身を完全に統制できるという考えは、まったくの錯覚にすぎないのです。

強迫パーソナリティの人のほとんどは、いかなる意味においても「病気」ではありません。それどころか彼らは、西洋文化ではなくてはならない人であり、それゆえ賞賛や敬意が寄せられるのです。科学であれ人文学であれ、知識人には共通して強迫パーソナリティの人が見られます。哲学者のカント[*4]はその典型例の一人です。カントの生活様式は細かい点まで厳密に定められていました。

強迫パーソナリティの学者の理想とは――完全に具現化することは決してありませんが――、世界中のすべてを秩序立った場所、つまり理解可能で予測可能な場所にすることです。そうしたことは科学者の理想でもあります。科学の進歩は仮説の発見にかかっています。あちこちに散らばった現象から何らかの因果関係を見出し、それをある定式で表すことによって、無秩序を秩序化し、いっそう正確な予測を可能にするのです。いわば既存の仮説では説明のつかない例外を見出すことによって、新たな発見や理論を導くのです。その例外とは一種の無秩序のことですが、それを見出すことによって、科学者はいっそう包括的に「秩序立てなければ」と駆り立てられるのです。ちょうどそれは、強迫パーソナリティの人が汚れて散らかった部屋の様子を見て、「片付けなければ」と駆り立てられるのと同じです。そういった点で両者は似ていますが、だからといって科学者を苦しめる不安や焦燥感は、神経症症状とは呼ばれません。なぜなら彼らは、ある例外を見出しながらも、それに合致する既存の理論がないために不安や焦燥感を抱いているからです。

一般的に強迫的儀式と思われている現象であっても、実際はほとんどその名に値しないものがあります。たとえば、子どもは夜の就寝になると、お休み前の話やベッドのシーツの揃え方、お休みのキスなど、親にきまって同じことをせがみますが、これらは病理的だと言えるでしょうか。子どもは暗闇のなかで一人ぼっちになると、外側からも内側からも脅かされるように感じます。つまりそのような習慣的儀式は、危険から象徴的に自分の身を守るために行われているのです。子どもの儀式を迷信的として取り合わないことは、儀式の意義や効用を見くびっていることになります。私が『創造のダイナミクス』(4)のなかで指摘したように、創造的な人はしばしば儀式

＊4　カント Kant, Immanuel (1724-1804) ドイツの哲学者。合理論と経験論を統合して批判哲学を創始した。科学的認識の成立根拠を吟味し、認識は対象の模写ではなく、主観（意識一般）が感覚の所与を秩序づけることによって成立することを主張した。また、超経験的なもの（不滅の霊魂・自由意志・神など）は科学的認識の対象ではなく、信仰の対象であるとし、伝統的形而上学を否定して、道徳の学として形而上学を意義づけた。

に高い価値を置いています。なぜなら、宗教的儀式が礼拝者の精神状態を適切な状態へと導くのに役立っているのと同じように、儀式的方法もまた、創造的な人がインスピレーションの源泉に触れるのに役立っているからです。人間が人間たるゆえんは、生々しい本能の素材を、象徴や儀式を用いて知的作品や芸術作品へ変えることができる点です。もちろん、象徴化や儀式化が強迫神経症の症状となって当人を支配するほど肥大化することもあります。だからといって、それらが文明生活においてきわめて重要であることから目を逸らすべきではありません。

ここまで主に言及してきたのは、強迫パーソナリティの人は、自分自身や周囲の状況を秩序立て統制することにとりわけ関心があるということでした。暗闇のなかで脅える子どものように、外的世界や内的世界は、彼らにとって危険に満ちた場所なのです。たゆまぬ警戒心と厳しい規律によって唯一確実にわかることは、そのどちらの世界からも逃れられないということです。「私たちには皆、たとえ善人であっても、みだらな野獣の性質がある。それは眠っている間に少しずつ姿を現すのだ」と、ソクラテス[*5]は『国家』[*6]第九巻のなかで述べています。強迫パーソナリティの人は、まるで鎖につながれた野獣のように振舞いますし、また、世界をジャングルのようなものと感じたり、まるで辺りの暗闇でミデアン人[*7]の軍勢がうろついているように感じたりします。しかもそうしたことは、ほかの人も同じように感じていると思い込みがちなのです（ちなみに彼らが恐れる野獣は、たいてい攻撃的な動物です）。

強迫性パーソナリティの人が統制しようとする衝動の一つにしばしば性衝動がありますが、彼らの心のなかでは愛情よりも攻撃性のほうが勝っています。彼らは他者と対等な関係を築くかわりに、「支配と服従」、「優越と劣等」といった関係を築こうとするのです。こうした他者との関係は、両親が愛すべき人であるのと同時に権力者でもあった頃の名残として、彼らが幼少期の態度に固執していると解釈することができますし、一方で、両親が必然的に制限を加える大人として、また機嫌を損なうと怒り出す大人として尾を引いていると解釈することもできます。子どもが成長して両親に葛藤を抱くようになると、両親への態度は必然的に両価的なもの、すなわち愛情と憎悪が入り混じったものになります（両親も強迫的な気質を有していれば、こうした葛藤はいっそう激しくなります）。子どもが「自分は権力者よりも弱い」と感じるほど、あるいは実際に権力者の支配が強いほど、権力者への憤りは権力者への愛情を上回ることになるでしょう。

フロイトは論文「強迫神経症の素因」のなかで、強迫神経症者の情緒発達と知的発達には多少のずれが見られるという興味深い示唆を行っています。

リビドー発展の前に自我発展が時間的に先行することが、強迫神経症の素因の一端になると仮定するとしたら、それは大胆すぎるであろうか。こうした自我発展の先行は、自我衝動から発して対象選択を促すであろう。一方で、性衝動はまだ最終の形態に到達していないため、前性器期的な性編成段階への固着は後まで残るであろう。(5)

この説明は精神分析の専門用語になじみがなければ理解しづらいかもしれないので、私が別の言い方をしてみましょう。強迫的な素因を持つ人の多くは、必ずしも全員ではありませんが、子どもの頃から知的発達の面で早

＊5　ソクラテス Socrates（c. 470-399 B.C.）古代ギリシアの哲学者。生涯を善性の探究に捧げた。反駁的対話（エレンコス）を通じて相手の保持する臆見（ドクサ）を破壊し、相携えて真の知恵、すなわち無知の自覚に到達しようと努めた。その教説は弟子プラトンらによって叙述された。

＊6　国家 The Republic　プラトンの対話篇の一つ。正義論と国家論を主題とし、さらに芸術論・認識論・存在論・魂論などを含む、プラトン哲学の最重要書。

＊7　ミデアン人 The Midian　ミデアン（アブラハムの息子の一人）の子孫とされる北西アラビアの一部族。

熟であり、とりわけ先に述べた知識人のような場合はそうです。そうした人は、子どもの頃に両親を拘束力を持つ権力者だと感じていたせいで、情緒的手段よりも知的手段によって関わることを学んでいます。つまり、両親の機嫌をなるべく損ねないよう、両親の感じていることを素早く敏感に察知するのです。そのせいで、両親に逆らったり、自分の力を発揮したり、両親と対等に張り合ったりするのを止めてしまい、誰とも競い合わなくなります。このことが意味するのは、それ以降もずっと、両親や大人を自分よりもはるかに優れているとみなすだろうし、またそのために、大人になってからも他者への憤りを人一倍抱きやすくなるだろうということです。まるで突如として怒りだす権力者に接するように他者に対して合わせようとするため、どうしても他者に対しては攻撃的感情が伴いますし、またそうした感情を統制することが相当程度求められるようになります。ですから強迫パーソナリティの人は、大人になると権威的でしばしば短気になるか、さもなければ過度に従順になるのです。どちらの態度も相手の敵意を失わせることが目的です。相手から敵意を直接向けられると、相手に打ち勝つか、それとも屈するかしかありません。互いに対等な立場に立って敬意を示し合う、といった地点までたどり着かないのです。

❖強迫パーソナリティの患者との心理療法

心理療法を開始した強迫パーソナリティの人は、とても穏やかで素直な人のようにしばしば見えます。治療者に気に入られようとして、治療者の差し出すあらゆる言葉に快くうなずきます。これは、相手から攻撃されるという恐怖によって適応様式が決められているせいです。たとえば日頃から、全身行き届いた、きちんとした格好をしているのは、自分の外見について誰からも批判を受けたくないせいです。約束の時間をきちんと守り、しばしば予定した時間よりも早く目的地に着きます。治療者に対しては、自分のためにわざわざ時間を取ってくれたことに感謝しつつ、そのことによって何か不都合を生じさせたのではないかと必要以上に心配します。

こうしたタイプの人は、きっと有能な銀行員や秘書になれると思います。私が勤めた最初の病院にもそのような秘書がいました。あるとき私は、口述した内容を手紙にタイプしておくよう、その秘書に頼んでいました。後で秘書から、次のような電話がかかってきました。「先ほどの手紙の件ですけれど、先生が最後におっしゃったのは『草々 Yours truly』でしたか、それとも『敬具 Yours faithfully』でしたか。それがはっきり思い出せなくて、気になっているんです」。そう聞かれた私も、それがどちらだったのか思い出せませんでした。

こうした気質をかなり備えていたある男性患者は、店頭で買い物をする際、いつも現金で支払っていました。というのも、もし小切手を切るとなると、後ろに並んでいる客を待たせることになり、その人たちに迷惑がかかってしまうと思うせいでした。ちなみにその患者は、ある工場の従業員をしていて、ほかの従業員の作成した工程表を点検する仕事をしていました。工程表の誤りを見つけるのはとびきり優秀でしたが、それを本人に指摘するのをとても苦痛に感じていました。なぜなら誤りを指摘することによって、相手を苦しめるのではないか、怒らせるのではないかと恐れていたからです。こうした人は相手の感情を害すると、「迷惑をかけた」と自分から謝るような人です。こういった強迫パーソナリティは、抑うつパーソナリティとかなり重なり合っていて、実際、不安の高まりなどで強迫的防衛が崩れてしまうと、しばしば抑うつ的になります。

こうした強迫パーソナリティの人は、主としてほかの人から攻撃を受けないよう気を配っていますが、一方で、自分自身の攻撃性を統制することに気を配るタイプもいます。強迫的防衛が崩れてしまうと、ほかの人への批判がいっそう口やかましくなり、その人と同居する人はとても苦労することになります。張り詰めて、短気で、強迫的な両親は、あらゆることを厳密に自分の支配下に置こうとしますが、それを同居人にまで求めてくるのです。身の回りのことをきちんと整理整頓し、鍵の開閉を確認し、礼儀正しく振舞い、身なりを綺麗にし、汚い言葉を使わない、といったような人と家族として同居するのは難しいのです。彼らは自分の行動を律することができるので、ものごとが「思うにならない」ことがわからないのですが、彼らにしてもほかの人の行動をすべて統制することはできません。また不安を感じると怒りを覚えるため、もしそうした人が夫にいれば、その妻や子どもから「理性を失った暴君」と受け取られ反発されていたとしても、不思議なことではありません。

ですから、強迫パーソナリティの人は、自らの攻撃衝動を統合し統制することができないと、服従か横暴か、どちらかへと向かってしまうことが容易にわかります。服従の方向へ行き過ぎてしまうと、一人の人として存在することが事実上できなくなってしまいますし、逆に横暴の方向へ行き過ぎてしまうと、他者の存在を無にしてしまい、結局は孤立してしまいます。

このように観察すると、強迫がいかに抑うつやスキゾイドに対する防衛として用いられているかがわかります。強迫パーソナリティの人は誰かと一緒にいるときでも、その相手を統制することができないと、相手に腹を立てるかもしれませんし、反対に怒りを自分に向けて抑うつ的になるかもしれません。そのどちらでもなければ、ほかの人から距離を置くかもしれません。たとえ家族と一緒に暮らしていても、情緒的に交流しないことは可能です。これは、他者から影響を受けないよう引きこもるという防衛なので、スキゾイド的です。相手から影響を受けなければ、その相手に腹を立てることもありませんし、自分の怒りに苦しむこともありません。

こうしたパーソナリティの人の症状には攻撃性がたいていはっきりと現れます。強迫観念や侵入的思考は、第五章の「解釈」のなかで私が説明したような内容に近づきます。たとえばある母親は、自分の赤ん坊を熱湯に落として火傷させるのではないかという考えに苦しめられていました。またある人は、高い所へ登った際や二階建てのバスに乗った際、下にいる通行人に何か落としてしまうのではないかと考えずにはいられませんでした。牧師という職業は、常日頃から聴衆に対して親切で物分かりのよいことが求められるので、ふだんの自分の器以上のことが求められます。そのため聴衆へ説教している最中に、ふさわしくない罵り言葉や猥褻な言葉を思わず口にしてしまうのではないか、と怖れている牧師も少なくありません。ある主婦は、食事を支度する際、食べ物のなかに細かなガラスの破片が混じって家族の誰かがそれを口にするのではないかと心配するあまり、食べ物が本当に安全かどうか、ふるいを使って一つずつ確かめないことには気が済みませんでした。こうした症状は、ある意味で防衛の失敗を表しています。というのも、その症状には抑圧されていた潜在的な攻撃性が垣間見られるからです。

こうした人たちへの心理療法家の仕事は二つあります。一つめは、患者が防衛している本能衝動の出現を促すことです。二つめは、自分を一人の人間として患者に差し出し、対等な立場から新たな人間関係を築くという実験を、患者とともにできるようにすることです。そうした関係を通して、支配か服従かといった問題がもはや重要でなくなるのです。

一般的に強迫患者の心理療法は難しいと言われるのは、彼らの知性化の能力が高いためです。彼らは自らの防衛機制のせいで、自らの情緒を自由に表すことができません。そのため、生活場面において自らの情緒を「解放する」ことを難しく危険に感じるのですが、心理療法の場面でも同じように、情緒を「解放する」ことを難しく危険に感じるのです。もし患者が子どもの頃、先に述べたように知的に早熟だったとすれば、心理療法の場面にも同じような適応様式を持ち込むでしょう。たとえば、治療者の発言の意味を正確に理解できているかどうか気にするでしょう。また、治療者から自分の心理について説明されると、納得したように受け入れますが、実は腑に落ちておらず、何らかの変化をもたらすような含みはまったく欠けていることがしばしばなのです。

強迫患者は心でなく頭でものごとを理解しがちです。こうした知的な患者はしばしば流暢に話をしますが、それは本当の感情を表すためではなく、むしろ本当の感情から距離を置こうとするためなのです。たとえば治療者が、「あなたは母親を殺したいに違いありません」と患者が頭にくるようなことを言ったとしても、患者は、「ええ。きっと先生の仰るとおりです。そういうことがたぶん関係していると思います」と穏やかに答えるでしょう。そうした患者に治療者が少しでも近づけるのは、彼らが抑うつになったときです。

「今ここ」において、患者が治療者に向ける自発的な反応を取り上げることは、たとえそれがどれだけ些細なことであっても役立つことが多いのです。なぜならそうすることによって、患者の統制しがたい自発的な感情に近づけるかもしれないからです。また夢を探索するのも有効です。なぜならそれは、自分のパーソナリティには自分の思っていない側面、つまり抑えよう、追い払おうとしていた側面があることに気付く、一番手っ取り早い方法だからです。患者のなかには、話をするよりも絵を描くほうが自分をうまく解放できる人もいるでしょう。

改善の兆しがほとんど見られないにもかかわらず、心理療法を長く続けようとする患者がいますが、そのなかで一番多いのが強迫患者です。彼らは従順で、感謝を示し、希望に満ちているように――少なくとも表面上は――見えるので、治療者にとってやりがいのある「優秀な」患者だと思われます。ですがそれこそが、現在ではなく将来に生きようとする彼らの問題を示しているのです。危険を察知する習慣のおかげで、将来に関してあらゆる警戒心を抱き、そのことで頭が一杯になり、現在のことが頭から追いやられてしまうのです。別のところでも述べましたが、たとえば彼らが演劇や映画を見に行ったとすると、鑑賞後の帰宅手段のことで頭が一杯になり、肝心の中身を味わうことができなくなってしまいます。こうした傾向のために、彼らは現在の治療関係に十分関与することなく、将来の心理療法の成果を期待してしまうのです。なお、治療期間が長すぎるという批判を受ける事例のなかには、患者の強迫性を表しているだけでなく、治療者の強迫性を表しているものもあります。

心理療法に適した強迫患者が目の前に現れると、心理療法家はさぞや興味が湧くことでしょう。しかし後になって、親密な反応が返ってこないとわかり落胆するかもしれません。ただしそれ以外のことに目を配れば、予想以上の成果を得ていることに気づくでしょう。強迫患者は自ら変わり、自ら良くなります。ですがそれは、自己統制の力が強まったからではなく、そうした成果をわざわざ心理療法家に示す必要がなくなったからなのです。心理療法家の目標は、とにかくとぎれとぎれでも患者が自発的にいられるよう防衛を十分緩めることです。そうした理由で、「今ここ」の解釈が非常に重要になります。患者が心理療法場面のなかで危険だと感じることは、すべて前進への第一歩となるのです。

軽い強迫症状を伴った強迫患者は心理療法に適しているので、心理療法を受ければそれに見合うだけのものが得られます。一方、心理療法家の手に負えない、たんなる心因性とは思えないような激しい病状を示す、重篤な強迫性障害の患者もいます。そうした患者は、生活のほとんどが儀式によって占められてしまい、日常生活を送ることさえままなりません。そうした患者のなかには、重度ではない慢性の統合失調症者よりも、はるかに障害の程度の重い人も含まれています。

❖強迫パーソナリティの人物例

サミュエル・ジョンソン[*8]は、強迫パーソナリティの典型例として有名です。その生涯のほとんどを通じて、自らの攻撃衝動を抑えるため、またたえず襲われる抑うつから逃れるため、強迫的な防衛を用いていました。もし彼が今日の治療を受けたとしたら、おそらくほとんどの精神科医は心理療法を行うとともに抗うつ薬を処方するだろう、と私は思います。

ジョンソンの強迫的儀式や痙攣発作の様子については、ジェイムズ・ボズウェル[*9]著『サミュエル・ジョンソン

＊8　ジョンソン Johnson, Samuel（1709-84）イギリスの辞書編集者・批評家・詩人。『英語辞典』（一七七五）（最初の学問的な英語辞書）の編集やシェークスピアの研究で知られる。「文壇の大御所」と呼ばれ、またその有名な警句から、しばしば「典型的なイギリス人」とも呼ばれる。

＊9　ボズウェル Boswell, James（1740-95）スコットランドの伝記作家。『サミュエル・ジョンソン伝』（一七九一）は、抜群の記憶力でジョンソンの言動を詳細に記録し、また関係者への綿密な調査を経て書き上げたものである。英語で Boswellian（ボズウェル流）は、「細大漏らさずに書く」を意味する。

伝』のなかで随所に描かれています。またそうした様子の多くは、彼の奇異な行動に関する当時の人々の証言とともに、神経学者ラッセル・ブレインの『偉大なる痙攣性の人』(6)のなかにも収められています。

ジョンソンはジル・ドゥ・ラ・トゥレット症候群*10（多彩なチック症状*11に汚言を伴ったもの）に苦しんでいたのではないか、と主張する作家もいますが、神経科医たちの意見は別れています。ブレイン卿は器質的な神経疾患ではないと結論付けていて、丹念な調査の下にジョンソン伝を描いたジャクソン・ベイツもその意見に同意しています。ジル・ドゥ・ラ・トゥレット症候群はたいてい幼少期に現れますが、ジョンソンのチックや強迫症状は彼が二十歳の頃に現れたようです。

ベイツによると、ジョンソンにはほぼありとあらゆるチックと強迫行為が見られたそうですが、そこにはある一つの共通点がありました。

それは統制するための本能的な努力だった。攻撃性を統制するためにそれを自分自身に向けた。（中略）。さもなければ不安を統制するためにそれを用いた。また、隔離化したり細分化したりして（階段の数を数える、柱に触るなど）、視覚的に扱いやすくした。スレール夫人の話によると、気持ちが乱れたときにはよく算術の問題に取り組んだ。(7)

ボズウェルは次のように述べています。

彼にはその周囲の友人が理由を訊ねる勇気を持たなかったもう一つの奇癖があった。私はこれを、彼が幼い頃に身に付けたままそれ以後理性の力でふりほどこうとしなかった、ある種の迷信にもとづく習慣だと考える。それは、戸口や通路を出入りする際に、ある特定の点から一定の歩数でそこへ至るようにし、少なくとも彼の

左右どちらかの足（どちらかは分からないが）が戸口や通路に最初に到達するよう、入念に注意を払うという現象である。これは私の解釈にすぎないが、現に私は無数と言ってよいほど多くの機会に、彼が突如立ち止まった後に、自分の歩数を真剣な表情で数え始め、うっかり間違った場合にはこの種の摩訶不思議な動きで途中まで後戻りし、この儀式を始める然るべき姿勢を取り、再びそこを通り過ぎて初めて、熟考から解放されたように急いで歩きだし、一座の者と合流する、といった情景を目撃した。(8)

ジョンソンの身振りや動作がとりわけ目立ったのは、彼の注意が自らの身振りや動作から逸れるときでした（もっとも、彼は意識すればそれを統制できたそうですが）。ジョンソンの肖像画を描いたジョシュア・レイノルド卿は、ボズウェルに宛てた手紙のなかでこう述べています。

ジョンソン博士のこの奇癖のような体の動きを痙攣と呼ぶのは誤りである。現実に彼は正座を命じられれば、ほかの者と少しも変わらずじっと動かず座っていられたからだ。私の結論は要するに、彼のこの体の動きは、自分の思考に不恰好な身振りを伴わせた癖に基づくものであり、この身振りは常に自分の過去のある部分をとがめるもののように私には思われるということである。誰かと会話を交わしていないときは、いつもこの種の考えが彼の心を襲うので、どんな交際や仕事であっても孤独よりはましだ、と彼は考えていた。彼の生涯の大眼目は要するに（と彼は言った）、自分自身から逃れることであり、彼はこの傾向を他人との交際でしか治療

＊10　ジル・ドゥ・ラ・トゥレット症候群 Gill de la Tourette's syndrome　小児期に、運動性（動作性）チックにて発症し、経過中に音声チックも加わり、しばしば汚言や反響言語を伴う症候群のこと。

＊11　チック tic　突発的、急速、反復性、非律動性、常同的な運動あるいは発声のこと。運動性チックは、まばたき、顔を歪める、口を曲げる、舌を突き出す、頭を振るなど多彩である。音声チックとしては、鼻を鳴らす、咳払い、発声などがある。

……できない心の病気だと考えていた。(9)

ブレイン卿はまた、次のジョシュア・レイノルドの文章を引用しています。

……彼は精神的に邪悪なものとほとんどいつも戦っていた。しばしばそれは、顔の表情や唇の動きから、まるでその戦いから逃れようとするため天国へ向かって叫んでいるように見えた。(10)

こうしたジョンソンの症状が今日の治療によってどれほど改善するかはわかりません。ただわかるのは、こうした強迫的儀式によって彼がいったい何を守ろうとしていたのか、どんな考えを追い払おうとしていたのかといったことです。ジョンソンは、「恥ずべきメランコリー」と自ら呼ぶ抑うつに繰り返し襲われました。つねに罪悪感に苦しみ、その生涯のほとんどを通して狂気に陥るのを恐れていました。また就寝するのを嫌がりましたが、それは「一人になると確実に病的思考に苦しめられるからである」と、ジョシュア・レイノルドは述べています。ジョンソンの頭のなかは、つねに死のことで一杯で、死が恐ろしくなかったことは一度たりともありませんでした。彼はまた、自らを怠惰だと責めましたが、それは官能的なことが頭に浮かんだり、食物や飲物に耽ってしまうせいでした。彼自身「まったく無為に日を過ごした(11)」と振り返っていますが、実際は驚異の作家として、驚異の辞書編纂者として、膨大な業績を残しました。

ジョンソンは生涯のほとんどを通じて、強迫的防衛によって抑うつを防いだ、魅力的で、それでいて悲しい人でした。しかしときには、その防衛が破綻して「絶望の泥沼」に陥ることもありました。興味深いのは、彼はそうしたとき、罪悪感に苦しむ一人の受難者として自らに知的活動を課していたことです。たとえば、自分のことから注意を逸らすために算術の問題に取り組みましたが、今日の行動療法家なら、それを「思考停止法*12」の一例と呼ぶでしょう。

❖強迫的儀式

重度の強迫性障害の患者に最もよく見られる強迫的儀式は洗浄強迫です。たとえば、毎朝の入浴やシャワーに三、四時間費やしたり、着る服を選ぶのに二時間かけたり、トイレへ行くたびに入浴しないと気がすまなかったりします。ほかにも多くの強迫的儀式があります。かつて私が担当していた患者のなかに、スカートの丈の長さがとても気になって、スカートを履くのに何時間もかかってしまう女性がいました。彼女は仕立屋に何度も足を運んではスカートの丈の長さを調整してもらっていました。丈が長すぎると、周囲から「地味だ」と馬鹿にされるように感じ、逆に丈が短すぎると、周囲から「性的に挑発している」と責められるように感じたからです。そして感染の恐怖が気になりだすと、逆説的ですが、みすぼらしい格好をして一日中ベッドから出てこようとしませんでした。アメリカの億万長者ハワード・ヒューズ[*13]も、そうした典型例の一人です。微生物の感染が頭から離れず、それが極端な儀式を招き、ついには下着しか身につけられず、自分の身辺整理さえままならなくなったのです。

重度の強迫的儀式は、当人のパーソナリティから離れて、その人の生活をまるごと乗っ取ってしまいます。患者の訴えは、自分の行為がいかに馬鹿げているかわかっているけれど、そう「せざるをえない」ことです。ジュ

＊12　思考停止法 thought stopping　頭の中に自動的に思い浮かんでくる不快なイメージや否定的な思考を瞬間的にコントロールしようとする技法。従来、行動療法の文脈の中で利用されることの多かった思考停止法だが、思考停止法は広義のセルフモニタリング・セルフコントロール（自己制御）の技法に分類される。

＊13　ヒューズ Hughes, Howard Robard（1905-76）アメリカの実業家・映画製作者・飛行家。

ディス・ラパポート*14は最近出した本のなかでそれを見事に説明しています。つまり強迫的儀式とは、もともとは適応的な行動パターンであったものが、後に当人のパーソナリティから離れて、結果的に誇張されてしまったものなのだ、と。ラパポートが指摘するように、強迫の儀式は、動物の符号化された行動形態と似ている点があります。

清掃、回避、確認、繰り返しという行為は、清潔、安全、攻撃、性という最も基本的な関心事と結び付いている。それらが文脈を外れて実行されると、まったく意味のない行動となってしまう。これらの行動の鍵を握る「リリーサー（開発因）」、すなわち動物にこうしたパターンを生じさせるホルモンに似た何かを発見できたなら、それはゆるぎない証拠となって私たちを納得させるだろう。(12)

このように文脈から外れてしまった儀式は、心理療法とは別の方法によって統制しなくてはなりません。こうした重度の強迫的儀式は、先に述べた「通常の強迫パーソナリティ」の人に見られるような、軽度の強迫行為とは別の診断カテゴリーに属しています。そう考えるには二つの理由があります。第一に、重度の強迫性障害にまで及ぶ人は、私が先に述べた「通常の強迫パーソナリティ」の人のうち二割程度にしかすぎないからです。いいかえれば、そうした症状はたんに習慣上の行為が誇張されたものとは考えにくいのです。たしかに重度の強迫性障害の患者も自らの症状に狂信的ですが、彼らのパーソナリティはしばしば呑気で、だらしないことさえあります。これは、几帳面さがあらゆる行動面で見られる一般的な「強迫パーソナリティ」とはまったく違います。重度の強迫性障害の約半数は、子どもの頃に発現します。子どもの場合、発現率は女子よりも男子のほうが高いのですが、成人の場合、男女とも同じ割合を示します。

第二に、重篤な強迫性障害の儀式は、何らかの脳疾患の症状として生じることがあって、なかには脳神経系への薬物に反応して生じることもあります。さらに強迫症状は、てんかん[*15]の随伴症状、脳損傷の後遺症、脳炎後のパーキンソン症状[*16]、先に述べたジル・ドゥ・ラ・トゥレット症候群として説明されることもあります。

強迫的儀式のなかには、行動療法のさまざまな技法によって統制可能になるものもあります。一方、最近の知見によると、一部の患者にはクロミプラミン塩酸塩（アナフラニール[*17]）を用いた薬物治療が有効であることが示唆されています。ただしその効果が得られるのは、きわめて重度の強迫患者に限られています。一人ひとりの患者に適した治療法を確立するためには、さらなる研究が必要です。

＊14　ラパポート Rapoport, Judith　アメリカ国立精神衛生所の小児精神科主任。

＊15　てんかん epilepsy　てんかん発作を主徴とする慢性の大脳疾患。てんかん発作には、大脳機能がさまざまな組み合わせで表出されるので、発作症状はきわめて多岐にわたるが、発作の形は一人の患者にほぼ一定していて、この一定した発作を繰り返し起こすことがてんかんの特徴である。

＊16　パーキンソン症状 Parkinsonism　筋固縮、運動減少、特異な振戦というパーキンソン病（錐体外路性変性疾患）に特徴的な症状を呈する疾患群の総称。広義にはパーキンソン病も含めて呼ばれるが、狭義にパーキンソン病以外の症候性のパーキンソン症候群を言う。

＊17　アナフラニール Anafranil　三環系抗うつ薬の一種で、アルフレッサファーマからその商品名で発売されている。うつ病・うつ状態、強迫性障害、夜尿症、不眠症の治療薬に使用される。

第十二章 スキゾイド・パーソナリティ

ヒステリー・パーソナリティや抑うつパーソナリティの章で説明してきた人は、外向態度が優勢で、対人関係に明らかな関心を示します。ヒステリー・パーソナリティの人は他者の注意を惹くことに主たる関心があるのに対し、抑うつパーソナリティの人は他者の承認を得ることに主たる関心があります。両者に共通するのは、他者に対する攻撃衝動を統制しがたく感じていることです。ヒステリー・パーソナリティの人は自分の想像する理想に応えられなかったとして愛情対象の相手を非難しがちなのに対し、抑うつパーソナリティの人は非難の矛先をその相手ではなく自分に向けがちです。どちらのパーソナリティも依存的であるため、また自分の幸せを左右するような人から見捨てられるのではないかと怖れているため、心理療法では対人関係について話し合うことにほとんどの時間が費やされます。

強迫パーソナリティの人は、そうした人たちと比べるとおおむね自立しています。先に述べたように、彼らは対人関係のなかで自分の敵意が現れないように防衛しています。ですから、自分自身を専制君主的に統制しようとするのと同じく、ほかの人に対しても専制君主的に統制しようとするか、もしくはなだめようとするのです。

そうした彼らの態度からは相手と距離を置こうとしているのがわかります。ですから彼らは、ヒステリー・パーソナリティや抑うつパーソナリティの人よりも、仕事の話題やあまり個人的ではない話題を持ち出すことが多いのです。また彼らのなかには、自らの敵意を統制することに関心が向かうという、抑うつパーソナリティに限りなく近い人もいますし、相手から敵意を向けられていると思い込んで悩むという、パラノイドに限りなく近い人もいます。しかしどちらの場合であっても、できるだけ敵意を統制しようと振舞います。そのため、しばしば堅苦しく紋切り型な態度であっても、対人関係を維持することができるのです。

❖スキゾイド・パーソナリティの理解——空虚感

こうした人たちよりも、さらに問題の深い人たちがいます。それは、ほかの人と関わるのを極端に恐れるため、対人関係から引きこもり、できるだけ対人関係を避けようとする人たちです。そうした人たちのことを「スキゾイド」と呼びます。スキゾイド・パーソナリティの人は、さまざまな事情から心理療法家の注目を集めます。なぜなら彼らは、自分を理解してくれたり助けてくれたりする人の力をほとんど信じないにもかかわらず、自分の誤った部分を気づかせてくれそうな人をしばしば必死で探し求めるからです。

そうした典型例を考えてみましょう。ある男子学生は学業に困難をきたし、友達が一人もできず、大学生活を楽しめずにいました。心配で見かねたチューターが、彼を心理療法家のもとへ連れてきたとします。そうした状況で心理療法を行うのは絶対に無理だとは言いませんが、相当難しいのは間違いないでしょう。かりにそうした患者が自分のことを話し始めると、対人関係、とりわけ異性との関係を築けないこと、学業や仕事に集中して取り組めず最後までやり抜くことができないこと、抑うつ的な気分になりやすいことを訴えるでしょう。

たしかにスキゾイド患者も抑うつ的になることはありますが、彼らの気分は抑うつというよりも無気力に近いものです。これをフェアバーンは、「スキゾイド状態に特徴的な感情と言えば、空虚感にほかならない[1]」と適切に説明しました。スキゾイド患者は一見すると抑うつ患者と似ていますが、通常の抑うつ患者には見られない「無意味さ」が見られることにすぐ気がつきます。抑うつパーソナリティの人と接して私たちが感じるのは、彼らは生活上の苦難や嫌な出来事に悩んでいるということで、それゆえ彼らの表情の奥からは怒りが伝わってくるのですが、スキゾイド・パーソナリティの人と接して私たちが感じるのは、彼らの空虚感がふだんの適応において統合的な役割を果たしているということで、それゆえ彼らの人生はまるで意味がないように伝わってくるのです。

スキゾイド・パーソナリティの人との面接は難しいことがしばしばあります。治療者は患者と「波長が合っていない」ように感じます。現病歴や生育歴について尋ねると、なるほど患者はそうした質問に対して――表面的ではあれ――協力的に答えてくれますが、実際は何も答えてもらえていないと治療者には感じられるのです。患者はあらゆる質問に答えながら、「そんなことを尋ねて、いったいどうするつもりなんですか」といった気持ちを治療者に伝えているのかもしれません。

スキゾイド患者のなかには優越感を醸し出している人もいます。とりわけそれが言えるのは、知的に秀でていて、主として心よりも頭を使って外的世界に適応しているような人です（こうした人は決して珍しくありません）。治療者にとって重要なのは、そうしたことにうんざりするのではなく、まずは彼らの努力を認めてあげることです。なぜなら彼らは人と知り合い、理解し合うあらゆる試みを拒んでいて、そうしたことに直面すると混乱してしまうからです。

こうした患者は、いかなる親密さをもひどく恐れていると理解するのが重要です。ほかの人と情緒的に関わるのをできるだけ避けることによって自分を防衛しているのです。ところが、ほかの人と情緒的に関わることこそが人生に意味をもたらすため、彼らはつねに人生を無意味だと感じさせられています。もし治療者が患者から拒まれたり無能者だと扱われたりしても、それに耐えられるほど成熟していれば、彼らに十分興味を持つことができるでしょう。そして、もし患者の防衛をみごと突破することができれば、患者の信頼を勝ち得ることになり、大いに成果を感じるでしょう。なにしろ患者は何年もの間、誰一人として信頼できなかったのですから。

❖親密さを避ける理由

なぜスキゾイド・パーソナリティの人は、他者と親密になるのをそこまで避けるのでしょうか。親密さを恐れるのは、主に三つの理由があるように思われます。三つの理由とも一人の心のなかに見られますが、そのうち一つがしばしばはっきりと見られます。

他者と親密になるのが気乗りしない一つめの理由は、親密な関係が切れてしまうのを恐れているせいです。つまり、そもそも他者と関わるという危険を冒さなければ、そうした危険を感じることもないからです。しばしばこうした恐怖は、幼少期早期の実際の喪失体験に基づいています。

たとえばアイザック・ニュートン[*1]は、スキゾイド・パーソナリティの特徴を数多く備えていました。孤立癖で有名な彼は、男女問わず、親密な情緒的関係を誰とも一切持とうとしませんでした。また、とても疑い深い性格をしていて、自分の研究成果をなかなか発表しようとせず、「自分の発見を盗もうとしている」として、ほかの人を責め立てることもよくありました。ちょうど五十歳に差しかかった頃、一度、妄想型の精神病を発症しまし

＊1　ニュートン Newton, Issac（1642-1727）イギリスの物理学者・天文学者・数学者。力学体系を建設し、万有引力の原理を導入した。また微積分法を発明し、光のスペクトル分析などの業績がある。一六八七年『プリンキピア（自然哲学の数学的原理）』を著す。近代科学の建設者。

た。彼の情緒的問題の少なくともいくらかは、幼少期早期の体験に由来すると考えて差し支えないと思います。ニュートンは未熟児で生まれましたが、生まれる前に実の父親をすでに亡くしていました。三歳になるまでは母親から無条件の愛情を受け、健やかに育ちました。ところが、三歳の誕生日の直後、母親は、別の新しい男性と再婚し、ニュートンにとって会いたくない継父に会わせたばかりか、ひどいことには子どもの養育を自分の母親に任せたまま、新しい夫とともに別の場所へ引っ越してしまったのです。ニュートンの残した手記からうかがえるのは、彼がこうした母親の行為を裏切りと感じていたことです。それ以来彼は、誰に対しても心から信頼することは決してありませんでした。(2)

親密さを避ける二つめの理由は、一人の人間としてのアイデンティティを失ってしまうと感じるほど、他者に支配され打ち負かされることを恐れているせいです。私たちはみな、自分よりもはるかに力の強い、大人の意のままになる状況から人生が始まるので、そこからいろいろなやり方を通して自立していこうと奮闘します。もちろんなかには、権威者の支配下に入って、自分の人生の多くを委ねたいと願う人もいますが、いくらマゾヒスティックな人であっても、自分の自律性は自分でいくらか保とうとします。こうしたことは小さな子どもにも見られます。子どもの多くが遊びのなかで示すのは、大人をやっつけて「お城の王様」になることです。子どもは成長するにつれて、「たとえ自分よりもはるかに力の強い相手であっても、自分の声や力を伝えることができる」ということを学びます。子どもが発見するのは、自分独自のやり方はまだ見つけられないにせよ、自分が相手に影響を与えることができるということや、自分の意見や願望を他者に気付いてもらえるということです。スキゾイドと呼ばれる人は、その反対に、対人関係から引きこもらないと、自分の自律性を保つことができないと考えています。自分よりも相手のほうがはるかに力が強く、残酷だと思っているので、自分が相手の考えや行動に影響を与えることができるとは想像だにしていないのです。自分の欲求や願望は他者からまるで気付いてもらえないと思っているので、自分はいてもいなくても構わないという気がしていて、自分の存在が脅かされているとすら感じています。R・D・レインは『引き裂かれた自己』のなかで、こうした典型例を紹介しています。集団療法のセッション中に、二人の患者が言い合いを始めました。途中で、片方の患者が次のように言うと、言い合いが止まりました。「もうやってられない。おまえはただ、俺をやっつけたいがために言い合いをしてるんだろう。うまくいけば言い合いに勝つし、うまくいかなくても言い合いに負けるだけですむ。だけど俺は、自分の存在をかけて言い合いをしてるんだぞ(3)」。

一見すると、こうした発言は妄想と思われるかもしれませんが、文字通り本当のこともあります。精神分析家ブルーノ・ベッテルハイム*2は、ダッハウ*3とブーヘンヴァルト*4の強制収容所に一年間拘束されました(4)。そこで彼が目にしたのは、自らの自律性を看守たちにすっかり明け渡し、まるで自動人形のごとく、彼らのなすがままになっている囚人たちでした。なかでもイスラム教徒らしき人たちは、じきに亡くなっていきました。そこで生き延びられるかどうかは、たとえ些細なことであっても、自分自身の手中に何らかの決定権を収めておけるかどうかにかかっていたのです。

レインの言う「押しつぶされる恐怖」や「飲み込まれる恐怖」は、子どもの頃に両親からとりわけ配慮を欠いた扱いを受けた結果、もっと言えば、一人の独立した人間としてではなく、一体の人形、自動人形、一個の付属物といった扱いを受けた結果のように思われることがあります。こうした恐怖は、潜在力や有能感が奪われるという点で、フロイトの言う「去勢不安*5」と非常によく似ています。

＊2　ベッテルハイム Bettleheim, Bruno（1903-1990）オーストリア生まれのアメリカの精神分析家。自宅で二人の自閉的な子どもを六年間引き取って治療と教育に専念した。オーストリアから一九三九年アメリカに亡命する。その前年の一年間は、ユダヤ人として強制収容所体験を持つ。

＊3　ダッハウ Dachau　ドイツ南部ババリア州南部の市。かつてナチ強制収容所があった。

＊4　ブーヘンヴァルト Buchenwald　ドイツ中部チューリンゲ州の村。かつてナチ強制収容所があった。

権力者への無力感の重要性は、作家カフカ[*6]の代表作品である『審判』[5]や『城』[6]のなかで生き生きと描かれています。カフカの伝記作家マックス・ブロード[*7]によると、カフカはその生涯を通じて、父親のほとんど魔術的とも呼べる力の前に屈していました。[7]カフカは三十六歳のとき、長文の『父への手紙』を書きましたが、そのなかで自分のことをたえず不適格だと感じていたことや、父親との関係はずっと間違っていると思っていたことを明かしたのです。これと同じような無力感は、カフカの宗教観にも表れています。それは、一人の絶対者がいるけれど、ふつうの人間とはかけ離れすぎているので、誤解したり理解に欠けたりするのもやむをえないというものです。カフカは両親のことを暴君で奴隷監督だと考えていて、「両親とは子どもの教育者のなかで最も信頼できない人たちだ」というスウィフト[*8]の考えにも与していました。カフカの小説には、あまりに自分勝手で予測不能な権威者たちが登場し、彼らを理解することも彼らに対応することもできないといった事態が描かれています。

先に私は、神経症症状とは私たちがみな感じる不安を誇張したものだと述べましたが、幸運にも基本的信頼感を保つことができた人は、スキゾイド・パーソナリティの人のことを共感しがたいかもしれません。なぜなら、自分のパーソナリティと似た点がどこにも見当たらないからです。いわゆる正常の人であっても、ほとんどの人がほかの人に個人的な秘密を打ち明けるのを恐れるのは、そうすることによって自分の弱みを握られてしまうと思うせいです。ふだんから疑い深い人にとって、本当の親密さはいっそう軽々しく触れられるものではありません。結婚するにあたってよく見られる恐怖は、結婚することによって自分の自律性が保てなくなるほど脅かされるといった懸念にしばしば由来しています。「正常」と言われる人であっても、相互に与え与えられるといった、相手との対等な関係を築けない人は大勢います。なぜなら、そうした関係をこれまで一度も経験したことがないため、相手に何かを与えることができるとは考えも及ばないからです。

親密さを避ける三つめの理由は、愛着を感じている人を傷つけてしまうのではないか、台無しにしてしまうのではないかと怖れているせいです。一見するとこうした理由は、自分が相手よりも力が強いこと、あるいは少なくとも弱くないことを意味しているので、これまでの理由と矛盾しているように思われるかもしれません。ですがこの種の力、つまり親を枯渇させる力や空っぽにする力は、あらゆる子どもに備わっています。クライン派の分析家なら、それを出生後数カ月の赤ん坊が抱く幻想のなかに見出すでしょう。欲求不満で貪欲な赤ん坊の様子からわかるのは、その切迫した欲求のあまり、頼みの綱にしている母親の乳房を空っぽにしてしまったり台無しにしてしまったりするということです。実際そうしたことが本当かどうか疑わしいかもしれませんが、おそらく確かなのは、子どもは大きくなるにつれ、親の言いつけを聞く喜びよりも、親を消耗させる喜びのほうが勝るようになるということです。親が年老いていたり、慢性的な病気を患っているような場合はとりわけそうです。

スキゾイド・パーソナリティの人は、ふだんから対人関係に消耗していることに気づいているので、自分が相手にとって疲れさせる存在であるに違いないと思い込んでいます。こうしたことから、ある種注意深い観察眼を持つようになり、対人関係のなかで自発性を生かすことができなくなってしまうのです。

＊5　去勢不安 castration anxiety　男子は、女性器を目撃したときに、女性たちは父親に去勢されたのだと考える。しかし、エディプス・コンプレックスの時期になると、否認されていた去勢の恐れが現実味を帯びてきて、自分も同じように去勢されるかもしれないという去勢不安が生じる。この去勢不安がエディプス構造における超自我として形をなすことになる。

＊6　カフカ Kafka, Franz（1883-1924）　プラハ生まれのオーストリアの作家。意表をつく透徹したビジョンと夢幻性とにより、二十世紀のドイツ文学史上画期的な散文作家として、全世界に強い影響を与えてきた。小説『変身』『審判』『城』『アメリカ』など。

＊7　ブロード Max Brod（1884-1968）プラハ生まれのオーストリアの作家。友人カフカの作品が破棄されるのを防ぎ、編集出版したことで知られる。

＊8　スウィフト Swift, Jonathan（1667-1745）　イギリスの作家。辛辣な諷刺で文壇・政界に活躍したが、のち、アイルランドに退いて聖パトリック教会の首席司祭になる。諷刺文学の傑作『ガリヴァー旅行記』のほか、『書物合戦』『桶物語』、また猥雑な詩がある。

事例によっては、こうした態度は、スキゾイドである親の行動に見られることもあります。私たちの文化では幼い子どもは両親をある程度消耗させる存在だと考えられています。なぜなら、子どもの世話は子育てに専念することを親につねに求めますが、親自身も報われるような、子どもとの対等な関係を築くことは不可能だからです。子育てにすぐ疲れてしまう親は多くいますが、そうした親は自らの想像性を用いて子どもの世界に入って、子どもといっしょに遊ぶことができません。子どもが喉から手が出るほど欲しがっている愛情や理解を与えないばかりか、そうしたことを欲しがることが愛する対象を台無しにしてしまうことまで子どもに伝えてしまう、そういう親すらいるかもしれません。その結果子どもは、自分の愛情を満たすためには自分で空想するしか方法はないと確信するかもしれません。親密な関係というのは、互いに報われるものというよりむしろ互いに消耗し合うものであり、そうした関係からできるだけ遠ざかるのが安全だとみなされるのです。

これまで述べてきたように、ヒステリー患者や強迫患者は一般的に他者から気に入られようとするため、治療者に対しても第一印象は良いことが多いのです。強迫患者はやや控えめに見えるかもしれませんが、自分の攻撃性を恐れているので、ふだんは礼儀正しく、慣習をきちんと守ります。一方、スキゾイド患者のなかには、ほかの人に対してあまり気を遣おうとせず、奇抜な服装をしたりマナーを軽視したりして、枠からはみ出すような人がいます。わざと心理療法家の発言を無視したりする人も少なくありません。しかしなかには、相手に順応し、強迫患者のように過度に行儀良く、形式にこだわる人もいます。現実にうまく適応しているように見えるスキゾイド・パーソナリティの人は、時おり非の打ちどころのない「ペルソナ」[*9]を被っていますが、そのせいでかえって知人、客、心理療法家に対してぎこちなさや居心地の悪さを感じさせてしまうのです。かりにそうした人が、自分の子どもに問題が起きたり自分の妻が抑うつになったりして、自分の情緒が求められる場面に直面したとしても、相手との関わりから引き下がることくらいしかできません。他者の情緒は自分の未知なる情緒と同じくらい恐ろしいので、困っている人を理解し共感しようとするのではなく、尻込みをして、自分の処方箋を勧める程度で済ませてしまうのです。その処方箋はせいぜい自己統制を強めるくらいしか役立ちませんが、それくらいしか彼らには思いつかないのです。

❖スキゾイド・パーソナリティの患者との心理療法

心理療法家は、スキゾイド患者の醸し出す無関心さや優越感といった仮面の裏側を理解することができないと、また、患者に無視されたり傲慢に振舞われたりしたときに感じる怒りを統制することができないと、患者の本当の姿を見抜くことはできないでしょう。私たちのほとんどは、自分の自尊心を保つために対人関係を充実させたり強化させたりして、自分に価値があると自分に言い聞かせています。これまで述べてきたように、抑うつ患者は自らの自尊心を維持するため、たいてい外の強化子に依存していますが、誰しもある程度こうした外の強化子に依存していることから、長期間孤立した状況に置かれると、どんな人であろうと抑うつ的になります。これは昔のロシアでの話ですが、政治犯罪者が政府に逮捕されると、独房に監禁され、今後の予定とか、家族や友人の安否といった情報を何も与えられなかったのだそうです。そしておよそ六週間の間、看守としか話をすることが許されず、しかもその話は必要最低限の内容に限られました。こうした情緒的孤立の状況に置かれた囚人たちのほとんどは、深く絶望して抑うつ的になり、自分のことを大事にできなくなりました。おそらくスキゾイド・パーソナリティの人なら、そうした独房に閉じこめられたとしても、普通の人よりはうまくやっていけるでしょう。

＊9　ペルソナ persona　もともとは古典劇において役者の用いる仮面のこと。ユングはその語を借用し、個人が外界への適応に必要とする心の内部の組織をペルソナと名づけた。いわば、各人が社会に向けて見せるべき仮面のことであり、人はその職業や地位などに応じ、それぞれにふさわしいペルソナを持っている。それによって対人関係が円滑に行われるのであるが、あまりにそれと同一化するとき、人は柔軟性を失い、内界への適応に失敗する。

なぜなら対人関係がもともと希薄なので、そうした状況に置かれたとしても大きな打撃にはならないからです。

スキゾイド・パーソナリティの人は、現実世界の欠損を埋め合わせるために空想世界を作り上げます。相手が誰であっても、愛情を手に入れたり対等な関係を築いたりすることができないので、きまって空想のなかで優越者の役割を演じるのです。たとえ誰からも愛されなくても、人から褒められたり妬まれたり畏れられたりすることはできます。彼らはこうした優越的な態度を取ることによって、対人関係を結ぶ問題と折り合いをつけているのです。ところが、すでに相手から見透かされているので、当然のごとく怒りをぶつけられることもあります。ですから、人に嫌われているとか馬鹿にされているといった空想は現実のものとなってしまうのです。

スキゾイド・パーソナリティの人のなかには、先に述べたようにマナーをまったく軽視したような人もいますが、それとは反対に、一見すると良好な対人関係を築いているように見える人もいます。そのような人は、堅苦しいまでに礼儀正しく、相手に対して過度に気を遣います。しかし相手からすると、その配慮は「心」ではなく「頭」によってなされたと感じられるのです。おそらくその感じ方は正しいのでしょう。ときに彼らは、如才なさ、寛大さ、高潔さといった倫理的態度に基づいてきわめて意識的な決断を下したり、自らの採用した原理原則に則って行動しようと努めます。しかしそれでもなお、人を寄せつけようとしない無意識的意図は相手に伝わるでしょうし、人間性を分かち合うような共通の基盤に立って相手と向き合うこともできないでしょう。聖パウロ[*10]が『コリント書I』[*11]のなかで述べた、愛についての有名な文章は、スキゾイド・パーソナリティの人にそっくり当てはまります。

たとえ人々の異言や天使たちの異言を語ろうとも、愛がなければ、私は騒がしいドラ、やかましいシンバル。たとえ予言する賜物を持ち、あらゆる神秘とあらゆる知識に通じていようとも、たとえ山を動かすほどの完全な信仰を持っていようとも、愛がなければ無に等しい。[(8)]

とりわけ知的才能に恵まれたスキゾイド・パーソナリティの人は、現実であれ空想であれ、愛情の代わりに権力を用いようとします。ところが、そうした権力から得られる満足には限りがあり、しかもあてになりません。というのも、人を愛し、人から愛される感情こそが、結局は空虚感を追い払うのに有効だと考えられるからです。

前の章で強迫パーソナリティの人は、支配と従属、優越と劣等といった観点から対人関係を結ぶ傾向があると述べましたが、これはスキゾイド・パーソナリティの人にもかなりの程度あてはまります。ですが、人との関わりからすっかり身を退いてしまうため、彼らにとっては空想が重要な役割を果たします。たとえば、自分には人並み外れた才能があるとか、現実に対するとくべつな洞察力があるといった考えを、大事に抱えていることがしばしばあります（もっともそうした考えが、たんなる思い込みでないこともありますが）。しかしそれと同時に、相手に影響を与えたり相手の心を動かしたりすることはできないと思っているので、自分自身の身を相手の手に委ねることを怖れています。スキゾイド患者に手術恐怖、歯科恐怖、さらには理髪恐怖までも見られるのは珍しくありません。なぜなら、自分の身を相手の手にすっかり委ねてしまうと、何もかも駄目にされる危険を感じてしまうせいなのでしょう（もっとも、そうした考えは子どもじみた妄想にすぎませんが）。

スキゾイド患者を理解するには、妄想型の統合失調症者の妄想体系を頭に浮かべてみると役に立ちます。精神科医なら誰しも、「自分はとびきり重要な人物だ」と信じこんでいる患者になじみがあります。彼らは王族の一員だったり、偉大なる発明家だったり、不遇の天才だったりしますが、本当の価値は誰からも認められておらず、しかもその地位はカトリック信者、フリーメイソン[*12]、邪悪な迫害集団の陰謀によって貶められているのです。ス

＊10　聖パウロ Saint Paul（?-67）キリスト教をローマ帝国に普及するのにもっとも功の多かった伝道者。もともとユダヤ教徒でキリスト教徒の迫害に加わったが、幻視の中で復活したイエス＝キリストに接して回心し、生涯を伝道に捧げた。

＊11　コリント書I the First Epistle to the Corinthians　新約聖書の一書であり、使徒パウロのコリントの教会へ送った書簡。

キゾイド患者は、統合失調症者とは対照的に、空想と現実を区別できるだけの現実感覚を少なくとも持っているので、それだけ正気を保っていると言えます。明らかな妄想こそ示しませんが、神経質で、疑い深く、訴訟好きです。ほとんどの場合、自分の空想上の優越感を吟味することを拒みます。スキゾイド・パーソナリティの青年のなかには優秀な成績を修める人もいますが、小さい頃から抱いていた自分の夢をかなえることができません。なぜなら、その夢をかなえるためには批判の矢にさらされる必要があるのですが、あえてそこを避けようとするからです。まるで自分の空想の大部分が自己価値を支えているのを知っているかのように。

スキゾイド・パーソナリティの人の対人関係は優越感と劣等感から成り立っているため、彼らの性的空想はしばしばサド・マゾ的[*13]です。彼らは自分が愛されることは想像できませんが、自分の力が相手から賞賛されることや、自分が相手を支配することは想像できます（ただし状況が変われば、その相手から軽視されるかもしれません）。もちろんサド・マゾ的な空想を抱くのは彼らだけに限りません。ポルノグラフィが示す通り、そうした空想は広く一般の人たちにも認められています。むしろそうした表現は、人間なら誰しも持っているスキゾイド的側面に訴えていると言ったほうが真実に近いのでしょう。ところがスキゾイド・パーソナリティの人は、自らの空想が、自分の力と大人の力との間に歴然たる差のあった幼少期の状況に留まっているため、ポルノグラフィ以外の性的関係を想像することができないのです。女性のスキゾイド患者は――一般的に男性よりもはるかに少数ですが――、自分自身を男性の力が行使される対象として被加虐的に見なしています。スキゾイド・パーソナリティの人はほとんど空想世界に住んでいて、しかも現実の対人関係を築くのに困難を覚えているため、しばしば性的関係を結ぶのに空想を利用するのです。レインは、自分の妻と性交している姿を想像しなければ実際に性交できない男性を例に挙げています。ほかにも、実際の性行為を知る以前の、幼い頃に抱いた空想を利用する人もいます。フェティッシュなどの逸脱した性的空想はこの範疇に入ります。ここで思い出されるのは、フロイトがフェティシズムを自我の分裂の観点から理解したことです。というのもフェティシズムは、一方で現実を否認しつつも、他方で少なくともいくらかは現実を容認しているからです。

スキゾイド・パーソナリティの人が通常の性的関係を結ぶ際に遭遇する問題は、身体からの疎外といった観点、すなわち「相手の身体からの疎外」と「自分の身体からの疎外」といった観点から考えられるかもしれません。前の章で私は、強迫患者には「知性化」の傾向があると指摘しましたが、スキゾイド患者にはその傾向がいっそう強くなります。彼らは身体性を犠牲にして、精神性を高めます。自分自身を自分の精神と同一視して、自分の身体を、しばしば不快な欲求や欲望を感じる付属物としかみなさないのです。というのも身体を、真の現実である精神生活を邪魔する異質な欲求だとみなすからです。スキゾイドの特性を多く備えた作家プルーストは、「実際、精神にとって、私たち人間や思考生活にとって大いに危険なのは、身体を所有することである(9)」と述べています。それに対してフロイトは、身体の観点から自我を次のように定義しています。「自我は何よりもまず身体自我である。すなわち自我とは、主として身体の表面を源泉とするもので、究極的には身体感覚に由来したものである(10)」。

スキゾイド患者は、おそらく母親とのごく初期の関係において何らかの失敗が生じ、母親の身体と触れ合わなかったせいで、これまで見てきたように、他者と親密に触れ合うことを潜在的に脅威だと感じるのでしょう。一方で、私たちのほとんどは、人と触れ合うことによって、相手に親密さを伝えるだけでなく、自分の現実感を得

＊12　フリーメイソン Freemason（Free and Accepted Masons）アメリカ・ヨーロッパを中心にして世界中に組織を持つ慈善・親睦団体。起源には諸説あるが、十八世紀初頭ロンドンから広まる。貴族・上層市民・知識人・芸術家などが主な会員で、理神論に基づく参入儀礼や徒弟・職人・親方の三階級組織がその特色。普遍的な人類共同体の完成を目指す。

＊13　サド‐マゾヒズム sadomasochism　サディズムとは性対象に苦痛や屈辱を与えることで性的満足や快感を得る性倒錯の一種であり、マゾヒズムとは性対象に苦痛や恥辱を受けることで性的満足や快感を得る性倒錯の一種である。サドマゾヒズムとは、この両者が共存した倒錯的状態のことを言う。力動的には快感と苦痛、性欲と攻撃欲の共存を意味する。

てもいます。

ここでは身体接触の喪失をある種の症状とみなしていますが、一方で忘れてならないのは、人類の偉大なる知的偉業は自分自身から解離する能力、つまり少なくとも一時的に身体世界から解離する能力によって成し遂げられたということです。『創造性のダイナミクス』[11]のなかで私が説明したように、おそらくスキゾイド・パーソナリティの人にとってある種の想像活動を行うのは必須のことなのでしょう。抽象思考を要する学問領域で偉大な業績を残した人たちは、そのほとんどが単身生活者であり、親密な対人関係を営むのに不向きか、あるいはまったくそれができない人たちでした。たとえばデカルト[*14]にとって、身体とは錯覚に限りなく近い、まったく実感の持てないものでした。彼の哲学の第一原理「われ思う、ゆえにわれあり」は、物質よりも精神を確かなものとしています。それについてバートランド・ラッセル[*15]は、「(自分にとって) 自分の精神というものを、ほかの人の精神よりも確実なものとしている[12]」と指摘しました。

スキゾイド・パーソナリティの人が孤立感に苦しんでいる姿は、たしかに精神科医の眼にはある種の精神病理のように映るかもしれません。しかしここで忘れてならないのは、科学探究に必須の「主観性からの分離」こそが、私たち人間が世界に適応するうえで死活的に重要な能力だということです。科学者が客観的に振舞うのはあくまで実験室のなかだけで、人と関わる際はほかの人と同じように人間らしく主観的に振舞います。たとえ彼らがスキゾイド・パーソナリティでなくても、彼らの分離する能力は「スキゾイド的」と呼んで差し支えないでしょう。ところが、自分の妻に対して客観的に振舞い、一人の人というよりもまるで実験対象のように接するならば、「スキゾイド的」行動を示していると言えるでしょう。

権威ある研究者たちによると、身体欲求を自己疎外的に感じ取るのは、幼少発達のごく早期に由来しています。たとえばウィニコットはこう述べています。

私がここで検討している領域では、本能はまだ、幼児の内側にあるものとして明確に定義することはできない。本能は、カミナリや叩打の衝撃と同じように、外側から降りかかってくることもある。幼児の自我がある程度強くなったとき、ようやくイドの要求は、環境からのものではなく自分の一部のものとして感じられる段階に達するのである。(13)

ある特定の歪んだ性格はどのような原因によって形成されるのか、といった問題に私はあまり興味がありません。なぜなら、先に指摘したように、そうした歪みを説明しようとする理論が正しいかどうか、現段階の知見からは判断できないからです。それゆえそうした理論は、証明や証拠を必要としない揺るぎない信条となって、さまざまな心理療法の学派間の論争の火種となっています。とはいえ、スキゾイド患者の治療を引き受けている心理療法家なら、彼らは母親とのごく初期の関係において何かがうまくいかなかったに違いないようだ、ということにほとんどの方が賛同するだろうと思います。現在、母親の出産前、出産期、出産後の数週間、母親の行動や態度を注意深く観察することによって、その後の養育がうまくいくかどうか予測することができます。(14) スキゾイド・パーソナリティの形成には、おそらく遺伝、知能、幼少期後期の経験などの多くの要因が関わっていますが、なかでも私は、母親とのごく初期の経験こそが決定的に重要ではないかと推測しています。なぜなら、多くのス

＊14　デカルト Descartes, René（1596-1650）フランスの哲学者、科学者。精神と物質の徹底した二元論、機械論的自然観などによって近代科学の理論的枠組を最初に確立した思想家として、あるいはあらゆる不合理を批判検討することを教えた「理性」による解放者として、あるいはまた「コギト（思惟、意識）」の哲学の創始者として以後の思想に大きな影響を与えた。しばしば「近代哲学の父」と呼ばれる。

＊15　ラッセル Russell, Bertrand（Arthur William）（1872-1970）イギリスの論理学者、哲学者、数学者。集合論のパラドックスを発見した。現代分析哲学の祖と目される。

キゾイド患者の生育歴から、ほかの子どもと初めて接した際、すでに人と関わることの難しさを感じていることが報告されているからです。たとえばケンプらの行った調査では、母親の出産前後の行動を注意深く観察することによって、その後の赤ん坊の身体疾患のリスクがどの程度生じるかが予測されています。どのような家族に親の異常な行動パターンが見られるのか、その予測に成功したことは大きいでしょう。それについて私が示唆するのは、ケンプらの方法によって、スキゾイド・パーソナリティの形成に母子関係の問題が実際どの程度まで関与しているのか明らかになるのではないかということです。

根本的な原因がどのようなものであれ、スキゾイド・パーソナリティの人は、ある種の「仮面」、もしくはユングの言う「ペルソナ」を発展させています。それは、自分の感情をほかの人から隠すため、また自分自身から隠すために用いられます。彼らは発達上、最も大切な時期に自らの基本的、原初的、身体的欲求を受け入れてもらえなかったせいで、自らの基本的欲求を軽視するような態度や行動を身につけてしまったのです。このように考えると、彼らは「本当の自己　対　偽りの自己」というウィニコットの概念と密接に関わっていることがわかります。

文明化した生活は、私たち全員にペルソナを発展させるよう求めます。実際私たちは、疲れていたり機嫌が悪かったりするとき、あるいは相手の意見に猛烈に反対するのは気が引けるので、かわりに相手の意見に委ねるようなとき、礼儀正しさや配慮に欠けてしまうと、社会生活すら営めなくなってしまうおそれがあります。しかし一方で、親しい人、とりわけ恋人の前であれば、ふだん着けている仮面を外し、傷つきやすく感じやすい自己を気兼ねなくさらすという危険を冒すことができます。ところが、スキゾイド・パーソナリティの人はそれができません。なぜなら、「本当の自己」が拒まれ、はねつけられ、さらには駄目にされるのを怖れているせいです。これまで長い間、相手に従順に同一化することによって「偽りの自己」を作り上げてきたので、自分に深い感情が本当にあることさえ気付けなくなっているのです。長い間そうしたやり方でやり過ごしてきたおかげで、周囲から悪く言われることはありませんが、いったい何を考えているんだろうとか、いったい何を隠しているんだろうといった不満を持たれるかもしれません。

精神科医たちがずっと以前から気付いていたのは、統合失調症者はしばしば子どもの頃、人並み以上にきちんとしていて、とても行儀が良かったということです。両親の要求に素直に従うということは、子ども本来の個性、すなわち「本当の自己」が埋もれていることをときに意味します。そして精神病の発症とは、R・D・レインが強調するように、「本当の自己」がこの世に生まれ出ようとする、一つの試みかもしれないのです。なるほどレインのように、統合失調症の事例すべてにこの考えを当てはめることには多くの反対意見があるでしょう。しかし、こうした観点から青年期の「精神病エピソード」を考えてみるのは有益だと思います。

ウィニコットはある患者を例に挙げて説明しています。その患者は、ウィニコットと会う前に、別の分析家から長期の分析を受けていました。

私の作業は、私が彼の非存在を認識したことを彼に明らかにしたときに始まった。そして彼はこう述べた。「何年ものあいだ、自分にしてもらった立派なことはすべて何の役にも立ちませんでした。それは、自分の存在の基盤（つまり偽りの自己）を根拠にしてなされていたからです。しかし、私は偽りの生活しかしてこなかったのです」。私が彼の非存在を認識したと彼に伝えたとき、彼は初めて心が通じ合えたと感じたのである。彼の意味したところは、彼の幼児期から隠蔽されつづけてきた本当の自己は、今になってやっと、危険を伴わない方法で分析医に通じたということである。(15)

スキゾイド・パーソナリティの人がしばしば一人でいるときのほうが現実感を抱くのは、他者の危険性を受けない状況でしか「本当の自己」を開花することができないためです。もし芸術や科学の才能に恵まれていれば、他者との親密な関係や純粋な関係が持てなくても、創造活動によってそれを上手に埋め合わすことができるので、「人生は空虚で無意味である」という感覚に苦しまずに済むかもしれません。ウィニコットはこう述べています。

創造的統覚とは、個人に人生は生きる価値があると感じさせることにほかならない。これと対照的な外的現実との関係の持ち方に盲従というのがある。これは、世界とその部分を迎合すべきものとしてだけ認めること、あるいは適応を要求することである。盲従は個人に虚無感をもたらし、どうでもいいとか、人生は生きる価値がないという考えと結びついてしまう。多くの個人は、じらされて創造的に生きることにうんざりしてしまい、大部分の時間を、まるでほかの誰かの創造性や機会の創造性に巻き込まれて生きるように、非創造的に生きることを認めてしまっている。[16]

ここで言う「創造的統覚」とは、ウィニコットの人生に対するあらゆる態度を意味しています。それは自分の全人格が他者や現世界とつながることができたと感じることです。

『創造のダイナミクス』[17]のなかで示したように、創造的な人のパーソナリティは実にさまざまなので、彼ら全員がスキゾイド・パーソナリティというわけではありませんし、創造活動すべてが現実生活からの退却を意味しているわけでもありません。とはいえ、もし創造活動に必要な才能に恵まれていれば、ある種のスキゾイド・パーソナリティの人にとって、創造活動はとくべつ魅力的に映るでしょう。なぜならそれは一人で実践できるものなので、ほかの人の監視に弱気になったり萎縮したりせず、自分の思考や空想をとことん探求できるからです。かりに自分の本が出版されたり、自分の絵が展示されたりすれば、その評価にはおそらく人一倍敏感になるでしょう。なぜならそうした作品には彼らの内的世界、すなわち「本当の自己」の一部が表れているに違いないからです。とはいえ作品上に表れるのは、「本当の自己」の選び出された一部にすぎず、決してそのすべてではありません。しかもできるだけ多くの人に受け入れてもらえるよう、作品は十分練り上げられているはずです。

創造的な人たちの多くは、「制作中の作品」にとても気を遣うため、作品がきちんと完成するまではそれを誰かに話したり見せたりしないでしょう。自発的に生み出した作品であっても、自らの厳しい批評眼に絶えうるまでは誰にも見せることができないのです。こうした自発性の回避は、スキゾイド・パーソナリティの適応様式の際だった特徴の一つです。創造的な人たちのなかには、ニュートンのように自分の発見や作品をあえて公表しない人や、作品を完成できないことをあえて公言する人もいます。ちなみにニュートンは自分の発見が誰かほかの人に盗まれることを恐れていました。また作品を完成できない人は、一般的にほかの人から批判されるのを恐れています。さらにはフェアバーンが指摘するように、作品をいったん完成させてしまうと、もはやそれに何の重要性も感じないという人もいます。フェアバーンはある芸術家の事例を引用しています。

彼はいったん絵を描きあげてしまうと、自分の絵にはもう何の興味も示さなくなるのであった。そして完成された絵は、そのつねとして、アトリエの隅の方に無造作に放り出されるか、たんなる売却用の商品として扱われるかのどちらかであった。[18]

とはいえ、心理療法家のもとを訪れるスキゾイド患者の大半は、自分の空想くらいしか創造的能力を持ち合わせていません。治療者の仕事は、まず患者に孤独を気付かせることであり、次にその孤独を維持している防衛はもはや必要ないという信頼を患者から勝ち得ることです。初めのうち治療者は、知性化とも思える方法によって患者と関係を結ぶ必要があることをしばしば感じるでしょう。なぜならスキゾイド患者は、自分の情緒にじかに触れるようなアプローチを取られると、容易に脅えてしまうせいです。教養のある患者なら、しばしば文学などの芸術への興味を話題に出してくるでしょう。なぜなら芸術の話題は、直接人と関わらなくても情緒的な表現ができる機会となるからです。ですので、そうした患者にはどんな本が好きか、どんな音楽が好きか、どんな絵が好きかといったことを尋ねてみるとよいでしょう。こうした探索を通じて、患者は治療者と情緒的経験を分かち合うことができ、「治療が進んでも安全だ」というある種の基盤が形作られるのです。

治療者は、患者が治療的にすぐさま反応しないからといって落胆しないことが肝心です。こうした深く混乱した患者の治療は得てしてゆっくりと進みます。とはいえ、当初患者が認めていたことや気付いていたことよりも、はるかに多くのことが心理療法で得られることはよくあります。かりに何年もの間、できるだけ他者に頼らず適応を図ってきたとしたら、他者への欲求を認めることは決して簡単ではないはずです。スキゾイド患者にとって一番難しいのは優越感の空想を手放すことです。実際それをきちんと手放すことはできないかもしれません。なぜなら何年もの間、自分の自尊心はその優越感だけを当てにしてきたからです。そうしたことは、明らかな精神病患者の事例を見るとはっきりとわかります。統合失調症者と妄想のことを話し合えないのは、妄想の維持こそが患者の自己感の本質をなしているからです。たとえば、自分の生得権は邪悪な迫害者によって長らく剥奪されてきた、という信念が自尊心を支える唯一の源泉だったとしたら、そうした信念をほかの人と話し合う余地はどこにもないでしょう。彼らがほかの人から本当に気遣われていると思えるようになるのは、こうした優越感の空想を手放すことができたときです。つまり、権力よりも愛情のほうが自分の自尊心にとってよりよい源泉になると気付いたときなのです。

統合失調症者の妄想は当人だけのもので、ほかの誰とも共有されていませんが、そのことが狂気と呼ばれるゆえんなのかもしれません。一方、そうした狂気とほとんど変わらない奇妙な信念が、少人数の集団内で共有されていることがあります。しかもその集団内の精神病理は、秘儀的な信念と優越感の空想が互いに結びつき、しばしばスキゾイド的と思われることがあります。周囲から隔離された孤立した環境は、奇妙な信念を持つセクトにとって魅力的です。なぜなら、そうしたセクトが広めている信念体系は人生の問題を理解できることを確約しているからで、また、そうしたセクトの一員であることは一般の人たち以上に人生を洞察できることを暗示しているからです。このように言うと、ある特定のセクトを指して言っているのではないかと不愉快に感じられた読者がいるかもしれません。ですが私がどうしても言っておきたいのは、ある精神分析家の集団がこうした説明にそっくり当てはまるということです。ある特定の分析だけが人間を理解する真の鍵であって、それゆえ完全な分析、もしくは十分な分析というものが存在し、そうした道に進まない者は外の暗闇に葬り去られてしまう、と信じている分析家がいまだ存在しているのです。こうした分析家は、私が第五章「解釈」で取り上げた医師の姿とも重なります。つまり、患者と適切なラポールを築くことができず、人間性を強固な教義からしか理解できない治療者の姿です。

スキゾイド患者（ただし、明らかな精神病症状を呈する人は除く）は心理療法家に大いなる挑戦を挑んでいます。ですが私にしてみれば、心理療法家のもとへ相談に訪れるあらゆる人たちのなかで、彼らほど興味深い人たちはいませんし、彼らほど人間性の複雑さについて教えてくれる人たちはいないと思います。

第四部

心理療法の治癒、心理療法家のパーソナリティ、趣味

第十三章　治癒、終結、成果

❖心理療法における治癒とは

医療の実践において治療が終結したといえるのは、患者が治癒したときか、医師が患者の病気を最大限和らげることができたと判断したときです。糖尿病、喘息、さまざまな心臓病といった疾患の場合、治癒というよりも緩和とコントロールに目標が置かれるため、その治療は限りなく続くかもしれません。

心理療法の実践では、すぐさまきれいに治癒する事例もあります。たとえば、ある種のインポテンスを訴える男性の事例や、苦痛で恥ずかしい体験に悩まされながらもなかなかそれに直面できないといった事例です。たとえば、私の覚えているものに、たった一回の心理療法のセッションで不安症状が消えてしまった男性の事例があります。その患者は、戦時中ナチスに追われていたせいで、両親をヨーロッパ大陸に残したまま、自分だけイギリスに亡命を図ったのだそうです。患者はそのことを私に告白して大いに安堵しました。それから数週間後に行ったフォロー・アップ面接でも、症状は再発していませんでした。

精神分析の初期の頃は、どんな神経症症状であっても、症状の由来がつきとめられ、その由来に結び付いた情動が想起され徹底操作されたなら、それほど手こずらずに消失すると考えられていました。フロイトは、ブロイアーとともに執筆した『ヒステリー研究』の冒頭で、このように述べています。

すなわちわれわれは、誘因となる事象の回復を完全な明白さで呼び起こし、それによってこれに随伴していた感動をも呼びさますことに成功し、その上で患者が自らその事象をできるだけ精細に述べ、その感動に言葉を与えるようにすれば、個々のヒステリー症状はたちどころに消滅し二度とは起こるものではない、ということを発見したのであったが、発見の当初はひどく驚いたものであった。(1)

これと同じ説明が、後に強迫症状にも適用されました。『フロイト著作集（標準版）』の第三巻には、次の若い女性の事例が取り上げられています。

尿失禁への強迫的な怖れのために、周囲からすっかり孤絶していた若い女性。何度も排尿してからでないと、自分の部屋から出たり、客人をもてなすことができずにいた。自分の部屋にいるときや、完全な休息時には、怖れは感じなかった。復元された無意識‐尿失禁への強迫は、実は誘惑や不信に基づく強迫だったのである。彼女が不信を抱いていたのは、自分の膀胱に対してではなく、恋の衝動に自分がどれだけ抵抗できるかということに対してだった。彼女は、かつて劇場で、ある男性を見かけて素敵だと思い、恋心を抱いたことがあったが、それは（女性の不随意の遺精においてつねにそうであるように）尿意を伴うものだった。彼女は劇場を出ていかざるをえず、そのとき以来、同じ感覚を抱くことへの恐怖にとらわれていたが、そこでは尿意が恋心の代理をしていたのだった。この女性は全快した。(2)

かりにあらゆる神経症症状がこのようにはっきりして、しかもその由来をたやすく特定化できるのであれば、心理療法は実際よりも単純なものになるでしょうし、その治癒ももっとはっきりしたものになるでしょう。もちろんこの若い女性にはまだ不明な点がたくさん残っていますが、彼女の症状は、まるで感染をもたらしたバクテリアが抗生物質によって除去されるのと同じように、外部の視点から合理的に検討され、心理療法を受けることによって除去されたのです。そうした場合、治療者は症状を「治療する」と言って差し支えないでしょう。また治療を終結するにあたって、治療者に何ら迷いも生じなければ、何ら難しさを感じることもないでしょう。

なるほど、行動療法家なら神経症症状を情緒が抑圧された結果とはみなさず、不適応的な習慣が学習された結果とみなします。とはいえ、神経症症状に対するフロイトの態度と行動療法家の態度はさほど違いません。なぜなら双方が願っているのは、あらゆる神経症症状は患者のパーソナリティと直接結びついておらず、そのため行動上の技法によって除去できるということだからです。それゆえ、患者を全人的に理解し、患者と関係を築くことを必要とはみなさないのです。しかし、こうしたフロイトや行動療法家の当初の期待はいまだかなえられていません。そして興味深いことに、双方の出発点は違っているにもかかわらず、行動療法家はその後フロイトが通った道と同じ道を辿っています。

まもなくフロイトが発見したのは、神経症症状は、ある特定の時期にある特定の由来を持った抑圧された情緒に、いつも単純に還元されるわけではないということでした。神経症症状の大部分は、患者のパーソナリティ、人生への態度、そしてしばしば親しい対人関係と密接に結びついているので、患者のパーソナリティや患者に影響を与える人たちを考慮に入れなくてはならないのです。フロイトが催眠の代わりに自由連想法を用いるようになったのは、ある特定の症状よりも、患者のパーソナリティ全体に強調点を置くようになったためでした。患者はセッションの間、主導権を握り、隠しごとや話題の選り好みをせず、頭に浮かんでくることすべてを話すよう治療者から勧められます。そうすると患者は、たとえ今は重要な、悩まされている症状のことで頭が一杯だとしても、それだけに話を限定できず、自らの野心、目標、対人関係、趣味、願望、恐怖、達成、失望といったことも話さざるをえなくなります。要するに、患者を一人の人間として成り立たせていて、一人の独自な人間として特徴づけているすべてを話さなくてはならなくなるのです。

フロイトとブロイラーが「談話療法」を創始したときは、ヒステリー患者を対象としていました。しかしその後、精神分析がそれ以外の患者にも広く適用されるにつれ、多くの患者はある特定の神経症症状を治すというよりも、むしろ自分の性格特徴を考えるために精神分析を求めるようになりました。この理由の一つには、分析家が長期間の分析を必要とする人を治療するようになったことがあります。しばしば忘れられがちなのは、精神分析の初期の頃は治療期間が短かったということで、今日の行動療法プログラムより短いこともありました。フロイトは『精神分析入門』のなかでこう述べています。

……………

性格障害の分析もまた長い治療期間を要するが、しかしこれは効果てきめんであることがよくある。このような課題にたとえ手をつけることだけでもできるような治療法は、精神分析以外にはたしてあるだろうか。(3)

今日、心理療法を求める患者の多くが苦しんでいるのは、ある特定の神経症ではなく、日常的な不満、対人関係の困難、仕事上の問題といったことです。事実、彼らはサースの言う「人生の問題」を抱えています。そのような人に対して心理療法家が目指すのは、ある特定の症状を除去することではなく、対人関係や人生一般に対する態度を変えることなのです。こうした変化は、私が思うに、熟練した治療者とのとくべつで専門的な、しかもきわめてパーソナルな関係を通してもたらされることがほとんどでしょう。こうした理由から、この本で私は一貫して神経症のタイプというよりも人間のタイプに強調点を置いてきたのです。

心理療法の主たる関心が症状から全人的なものへと変わってきたことは大きな成果に違いありません。ですが、その成果のなかには心理療法家自身もまだ十分評価していないことがあります。その一つは、後でもう一度述べますが、心理療法は科学的な営みとは異なるということです（もっとも、フロイトはそうした営みにしたかったようですが）。たしかに心理療法家は、患者にある程度客観性を保っておく必要がありますが、もし患者を理解しようとするなら、患者から影響を受けることを辞してはなりません。治療者が患者と相互的な関係を築くためには、たとえそれがとくべつな関係であっても、科学者が実験を行うときのような客観的態度ではいられなくなるのです。人を理解することは、物を理解することとは否応なく違います。物に対するのと同じように、人に対しても客観的態度を取ってしまうと、結局のところ人を理解することはできなくなってしまうのです。

❖心理療法の成果の査定

心理療法を通じて「治癒」や「改善」といった成果が得られることがありますが、そうした成果を査定するのはとても難しいことです。フロイトは、患者の恐怖症状が消失したのを見て、ためらうことなく「全快した」と言明しました。一方、患者の自信、有能感、満足感が増すことも、計り知れないほど大きな成果です。そうした成果を心理学者ご用達の質問紙によって査定する試みもいくらかなされていますが、きちんと評価するのは簡単なことではありません。

ほとんどの場合、患者の主訴となった症状は、患者のパーソナリティ全体と密接に結びついているので、余計なものとみなすことはできません。ですが一般的には、心理療法過程が進むにつれ、さほど重要なものではなくなってきます。ある姿として始まった心理療法は、臨床家がその変化を十分認めることのないまま別の姿へと変わっていくのです。心理療法の最中に患者の症状が消失することもあります。たとえば、過剰な不安による緊張、抑うつ、無力感、集中困難、根気のなさ、さまざまな対人関係の問題といったことです。もちろんそうした症状が消失したり緩和したのは、私たちの努力の賜物でしょう。しかし、おそらくもっと重要なことと比べると副次的なことにすぎないと私には思われます。それはあらゆるさまざまな心理療法の中核的な特徴の一つですが、いざ説明しようとすると難しいことです。要するに「改善すること」や「良くなること」は、症状の消失とあまり関係していないか、あるいはひょっとするとまったく関係していないかもしれないのです。

このことを説明するために、私は自分の臨床例を取り上げてみたいと思います。二十五年も前に担当していたある男性患者から、あるとき一通の手紙を受け取りました。その手紙には、もう一度会ってくれないだろうか、もしそれが無理でも、自分の娘の治療に関する助言だけでもしてくれないだろうか、といった要望が書かれてありました。彼は自分がすでに治療者に忘れられているものと思い込んでいました。そして手紙には次のようなことが書かれていました。「私が患者だった半年の間、先生は私の苦悩に耳を傾けてくれました。そのおかげで、私のその後の生き方は大きく変わりました。それだけは断言できます。服装倒錯はまだ治っていませんが、人生の生き方や対人関係はずいぶんと変わりました。そのことにとても感謝しています。私の人生のなかで、先生のことは一度たりとも忘れたことはありません」。

ある視点から見ると、この患者の治療は失敗だったと言えるかもしれません。主たる症状や当初の主訴はいまだ治っていないからです。ですが、彼は短期間の心理療法から大変価値あることを手にしたに違いない、と私は考えています。自分の治療体験を良かったと思っていなければ、治療が終わってから二十五年も経って、自分の娘に会ってほしいと心理療法家に手紙を送ることなどわざわざしないからです。

そうした患者は、もし今日の治療を受ければ、行動療法家のもとへ紹介されるかもしれません。性倒錯行為に不快刺激を随伴させることによって症状を消去しようとする試み——すなわち嫌悪療法[*1]——は、当初期待されていたほど効果的ではありませんでした。かりに性倒錯行為を扱わず、正常な性行為を強化させる行動プログラムを実施するとすれば、ある程度効果的なのかもしれません。つまり、妻との性的関係が改善されるならば、患者は別の利益を手にするのかもしれないのです。たとえば、自分のことを以前よりも受け入れられるようになるかもしれませんし、ほかの男性と対等にいられるようになるかもしれません。ですが、もし症状のみに限定した行動療法アプローチが採用されるならば、患者は心理療法で得られるはずの何かを手に入れずじまいになるのではないでしょうか。

この問いに答えるのは難しいことです。ですが、服装倒錯をたんなる学習上の不適応的習慣ではないと理解することが重要だ、と私は考えています。それはきわめて複雑な強迫行為です。というのも、第一に性行為に対する嫌悪もしくは恐怖があり、第二に男性性の自信の欠如や男性アイデンティティの確立の失敗があり、第三にマゾヒズムがしばしば見られるからです。先に述べた患者の父親は、頼りない人で、いつも母親の尻に敷かれていました。患者が母親に同一化して女装をするのは、逆説的ですが、自分のことをより男性らしく感じることができるからなのです。自分の強迫行為にそうした心理過程が働いていると患者はいくらか理解するようになりましたが、症状自体は消失しませんでした。しかし少なくとも症状の意味はわかるようになったので、結果的に馬鹿らしいものと思わなくなりました。そして恥の感覚が弱まるにつれて、しだいに自信がつきはじめ、対人関係も良好になっていったのです。

とはいえ、症状の精神病理学的な理解だけが心理療法の成果ではありません。先に引用した手紙のなかで最も大事なのは、「人生の生き方や対人関係はずいぶん変わりました」という箇所です。このような成果は、心理療法の期間を通じて得た、ある種のパーソナルな人間関係なしには獲得されなかったのではないか、と私には思わ

＊1　嫌悪療法 aversion therapy 患者が自分自身では制御できないと無力感を抱いている行動に対し、有害刺激を組織的に提示してその行動の減少または除去をはかる治療法。行動療法における古典的条件づけ技法の一つ。治療目標行動としての嗜癖・耽溺行動にはスリ行為、放火、性行動異常、アルコール中毒、ギャンブル狂、摂食異常、書痙、喫煙などがある。

ざるを得ないのです。

医療の実践では患者のさまざまな主訴に応じて治療法が選択されます。心理療法家がしばしば批判されるのは、神経症患者に対して、その主訴にかかわらず同じ治療を行うためです。現在、ある種の神経症症状には行動療法などの技法が選ばれるようになっているため、こうした批判を受けるのもある意味やむをえないかもしれません。ところが、実際そうした批判は思いのほか多くないのです。なぜなら、心理療法を求め、それに反応する患者は、たとえその精神病理が一人ひとり異なっていても、共通する点が多いからです。

第一に、彼らは自分のことを理解していません。第二に、彼らは自分自身の一部を受けいれていません。この二つの特徴は、同じ現象を別々の側面から見たものかもしれません。たとえば、たえずほかの人に打ち負かされることに苦しんでいる愚痴の多い人は、発達早期に自らの主張的、攻撃的な面を抑えつけたことに気付かず、自らの攻撃的な面を受け入れがたく感じているのかもしれません。なるほど、彼らは自身のそうした面にすでに気付いていて、ほかの人を強欲だとか利己主義だと、ただ嘆いているだけなのかもしれません。とはいえ、理解していないことは受け入れられないこともまた事実です。たしかに自己受容を促す方法の一つはほかの人から受容されることですが、まずは自分自身を受容し理解しない限り、自分を変えることは難しいのです。自分のあり方を認めようとしないで、いったいどうやって自分を変えることができるのでしょうか。

たとえばスキゾイド・パーソナリティの人なら、自分の優越感の裏側に「一人の脅えた子ども」がいることを認めなくてはなりません。そうした自分のあり方を認めないで、いったいどうやって恐怖心を克服することができるのでしょうか。さらに言えば、外的世界にいる脅えた子どもとの接し方を学ぶように、内的世界にいる子どもにもまた、その接し方を学ばなくてはならないのです。患者の多くは現実の自分の子どもよりも自分の内なる子どもにいっそう厳しく接します（もっとも、その両方に厳しく接する人もいますが）。いじめを受けて得られるものはほんのわずかしかありません。登校拒否の子どもを叩いて登校させるというやり方は、しばらくはうまくいくかもしれませんが、そのうち子どもはずる休みをしたり病気になったりするでしょう。というのも、子どもの恐怖が吟味され理解されない限り、そうしたことは再び登校しない口実となりうるからです。

人の心を詳しく、そして深く理解することが求められる心理療法家は、「精神病理学」と呼ばれる知識を習得しておくことが必要です。ここでは仕方なくそう呼んでいますが、できればこの用語は使わないほうがいいと私は思っています。この用語が使われだしたのは、明らかな神経症症状に苦しむ人の相談を受けていた頃の時代です。もっと言えば、そうした事例ですらこの用語を使うのが適切かどうか、私にはあまり確信が持てません。はたして過去に一度も神経症症状を示したことのない人などいるのでしょうか。さまざまな防衛を使わずに生きてゆける人など誰一人としていません。それに、いわばパーソナリティ自体が「防衛」の産物なので、この用語はふさわしくないのです。この本で私が主に言おうとしているのは、「精神病理学」の原因についてではなく、その記述についてです。なるほど私自身、幼少期の養育環境が後の人格発達にある深い影響を与えると思っていますし、この本のなかで幼少期の影響という観点から成人の人格がどのように形成されるのかあえて説明している箇所もあります。しかしそうした説明は、人の心を理解するのにさほど重要ではないのです。

たとえば私が仮定したのは、「抑うつパーソナリティ」の主たる最も重要な特徴とは、自尊心が欠落しているということでした。また私が示唆したのは、自尊心が適切に備わっているかどうかは、幼少期に両親から認めてもらったと感じているかどうかにかかっているということでした。かりにこの説明が間違っていたとしましょう。この由来の説明に説得力がなかったとしても、抑うつパーソナリティの人は自尊心がきわめて低く、人生の逆境に打たれ弱いという説明は、あながち間違っていません。先に述べたように、フロイトは精神分析を実践し始めた頃、ある特定の症状の由来をたどり、過去のある時点に起きた外傷的出来事を見出すことに関心を向けました。たしかにトラウマ神経症やある種のヒステリー症状の事例のなかには、そうした手続きがふさわしいものもあるかもしれません。しかし私の考えでは、今日心理療法を求める患者の問題を理解するにはふさわしくないのです。

強迫パーソナリティの章で述べたように、几帳面さや潔癖さといった患者の気質が、苛酷なトイレット・トレーニングに由来しているかどうかはさほど重要なことではありません。几帳面さや潔癖さによって自分を守っていること、そしてその不安を心理療法家が理解していることが重要なのです。

患者を理解する際に、患者がこれまでどのような人生を送ってきたのか、どういう幼少期を過ごしてきたのか、といったことを治療者は理解する必要があります。どんな相手であれ、親密な間柄になろうとするなら、たいていはその人の背景を詳しく知ろうとするでしょう。どこで生まれたのか、どのような家庭で育ったのか、どういう幼少期を過ごしたのか。実際そうしたことをまったく知らずに、相手と親密な間柄になるのははなはだ難しいと思います。もっとも、その人の幼少期を理解することは、幼少期の出来事によって大人のパーソナリティがすべて形作られたのだと頭から決め込むことではありません。というのも、重要な出来事かどうかの選択は、パーソナリティの遺伝的規定によってすでに決められているかもしれないからです。ライクロフトが論文「現実原則の彼岸」(4)のなかで指摘したように、フロイトは赤ん坊をまったく受動的な存在とみなして、それゆえ外的世界の力にはまったく無力だと考えていました。しかし母親なら誰でも知っているように、赤ん坊は一人ひとりまるで違いますし、また赤ん坊が母親に適応する過程というのは、母子とともに参与する、ある種の能動的な過程なのです。

患者のなかには悲惨な幼少期を過ごしてきた人もいます。たしかに彼らが大人になってから抱える問題は幼少期の経験と無関係だとは考えられません。しかし私が指摘しておきたいのは、そうした経験が外傷的になる子どももいれば、外傷的にならない子どももいるということです。また私が拭い去っておきたいのは、心理療法の目的とは外傷的出来事という宝物を探し出すことだという考え方です。なるほどある種のヒステリー症状は、フロイトの言葉を繰り返すなら、「誘因となる事象の回復を完全な明白さで呼び起こし、それによってこれに随伴していた感動をも呼びさますことに成功」(5)すれば、たちどころに消失し、すっかり治ってしまうのかもしれません。

しかし、現代のほとんどの患者が抱いている、日常的な不満や対人関係の困難といった問題には何ら改善をもたらさないのです。

❖心理療法によってどのような点が改善するのか

そうした患者はいったいどうすれば改善するのでしょうか。まず転移の章で述べたように、治療者との関係を変えるという方法があります。治療者は患者と出会った瞬間から、患者が自分にどのような態度を向けるのか注意しておかなくてはなりません。患者は脅えているだろうか、怖れおののいているだろうか、媚びへつらっているだろうか、誘惑的だろうか、軽蔑的だろうか、依存的だろうか、防衛的だろうか、と。患者自身「今ここ」でそうした治療者への態度に気付くようになると、そのような態度のあり方がいかに対人関係の問題と関係しているかといったことに気づくようになります。そうした習慣的態度はこれまでずっと適切だったのかもしれませんし、さらには幼少期、つまり自分自身を初めて示したときにそうした態度しか取れなかったせいで、これまで不適切ながらもずっと貫き通してきたのかもしれません。患者がこうしたことに「今ここ」で気付くようになると、まず治療者への態度が変わり、次にほかの人への態度が変わるようになります。

第二に、患者は自らの「精神病理」に、あるいは私の好きな呼び方をするならば、自らの「心理」に気付くようになります。自分自身をよりよく理解し洞察することは、実際、対人関係上の幸せや悩みに影響を与えるのでしょうか。その通り。ある意味そうしたことに影響を与えます。先に述べたように、患者は自己受容できるようになると、一般的な症状の多くは消えていくか、少なくともその苦痛は和らいでいきます。患者は治療者に受容されることによって自己受容が進み、これまで受け入れられなかった苦悩の感情を解き放つのです。とはいえ一方で、心理療法によって患者の基本的な人格構造まで変えることはできないという事実にも直面します。熟達した分析家は何年にも及ぶ分析を通して被分析者の根本的な「精神病理」をすっかり治してしまう、といった見解に確たる証拠があると私には思えません。分析家は元来それができることを目指しているので、なかにはそうしたことができると誤解している人さえいます。ですがほとんどの分析家なら、たとえば抑うつの気質や強迫、スキゾイドの防衛といったものを取り除くことはできないと潔く認めるでしょう。ただし患者が、自らのパーソナリティの基本構造を理解したり統制したり利用したりすることはできます。易々とは変えられないパーソナリティ特性であっても、それを理解することはとても重要だ、と私は思っています。

神経症とは、ある特定の精神病理を抱えている事態というより、そうした精神病理に脅かされている事態か、あるいはそうした精神病理をうまく利用できないでいる事態だ、と私は考えています。私たちはみな、程度の違いこそあれ、患者と似たような精神病理を抱えています。かりにそうした精神病理を持ち合わせていなければ、患者を理解することなどできないでしょう。だからといって、私たちはふだん精神病理に脅かされているわけでも混乱しているわけでもありません。私たちがときおり忘れてしまうのは、「神経症とは、おわかりの通り、自我の障害である」(5)というフロイトの説明です。また、精神分析のバイブル『神経症の精神分析理論』を書いたフェニケル*2は、「あらゆる神経症的現象は通常の心的装置の統制の不具合に基づいている」(6)と述べています。

心理療法が成功するかどうかは、私が思うに、患者がもはや自らの精神病理——いまだそう呼ばなくてはならないのが残念ですが——の犠牲にならず、それを自らの性質として受け入れ、創造的に生かすことができるかどうかにかかっています。治療者は患者を理解することによって、患者がそれまで見てこなかった面や受けいれてこなかった面を映し返してやること、つまりある種の「鏡」のごとく振舞うことができます。「自ら患者に模倣のモデルを示す」と行動療法家が好んで表現するように、「自ら患者に自我を差しだす」と治療者が言われるのも一理あるのです。誰しも恐ろしくて不慣れな課題を目の前につきつけられたならば、すでに同じ課題に取り組んでいる人に助けを求めるようとするでしょう。治療を求める患者は目の前につきつけられた問題に混乱しています。そうした問題に精通、理解し、正面から取り組んでいる治療者の姿を見ることによって、患者は自分自身の問題に近づく勇気をもらえるのです。いかなる心理療法であっても、こうした暗示の効果を取り除くことはできませんし、また取り除くべきでもありません。とはいえ、こうした間接的な暗示は治療者の自信ある態度からしか伝えられないものなので、催眠などで用いられる意図的な暗示とはまるで違います。催眠などでは患者を子どもの立場に置かせることによって、患者自身の不適切な感覚を強めてしまうのです。

こうした心理療法の性質は、精神分析の先駆者たちが当初提起していた治癒の概念に対して真っ向から異議を唱えています。なぜなら精神分析家の考えていた治癒とは、患者の防衛を突破し、抑圧された素材を意識化させることによって、あらゆる神経症症状を除去し、患者を「正常」と呼ばれる状態にまで回復させることだったからです。

❖心理療法の成果——変化と発展

私が教わっていた先生の一人であるエマニュエル・ミラー先生は、正常な人のことをよく「一番の穴馬《ベリー・ダーク・ホース》」と呼んでいました。私ならさしずめ「神話上の馬《ミスィカル・ワン》」と呼ぶでしょう。それは、「成熟した情緒」、「統合」、「自己実現」、「十分な生殖性」と呼べるだけの完全な状態か、さもなければ「成熟した対象関係」を達成した状態にあります。これらの言葉はすべて私たちが目指している正当な目標を示していますが、その目標には決してたどりつけませ

＊2　フェニケル Fenichel, Otto（1897-1946）オーストリアからアメリカに移住した精神分析家。精神分析の歴史の中で、フロイトを補いながらフロイトを継承した偉大な貢献をした人として有名。『神経症の精神分析理論』（一九四五）は、数多くの精神分析理論を体系化し、精神分析の百科事典とも称されていて、今日でも精神分析の教科書として必読書の一つとなっている。

ん。もし私たちが神話の世界に住めないのであれば、心理療法の途中や終結の段階で、改善した点や良くなった点について実際どのように定義すればいいのでしょうか。興味深いことに、そうした見解については心理療法のアプローチが異なったとしてもかなりの合意が得られています。

たとえば、かつてユングがよく言っていたのは、分析の対象となるのは人生に行き詰っている人であって、分析の目標はそうした人を再び動かすことだということでした。

私の事例の大半は意識のエネルギー源が底をついてしまっている。これに当たる日常英語は「行き詰っている《スタック》」である。（中略）私の目的は、ある心の状態をもたらす働きであって、その状態になると私の患者は自分の存在をかけて実験を始める。そうなると、もはや永遠に固定化した、絶望的なまでに硬直化した状態にはない。すなわちそれは、流動性、変化、成長の状態なのである。(7)

これは、「クライエントは過程、流動性、変化を生きることによって、より開放的になっていくように思われる(8)」というカール・ロジャーズ[*3]の説明と非常によく似ています。またロジャーズは、キルケゴール[*4]の言葉、「一個の存在している個人はつねに生成していく過程のうちにある。（中略）自分のすべての思考を過程の言葉に翻訳する(8)」を引用しています。キルケゴールが気付いていたように、こうした説明は作家や創造的な人にもあてはまります。彼らが作品を通して示しているのは、つねに変化や発展をしているということや、決して目標にはたどりつけないけれどつねに何か新しいことに挑戦しているということです。なるほど、創造的な人はとくべつな技術を有しているという点で一般の人と異なりますし、そのおかげで作品を通じて生成過程を示すことができるのかもしれません。しかし、こうした変化や発展の過程は、神経症者や精神病者を除けばどんな人にでも起こりうる、と私には思われるのです。過去や幼い頃に培われた固定観念に縛られず、将来へ希望を持って旅立つことは、

自らの精神病理を取り除くのではなく、新たに作り替え、うまく生かすことができることを意味しているのです。

心理療法が成功したときに生じる別の変化として、患者が以前よりも自分自身の判断に自信が持てるようになることがあります。アメリカの精神分析家トーマス・サースは、「自己と他者に関する知識が向上し、それに伴って行動上の選択の自由が拡大すること[9]」が精神分析的治療の目標だと定義しました。とりわけ彼が主張しているのは、治療者は患者に助言を与えるべきではなく、患者の自発性を妨げるようなことは一切してはならないということです。実際、彼は自らの精神分析を「自発的心理療法」と標榜しました。ロジャーズも、改善するクライエントは「自分自身であるところの過程をますます信頼し価値づけるようになる[10]」と述べています。抑うつ的で依存的な人に見られる大きな特徴は、自分の判断よりもほかの人の判断に価値を置くことです。こうした理由から、治療者はそうした患者に対して、直接的に助言を与えたり指導したりするのではなく、患者自らが答えを見つけるよう援助するという態度をつねに保っておかなくてはなりません。自分の思考や感情が自分の信頼できる指針だと患者が実感できれば、たとえほかの人からそう見なされなくても、ある意味でそれは成長した証なのです。

スキゾイド・パーソナリティの章で私は、ウィニコットによって創案され、レインによって拡張された「偽り

＊3　ロジャーズ Rogers, Carl Ransom（1902–1987）アメリカの心理学者・カウンセラー。来談者中心療法（初期には非指示的カウンセリングと呼ばれた一時期もあった。その後、一つの発展形態として体験療法も登場してきた）の創始者として特に高名。その生い立ちや職業上の経験から、とりわけ自分自身の直接経験にもっとも重きを置き、心から納得のゆくもの、統合したものだけを自らの理論として発表した。

＊4　キルケゴール Kierkegaad, Søren Aabye（1813–1855）デンマークの哲学者。合理主義的なヘーゲル的弁証法に反対し、人生の最深の意味を世界と神、現実と理想、信と知との絶対的対立のうちに見、個的実存を重視、後の実存哲学と弁証法神学とに大きな影響を与えた。

の自己」という概念を引用しました。こうした特定の防衛様式が必要なくなることも良い変化の一つに違いありません。また興味深いことに、カール・ロジャーズも、患者が「みせかけのものから離れて」改善することを、「偽りの自己」と同じような概念を用いて説明しています(11)。

精神分析家フェアバーンは、ある興味深い論文のなかで、「閉鎖系システムのような、患者の内的世界の維持(12)」こそがあらゆる抵抗のなかで最も大きいことを指摘しています。つまり彼が強調しているのは、外的世界で現実の人と満足のいく関係を結ぶのをあきらめてしまい、それゆえ（幼少期に由来した）現実の代わりをなす空想上の関係にしがみついてしまっている患者が、かなり大勢いるようだということです。フェアバーンはまた、レインと似た事例を取り上げています。レインは、自分の妻と性交する姿を想像しないと実際に妻と性交できない男性患者を取り上げていましたが、一方でフェアバーンは、自分の空想に浸らないと実際に夫と性交できない女性患者を取り上げています。フェアバーンによると、その女性の空想は自分の父親との幼児的な性的関係を表していました。つまりその女性は、現実の男性と自由で対等な関係を結ぶことができず、幼少期早期に由来する先入観に縛られてしまっていたのです。フェアバーンの考えによると、ここでの分析家の仕事は、患者の内的世界に入り込み、それを現実に近付けてやることでした。ロジャーズも、これと似たような概念をまさしく言い表しています。ロジャーズによると、クライエントが変化しはじめるのは、先入観によって世界を体験するのではなく、できるだけあるがままに世界を体験できるようになるとき、すなわち「経験に開かれる」ようになるときなのです。

私が思うに、あらゆるこうした定式化には、「変化や発展は人間という存在の一部をなしている」とか、「人は変化や発展をしていると感じるとき、満足のいく人生を送っている」といった、ある共通した考え方が見られます。神経症者は、不安や恐怖のせいで過去にしがみつこうとし、なすべき変化や発展をしようとしません。こうした治療観は、ある特定の原因を明らかにし、それを除去するという、病気の一種として神経症を治療する考え方とはまるで異なっています。私が気付いたのは、こうした治療観は創造的な人と驚くべき類似点があるということでした。これまで至るところで述べてきたように、私の患者には創造的な人が大勢いました。彼らは、壁にぶつかったり行き詰ったりしたときだけ私の治療を求めてきましたが、以前のように働けるようになれば、それですっかり良くなったのです。

❖心理療法の終結

心理療法が成功したときに生じる変化を厳密に説明したり評価することはできません。それゆえ、治療の終結の基準を厳密に定義することもまた難しいのです。これまでそうした基準のほとんどはあまりに理想的なものでした。ところが、ある分析家の掲げる目標だけは真実に近いと私には思われました。というのも、実際の精神分析的心理療法で起こっていることと非常に近かったからです。それは次に示すアニー・ライヒ[*5]の目標です。「患者が症状から解放され、何らかの職業に就き、現実に適応し、『大人の対象関係』を結び、自分自身の限界をわきまえる。これらができた暁にはそれで満足すべきである」[(13)]。私なら次のように言いかえてみるでしょう。「先に述べた服装倒錯の事例のように、たとえ症状が完全に消失しなくても、それで満足すべきなのかもしれない」と。

私が実践を通してわかったのは、たとえ経験の浅い治療者であっても、「やれるだけのことはやりましたね。少なくとも人生のある地点までは」と、患者との間で納得のいく結論が出せるということです。理想を言えば、

＊5　ライヒ Reichi, Annie (1902-1971) ウィーン生まれのアメリカの精神分析家。一九二二年にウィーンでヴィルヘルム・ライヒと結婚し、一九三〇年にベルリンへ移住したが、一九三三年に離婚。その後、一九三八年、トーマス・ルービンシュタインと結婚し、アメリカへ移住し、精神分析活動を行う。

自分はいったい何者なのか、自分の成長にはいったい何が役に立つのかといったことを理解するようになるまで、あるいは、ほかの人と同じように日常生活の課題に取り組み、対等な人間関係が築けるようになるまで、患者と心理療法を続けるべきなのかもしれません。とはいえ、実際の心理療法、とりわけ国民保健サービス下で行う心理療法は、しばしば期間や回数が限られています。

医師の場合、需要が供給を上回り、しかも職位や職場の異動がしばしばあるため、長期にわたって決まった患者を担当できないことがあります。とはいえ、およそ一年間、週一、二回の診察を行うことによって、実質的に大勢の患者を診ることはもちろん可能です。それに、とりわけ治療開始後数カ月で改善を示すような患者の場合、心理療法の回数にある種の制限を設けることも実際有効かもしれません（ただし、症状の緩和に限っての話ですが）。ジェローム・フランクの報告によると、ほとんどの患者には、治療開始直後に一般的な意味での安心感が生じていて、半年以内に症状の緩和が見られれば、その後もその状態はほぼ持続していました。また対人関係が改善した結果、以前に比べて社会的な有能さが増していること、そしてそれは一般的に治療者と関わる時間が多いほど増していることがわかりました(14)。こうした結果は、「心理療法の主たる関心は症状から全人的なものへと変わってきている」という先の私の説明と明らかに一致しています。別の言い方をすれば、今日の心理療法は分析的心理療法の種類によらず、転移体験を通じて対人関係を改善することに主たる関心が寄せられていて、そのために分析的心理療法の期間が長期化する傾向にあるのです。

こうしたことから、おそらく何年にも及ぶような、かなりの長期間の心理療法を要する患者は、そのほとんどが対人関係に一番の問題を抱えています。とくにそれが当てはまるのはスキゾイド患者です。また少数ながら、ひどく混乱したヒステリー患者もいます（フェアバーンが説明したように、その基底にはスキゾイド・パーソナリティがあることがたいてい明らかになります）。心理療法を自分の専門にしようとする治療者なら、ほかのどんな患者からよりも多くのことを学べるという理由から、ぜひともスキゾイド患者の治療を経験すべきです。

もっとも、患者の恐怖や疑惑を乗り越え、信頼にたる関係を築くためには、かなりの長期にわたって患者と直接関わることが必要とされるのは間違いありません。一方、国民保健サービス下でそうした十分な心理療法は提供できないという異議もあります。そうした意見に簡単には答えられませんが、ここで私が言えるのは、患者の要求に応えるため、自分の時間を大幅に割いてでも治療を行っている熱心な医師は決して少なくないということです（もっとも、経験の浅い治療者はスキゾイド患者を担当すべきではありませんが）。

「やれるだけのことはやった」という実感が、患者からも治療者からも湧いてくるかもしれません。おそらく患者は「もうこれ以上得られるものはないと思います」と切り出すでしょう。それに治療者が同意すれば、終結に向けた準備が始まります。あるいは、治療者のほうから「セッションをいったん終わりにしてみるのはどうですか」などと患者に尋ねて、治療の終結を視野に入れた働きかけを試しに行ってみる事例もあるかもしれません。ここで肝心なのは、たとえ終結に関してお互いの意見が一致していても、すぐさま終結にしてしまわないことです。つねに忘れてはならないのは、治療がとてもうまくいった場合、あるいはあまりうまくいかなかった場合であっても、患者にとってこれまで治療者と会ってきた期間はおそらくきわめて重要だろうということです。この本のなかで繰り返し述べてきたように、心理療法に匹敵するような状況はまずほかに見当たりません。自分のことを理解してもらい、十分受け入れてもらうという体験は人生で初めてだった、と患者は振り返るかもしれません。ですから、たとえ患者からとくに要望がなくても、終結までの重要な期間を縮めるべきではないのです。患者がセッションに通う頻度は、ほとんどの場合、週二回から一回、週一回から隔週一回、隔週一回から月一回と少しずつ減らしていきます。心理療法が二年以上続いている事例であれば、終結に向けて十分な作業をするために少なくとも半年は要します。ただし二年に満たない事例であれば、そこまで長い期間は要りません。

一般的に私は、治療が終結して半年後に、フォロー・アップ面接を設けるようにしています。それは、終結した後の患者の成長ぶりや暮らしぶりを知るという私自身の願望を満たしたい理由もありますし、私たちの築いてきた関係が職業上の限界はあるにせよ本物であることを確かめたいという理由もあります。かつてはとても親密な関係を築いていたのに、疎遠になったという理由だけで興味を失ってしまうのはあまりに冷たいのではないか、と私は考えています。

患者のなかには、治療が終わるのを心配する人もいますが、それは治療の終結が早すぎるのではないかと躊躇している何よりの証拠です。そうした患者は、終結後にフォロー・アップ面接に来ることを約束してくれないでしょう。おそらくそれは、ふたたび屈辱的な患者の立場に戻ってしまうのではないかとか、過去のことを思い出してしまうのではないかと考えるからなのでしょう。治療者にその後の自分の成長を知られたくないという患者の気持ちは、いわゆる「分析後の改善」と関係しているかもしれません。とりわけこうした現象が起きやすいのは、かつてはとても依存的だったけれど、心理療法の終結後に――患者自身も驚くべきことですが――予想を超えてはるかに自立的となった患者です。そうした患者は、たとえわずかな時間であっても、治療者とふたたび関わることによって、せっかく自ら手に入れた新たな自由が脅かされてしまうと感じてしまうのです。私はときおり、そうした患者から治療が終結して何年も経った後に手紙をもらいますが、その手紙には「近況を知らせて欲しい」という私の願い出に答えなかったことを詫びる文面が書かれてあります。

患者のなかには、心理療法をずっと続けたい、あるいはずっと続けられるだろうと思い込んでいる人もいます。経験豊かな治療者なら、患者が心理療法を続けたがっているのは、患者の依存性によるものか、あるいは別の理由によるものか見抜く技術を身につけています。心理療法の継続に治療者側の財政的な事情が絡んでいなければ、いっそうこの技術には磨きがかかります。心理療法を行っている間は、患者に直接助言を与えず、自分の問題を自力で答えさせようとするので、患者の依存性はたいてい弱まっていきます。通常、依存的な患者に対しては慎重に心理的に離乳をさせていくことが大事です。

先に述べたように、多くの患者は、治療者がいなくても自分が想像以上に有能なことに気づいて喜びます。ところが少数ですが、極度に自信を持てない患者もいます。彼らは自分自身の心のなかに治療者をうまく内在化させることができず、実際の治療者を求め続けるか、さもなければ治療者の代わりとなる人を求め続けます。なぜなら、外的世界にいる現実の人しか、いざというときに頼りにならないと思うせいです。こうした「慢性」患者は少なくとも一般の医療現場ではよく見かけます。私はそうした患者に対して、セッションの間隔を三カ月に一度、半年に一度、と少しずつ開けていくようにしています。彼らはそのセッションを頼みの綱にして、外的世界の支持者に頼らなくても、自分一人で何とかやっていくようになります。患者が「治療者を頼れる」と思うことは、「治療者を頼らなくてはならない」と思うこととは異なります。治療者にときおり会えるということが、治療者が存在し続けていて、自分に関心を持ち続けていることを保証するのです。

患者のなかには、強迫パーソナリティの患者のように、いつまでも治療に固執する人もいます。なぜなら彼らは、まだ心理療法には取り組むべき魅力的な探索が残されているとか、もし今以上に十分時間があれば魅惑的な発見と深遠な洞察が得られると思っているからです。「神経症患者は行き詰っている」とユングが述べたように、そうした患者は心理療法そのものに行き詰っています。心理療法を人生の代わりにしてしまうことは可能です。そうした罠に陥っているのは何も患者だけではありません。臨床実践をしているときしか生き生きした実感が得られない治療者もまた、そうした罠に陥っているのです。

❖効果的な心理療法の選択、心理療法に適した人の条件

先にも述べたように、心理療法の成果を査定するのはとても難しいことです。その理由の一つは心理療法の強調点が症状の改善から全人的な理解へと変わってきたためで、もう一つは患者の態度の変化を査定することがそもそも難しいためです。一九五〇年代にハンス・アイゼンクは、治療法に確かな根拠がないとして、精神分析と

そこから派生した心理療法を無価値だと激しく非難しました。その翌年には、「神経症者のうち約二年間で自然に寛解した人は、心理療法を受けて回復した人と同じくらいか、むしろそれよりも多い」といった調査結果を引用し、いっそう攻撃の手を強めました。しかし後になって、アイゼンクは調査結果を恣意的に解釈、操作していたのではないかと大いに疑問視されるようになったのです。[15] 少なくとも近年の確かな調査結果によると、彼の主張は明らかに間違っています。もし神経症に苦しんでいるなら、自分一人で抱え込んでやり過ごそうとするよりも、心理療法家に専門的援助を求めるほうがはるかに回復しやすいことがわかっています。さらに今後、心理査定の方法が洗練されれば、いっそう効果的な心理療法を選択できるようになるでしょう。ある著名な本の改訂版では、次のように述べられています。

旧版のハンドブックでは、どんな心理療法にもある程度肯定的な効果があると結論づけていた。しかし最新の知見から、もっと肯定的な効果があることがわかっている。これまでさまざまな心理療法の効果研究が数多く行われてきたが、そうした研究では、心理療法実施群が、心理療法非実施群、心理療法待機群、プラシーボ群、偽心理療法群と比較されていて、全般的に心理療法実施群に明らかな肯定的結果が得られている。言語的心理療法の実証的評価を広範な領域にわたって展望したところ、分別ある、安定した治療者が行う心理療法は、時間を費やす価値があるという結論に至っている。[16]

これと同じようなことが別の著名な本にも書かれています。

臨床家、治療体験のある患者、偏見を持たない観察者といった人たちの大半の意見は、次のようなものである。今日、私たちが情緒的な問題に取り組むためには、あるいは潜在的に備わる適応的、創造的な資源を開発……するためには、適切に制度化された心理療法を利用することがもっとも効果的である、と。[17]

心理療法を求める患者を査定する技術が高まれば、また心理療法に適さない患者へのほかの治療法が開発されれば、私たちの治療成果はこれまで以上に高くなるだろう、と私は考えています。心理療法が不幸だったのは、ある臨床家たちの間で見られる過剰な熱心さと、多くの精神科患者にとっての実りの薄さから、ときに心理療法が治療の最終手段の一つとして用いられてきたことです。こうしたことは、まだ今日でも見られます。心理療法を始めたばかりの頃は紹介されてくる患者の適否にとやかく言えないのが普通ですが、心理療法の適否を判断しようとせず、厄介な患者を押し付けてくる精神科コンサルタントには注意すべきです。事実、かさばったカルテ記録を開いてみると、あらゆる治療法が試されたことが書かれてあって、そうした問題が頻繁に起こっていることがわかります。そのようなことを行う精神科コンサルタントは、たいていの場合、心理療法の経験がほとんどなく、またその有効性も信じていません。

フロイトは初期の論文のなかで、精神分析に適していない患者の条件について、暫定的ながら次のように説明しています。

……………………………

病気に注目するあまり、その人が持つ、ほかの価値を見落としてはならない。ある程度の教養や一定の信頼にたる性格を持たない患者は断らなければならない。また、健康者でありながら何の役にも立たない人間もいる。そのように価値の低い人間の場合、そこに何らかの神経症の痕跡でも見つけたりすると、自らの生活能力のなさをすべて病気のせいにする傾向が、とかくありがちなことを忘れてはならない。[18]

フロイトはまた、私が第三章で触れたように、家族の命令で無理やり治療を受けさせられる患者も精神分析に適していないと述べています。さらに、重篤な食欲不振症など、危険な状態にある患者も適していないと指摘しています。

安全確実な道を行こうとするなら、われわれは治療の対象を、ある程度通常の精神状態にある人だけに限定しなければならない。精神分析療法ではそうしたことが病的徴候を統制しようとする際のよりどころとなるからである。精神病、錯乱状態、強度の気分変調（私はこれを中毒性の気分変調と言いたいのだが）を示す患者に精神分析療法を実施してみたところ、少なくとも今までは不適当だった。しかし、この方法に適切な修正が加えられれば、これらの不適応な諸条件もやがては克服され、やがては精神病の精神療法にも着手することができるようになるだろう。(18)

フロイトはまた、初期の論文のなかで、年齢が五十歳以上の患者の治療を断っています。しかし、この点に関してフロイトはあまりに悲観的だったと思います。なぜなら現在、中高年の大勢の人が心理療法に十分反応しているからです。(19)

かりにこうしたフロイトの当初の条件が遵守されていれば、分析的な心理療法の効果についてそれほど議論に上ってこなかっただろうと思います。ところが心理療法にあまりに熱心な人たちが、それに不向きな患者にまで適用しようとしたのです。心理療法にほとんど適さない精神病者や、どんな心理療法であってもめったに反応することのない精神病質者や犯罪者がそこに含まれていました。しばしば心理療法家のもとへ紹介されてくる性倒錯者ですら心理療法に適しているとは限りません。フェアバーンは、論文「性犯罪者の治療とリハビリテーション」（これは面白いけれど見逃されている論文(19)）のなかで、「神経症を特徴づける症状と同じような意味で、性倒錯の傾向を『症状』とみなす考えが精神科医の間で急速に広がっている」ことを嘆いています。これは、「神経症とは倒錯の陰画（ネガ）であり、神経症の症状は本質的に性格の防衛である」というフロイトの言及を指しています。さらにフェアバーンは、「性倒錯の傾向が神経症に現れた場合、人格の強力な部分を用いてそれを統制するよう抜本策を設けなくてはならない」とまで述べています。フェアバーンが明らかにしたのは、自分の衝動を統制できない性加害者のような人に個人心理療法は適していないということでした。フェアバーンの考えによれば、そうした人が求めているのは、治療というよりもむしろリハビリテーションなのです。リハビリテーションを通して、社会の行動規範を受け入れ、自分の衝動を二度と「行動化」しないようにし、そうすることによって将来の社会参加を目指すのです。フェアバーンが今も生きていたなら、性加害者の問題には行動療法的アプローチがふさわしいと考えるでしょう。[19]

心理療法にもっとも適しているのは、内気な人、恥ずかしがり屋の人、自己嫌悪を抱く人、断片的な人、あまりに依存的な人、あまりに支配的な人だと私には思われます。こうした人たちに比べると、自らの衝動を統制できず、情緒的葛藤をすぐに「行動化」する人たちの治療ははるかに難しくなるでしょう。過食、拒食、多飲水、チェーン・スモーキング、盗癖、向こう見ずな運転、性加害等の犯罪といった問題を抱える人は、個人心理療法には適していません。かわりに行動療法が不適切な行動を統制する望ましい機会を提供してくれます。それ以外は、閉じられた共同体のなかで長い時間をかけて社会化していくよりほかありません。もし私たちが心理療法の適用範囲を無理に広げてしまえば、心理療法に損害を与えることになります。私に言わせれば、それはこの上ない、取り返しのつかない損害です。

第十四章　心理療法家のパーソナリティ

❖心理療法に魅力を感じるパーソナリティ

個人心理療法は、患者と心理療法家の相互作用にかかっているので、心理療法家のパーソナリティもいくらか理解しようとしなくてはなりません。この章では、いったいどのような人が心理療法の実践に魅力を感じるのか、またそうした人がなぜ心理療法に魅力を感じるのか、といったことを考えてみたいと思います。さらに、心理療法の実践が治療者に与える効果や影響についても触れるつもりです。はたして心理療法という職業に魅力を感じる人が心理療法家に最もふさわしいのでしょうか。なかには心理療法に幻滅する人や、精神医学の道に進まないほうがいい人もいるのではないでしょうか。

とくべつな資質を要する職業に魅力を感じるパーソナリティ特性は当人にとって根深いものですが、それと同じように、心理療法に魅力を感じるパーソナリティ特性もまた当人にとって根深いものだ、と私は考えています。たとえば、店員、農家、牛乳配達員といった職業を選択する際、その人のパーソナリティ特性が重要になることはさほどありません。一方、芸術家、科学者、哲学者、聖職者といった職業を選択する際、たんなる偶然というよりも、ある特定の才能や特性をどれだけ持ち合わせているかによって決まることのほうが多いのです。これと同じことが心理療法家にも言える、と私は思っています。

さらに言えば、心理療法家に求められるパーソナリティ特性には「諸刃の剣」の面があります。たとえ良い治療者に求められるパーソナリティ特性であっても、ほかの領域に行けば不都合が生じるかもしれませんし、たとえ相談室のなかでふさわしい態度であっても、ほかの場面ではふさわしくないかもしれません。きわめて際立った気質というのは、いかなるものであれ、都合のいい部分だけでなく不都合な部分も持ち合わせています。多くの心理療法家が備えている気質というのも、その例外ではないのです。

一般の人たちは、概して心理療法家という職業を風変わりなものとみなしています。ほとんどの人たちは、悩みを抱えた人に共感する能力をそれほど持ち合わせていませんし、毎日、しかも一日中、ほかの人の悩みを聞き続けなくてはならないという状況を想像すらできません。ですから、心理療法家の立場を想像してみても、「きっと人一倍忍耐強いのだろう」とか、「すぐ絶望に屈してしまうのだろう」と思いがちなのです。一般の人たちからすると、心理療法家はその人自身が精神的に病んでいるか、もしくは凡人の域を超えた、ある種の君子のように思えるのでしょう。ですが、どちらの考えも正しくありません。たしかになかには風変わりな人もいますが、そうでない人も大勢いますし、君子のような人も私の周りには見当たりません。

心理療法家はとりわけ神経症的だと言えるのでしょうか。なるほどほとんどの心理療法家は、この分野に興味を持ったのは自分自身の情緒的な問題がきっかけだと認めるでしょう。ですが、それはあまりに月並みで平凡な答えなので、検討するに値しません。聡明な青年なら、自分のことをよりよく理解したいと願って、心理学の書物をいくらか読んだことがあるはずです。心理療法家も同じようなことをしたからといって、それが何か重要なことを意味するわけではないのです。かつて私は、ある修道院の指導者から、次のような話を聞いたことがあります。「修道院の門をくぐってくる人は皆、最初は間違った動機を抱えて訪ねてくるものです」。これと同じことが心理療法家を目指す人にも言えます。心理療法家を目指す人に対して、自分自身の個人的な理由からこの職業を選ぶのではなく、自分の手持ちで、すなわち「私たち自身《アワセルブス》」でだいたい我慢するよう説得することもできなくはありません。ですが、私たちが心理療法家を職業として選ぶのは、自分自身を理解したいという単純な理由だけではなく、自分自身の性格のある特徴が心理療法の実践に向いているという理由もあるのです。

これからまず、私から見て成功していると思う心理療法家のパーソナリティ特性について説明します。次に、そうしたパーソナリティ特性の精神病理について、考えられうる由来や、有利あるいは不利な点について考えてみます。

❖人に興味を持つこと

まず明らかなのは、心理療法家は人に興味を持たなくてはなりません。つまり、人間的でない世界よりも人間的な世界に興味を持たなくてはならないのです。私の経験から言えば、ほとんどの心理療法家は医師の資格を持っているかどうかに関わらず、純然たる科学者ではありません。これまで数多くの研究結果から指摘されているのは、厳密な科学に魅力を感じる人の気質と、芸術や人文学に魅力を感じる人の気質はかなり違っていて、しかもその違いは人生早期からすでに明らかになっているということです。ライアン・ハドソンの調査から明らかになったのは、潜在的な科学者は、自己の内省や他者への情緒反応といった能力が乏しく、私生活と職業活動をはっきり区別し、おおよそ常識的な社会的行動をしているということであり、芸術に魅力を感じる人は、それとは対照的に、自己の内省や他者への情緒的反応といった能力が豊かで、私生活と仕事をはっきり区別せず、腰を落ち着けて生活を安定させるのに科学者よりも時間がかかるといったことでした。また一般の人たちは、「芸術家」から「快楽」を連想し、「科学者」から「価値」を連想する、とライアン・ハドソンは述べています。

芸術家、詩人、作家といった人は皆、情熱的で活気に満ちているとみなされているが、一方でそれほど価値がないともみなされている。数学者、物理学者、技師といった人は皆、きわめて価値があるとみなされているが、一方で冷淡で退屈ともみなされている。[1]

………………………

つまり、芸術家を志す人は気質的に自己表現の考え方に支配されていて、それに対して科学者を志す人は気質的に自己統制の考え方に支配されている、と考えるのも一理あるのです。

別の言い方をすると、科学者には情緒体験や非合理体験を排除する高度な抑圧装置が備えられていて、ある程度そうした特性のせいで、個人的なことを排し、できるだけ客観性を高める、といったことが求められる職業を選択しているということです。私の考えでは、優れた心理療法家はむしろ芸術家に近いと思いますし、そのほうが心理療法家にふさわしいとすら言えます。ある調査結果からは、「神経症治療にすぐれた治療者は文学や芸術を好む[2]」ことが示唆されています。これまで見てきたように心理療法の成果を数量化するのは難しいですが、一方でこうした数量化への関心の欠如は、心理療法家のパーソナリティ特性――実験心理学者からの評判を落としている特性――の観点から説明されることもあります。もちろん心理療法家であっても、ある程度相手と距離を置き、客観性を保つことができなくてはなりません。しかし芸術や人文学を専攻する人と同じように、情緒体験や非合理体験を自分の心に取り入れて味わってみなければならないのです。自らの情緒体験に開かれることと相手の情緒体験に開かれることは、手を携えて進みます。ですから、心理療法家には自らの情緒を表すことは禁じられていませんし、現にそれが勧められたりもするのです。そうしたことを通して、患者の情緒をよりよく理解する機会だけでなく、自分自身の情緒をよりよく理解する機会も手にするのです。

第十三章で私が述べたのは、心理療法家が症状の消失よりも患者の理解に関心を向けた場合、もはやそれは科学的な営みとは呼べないということでした。かりに心理療法家が、自分の行為がほかの医療従事者のように「科学的」ではないことに罪悪感を抱いたとしても、「そのような罪悪感を抱く限り、良い仕事などできない」と思うことができれば、いくらか安心できるはずです。カール・ロジャーズは自著のなかで次のように述べています。

人間というのは、詳細に分析され、診断され、操作される対象である、と考えている人も大勢いる。そのような専門家がクライエント中心療法を学び、実践するのはとても困難なことかもしれない。(3)

急進的な行動療法家B・F・スキナー*1は、まさしく人間に対してこのような態度を取った、最も有名な人物です。彼の考え方はアカデミックな心理学者からもはや本気で受け入れられていませんが、行動主義こそが人間理解のための真の科学的な方法だ、という主張は強い影響を与えました。スキナーの提唱した「ユートピア概念」は、おそらく後年まで語り継がれることでしょう。それは、環境を適切に統制することによって適切な「強化の随伴性」が生じ、それによって自ずと社会的に望ましい行動や一般の幸福がもたらされるという考えです。スキナーはそれについてこう述べています。

破棄されつつあるのは自律的人間――精神的な人間、（中略）自由と尊厳のたしなみに擁護される人間――である。この破棄は長らく遅れていた。（中略）行動の科学的分析は自律的人間を追い出し、人間が行使するとされてきた統制を代わりに行使する。（中略）必要なのは統制をより少なくすることではなく、より多くすることであり、このことはそれ自体何よりも重要な技術的問題である。（中略）問題は、現在いる人々の気に入るような世界を設計することではなく、そこに住む人々の気に入るような世界を設計することである。（中略）結局、非科学的ないし前科学的なよき判断、良識、個人的経験から得られた洞察などに対して示さねばならぬものは何か。それは科学か、しからずば無であり(4)(中略)。

とはいえ、操作や統制の可能な「物」のように、「人」を科学的に扱ったならば、人間から自律性が失われ、社会生活が維持されず、同胞同士が理解しあう大事な機会は現に奪われてしまいます。なるほど厳密な科学の伝統下で訓練された人にすれば、棄却された結果をこの目で見てみたいことでしょう。しかし人間を理解することは、病気を理解したり動物を理解したり樹木を理解したりすることとはまるで違うのです。アイザィア・バーリン*2は自著『ヴィーコとヘルダー』のなかで、そのことを彼特有の明快さでもって指摘しています(5)。

他者の動機や行動を理解することは、いかに不完全で修正の余地があっても、原則的に外的世界について学び知るのとは異なった精神活動の状態である(5)。

＊1　スキナー Skinner, Burrhus Frederick（1904–1990）アメリカの心理学者。新行動主義の代表者の一人。ワトソン Watson が提唱した抽象的な行動主義を実験的分析により、新たな方向に発展させた。一九三〇年代には、実験室内での動物の行動分析によって、行動はその後に生じた環境の変化によって変容するというオペラント条件付けの概念を生んだ。つまり、自発的行動の原因は環境にあり、環境を操作すれば行動を変容させることができるとされた。一九五〇年代にはリンズレー Lindsley らとともにオペラント条件付けを精神病者に適用して行動療法という言葉を初めて用い、その後も発展に寄与した。

＊2　バーリン Berlin, Isaiah（1909–1997）ラトヴィア生まれのイギリスの政治哲学者、思想史家。自由主義の立場から歴史的決定論を批判した。

われわれは自分自身について、たんに空間のなかの物体で、測定可能な自然の諸力に作用されているのみならず、考え、選択し、規則に従い、決定を下す。換言すれば、自らその存在に気づき叙述しうるところの内的生活を所有していると確言できる。それとまったく同じように、ほかの人々もやはり似たような内的生命を当然持っているものと考えるし、もし改めて反問されれば、そう確信していると答えるであろう。これがなければ、伝達や言語のような観念はないし、たんなる人体の集合ではない人間社会という観念も意味をなさなくなってしまう。(5)

それゆえ人間を理解するためには、まるで機械のように、あるいはまるで人間とはまったく異なるもののように、その行動だけを取り扱うことはできません。自分自身を理解すること、つまり自らの感情、思考、意図、動機といったことを理解することが求められるのです。こうした理解の仕方は、アイザィア・バーリンが示唆するように、ふだん私たちが社会生活のなかで用いている理解の仕方を洗練、進化させたものです（こうした理解がなければ、社会生活を送ることすらままならなくなるでしょう）。人間味のない科学的態度からわかるのは人間の行動だけであり、そこでは人間には内的世界があるとか、もっとはっきり言えば、意思や意図があるとは考えられていません。D・C・デネット*3はそのエッセイ『機械論と責任』のなかで、「作為的な説明とは、人間の動機の発生を説明する際に、化学反応、化学爆発、電気衝撃よりも、むしろ思考、欲望、信念、意図を引きあいに出そうとする(6)」と述べています。人間味のない科学的立場（デネットの言い方では「機械論的」な立場）からわかるのは人間の行動だけです。なるほどそうした態度を取ることで、人間の行動の原因はわかるかもしれません。しかしその人の意図は何もわかりませんし、その行動がその人にとってどのような意味があるのかもわかりません。

日常生活のなかでさまざまな人と接する際、私たちはある意味で意図的な行為を取らざるをえません。私自身には感情、欲望、思考、信念、意図といったものがあると想定せざるをえませんが、そうなると必然的に、ほかの人にも同じようなものがあると想定せざるをえないのです。アナトール・ラパポート*4はその『闘争、試合、議論』(7)のなかで、自分のチームが試合で戦うときは、いわゆる「類似の想定」を相手チームに抱かざるをえないことを指摘しました。つまり、相手チームに勝とうとするならば、相手チームと同じような考えに影響されるでしょうし、相手チームと同じような戦略を頭に思い浮かべるでしょう。「類似の想定」を相手に抱くことができなければ、社会生活を実際に送ることができなくなります。それと同じように「類似の想定」を相手チームに抱くことができなければ、試合で勝つことはできないのです。

それゆえ、心理療法家が磨かなければならない技術とは、患者と互いに理解しあうことにほかなりません。自分のことを学べば学ぶほど、ますます患者のことがわかるようになるでしょうし、患者のことを学べば学ぶほど、ますます自分のことがわかるようになるでしょう。

❖さまざまなパーソナリティの人たちに共感できること、情緒に開かれていること

優れた心理療法家は、人に興味をもつだけでなく、さまざまなパーソナリティの人たちに共感できる能力も身につけておかなくてはなりません。誰しもみな限界がありますから、ありとあらゆる人に共感できる人など誰一人としていません。しかし心理療法家は、一見すると自分と似ていない人や興味の合わない人に対しても、ある

＊3　デネット Dennett, Daniel Clement（1942–）アメリカの哲学者。
＊4　ラパポート Rapoport, Anatol（1991–2007）ロシア生まれのアメリカの国際政治学者・数学者。国際政治学にゲーム理論を適用。平和研究の先駆者。

程度興味を持たなくてはなりません。こうした能力も抑圧の相対的な欠如と関係している、と私は考えています。というのも心理療法家は、患者の苦しんでいる情緒的問題の萌芽的な特徴が自分自身にも存在していると認識できたときにはじめて、患者の感じていることに共感できるからです。こうした能力は、その人生のごく初期から、後のパーソナリティ形成に多大な影響を与えうるような可能性を、自らの意識やパーソナリティから排除してこなかった証だろう、と私は思います。たとえばなかには、心理療法家になるのではなく、抑圧の能力を十分に兼ね備えた厳密な科学者になる人もいるかもしれません。おそらく自分自身のパーソナリティの由来を辿ることができるくらいしか、相手のパーソナリティをきちんと理解することはできないのでしょう。ですから心理療法家には、患者へのある種の柔軟性だけでなく、自分自身へのある種の柔軟性も求められるのです。もっとも後で論じるように、このことには不都合な面もあります。

心理療法家が自らの情緒に開かれていることは、患者の情緒的表現にひときわ耐性があることを意味しています。たとえば、目の前にいる人が涙を流し始めると、たいていの人は戸惑い、腹が立ち、途方にくれ、その場から逃げ出そうとします。一方、心理療法家は、苦しくなってその場から逃げ出すのではなく、患者の抱える苦しみの表出を促そうとします。ここで重要なのは、患者が泣くのをすぐに止めるのではなく、患者が十分に泣けるようにすることです。ありふれた慰めの多くは、相手の苦しみを和らげるのと同じくらい、自分の苦しみを和らげるために行われます。治療者はまた、患者の怒りの表出も促さなくてはなりません。たとえ怒りが自分に向けられたとしても、そうしなくてはならないのです。これは門外漢の人にしてみると、理解しがたい心理療法の特徴の一つでしょう。これを成し遂げるためには、自らの潜在的な怒りにきちんと気付いておくことが決定的に重要になります。

このように心理療法家が患者の感情を理解しようとするなら、自らの感情にも気付いておく必要がありますが、心理療法のセッションを心理療法家の感情の公開場としてはなりません。第七章で私は、治療者が患者に私的な話をするのは控えたほうがよい理由について述べました。何もこれは、治療者が患者に向けて客観的で冷たい態度を取らなければならないということではありません。心理療法家は患者を理解しようとするならば、患者の情緒から影響を受けることが求められます。もし心理療法家が患者の情緒を理解すれば、それは情緒的表現で無理に伝えなくても、患者への態度や声の調子に自ずと現れてくるでしょう。

感情的にならず患者の情緒から影響を受けることは、治療者にかなりの自己統制と自己抑制を求めます。知的で冷淡な人であれば、分離と回避によって相手の情緒に耐えることができるので、相手の情緒に耐えることは簡単です。一方で、思いやりのある同情的な人であれば、同情や愛情を示すことによって自らの経験と似ていなくもない経験を分かちあうことができるので、相手の苦しみに触れることは簡単です。ところが、治療者の仕事はそれほど簡単ではありません。というのも、治療者は自分の感情が巻き込まれることなく、相手から影響を受けなくてはならないからです。一口に「感じる」と言っても、患者のために自らの感情を用いなくてはなりません。つまり患者に対して、いかに親切かとか、情がこもっているとか、同情的かといったことを示すのではなく、いかに理解しているかといったことを自らの感情で示さなくてはならないのです。治療者はそうすることによってしか、患者が自らの情緒的問題をよりよく理解し対処できるようになることを援助することはできないでしょう。

❖自己抑制の能力、自己表現の制約、非指示的な態度、権威主義の放棄

こうした自己抑制の能力は、私的な目的のために使わないことが決定的に重要です（もっとも、そうしたことはめったにないと思いますが）。自己抑制の能力は、男性よりも女性のほうが高いのではないかと私は思います。アメリカの臨床心理士マーガレット・ライヒは[*5]、ある心理療法家の訓練プログラムを設けていて、これまで成功を収めています。そのプログラムで対象としているのは、子育てが一段落し、新しい職を探しているけれど、心

理療法の訓練を受けようとは一度も考えたことがないといった既婚女性です。そこに該当するような女性は、自分自身が助かりたいために心理療法の訓練を求めてはいないので、新たなタイプの治療者を輩出することにもつながっています。[8]

心理療法の実践において際立った特徴の一つは、職業生活の大部分で自己表現が禁じられている状況——あるいは控えめに言っても厳しく制約されている状況——に置かれていることです。政治家、ジャーナリスト、教師、警察官、法廷弁護士[*6]といった人の生活と比べてみると、そうした制約の違いはいっそう明らかです。一方、医療従事者や事務弁護士[*7]といった人の生活と比べてみると、その違いはさほどありません。というのも、そうした職業もまた、直接的な自己表現の欲求よりもクライエントの要望によって自らの行動が決定すべきとされているからです。とはいえ、あらゆる職業のなかでも心理療法家ほど、就業中に通常の自己表明が制約されるものはありません。謎の人物とまではいきませんが、自らの性格を決して明かすことなく、つねに相手の欲求に方向づけられているのです。

ほかにも自己抑制の能力と密接に関係した重要な特性があります。治療者にとって、自分の意見を伝えたり、命令を下したり、即座に問題解決に当たったりするのは気乗りしないと言われることがあります。こうした見解を支持する調査結果もいくつか得られています。J・K・デントは、私が先に引用した著書のなかで「問題解決好きな治療者は、神経症者の治療にあまり役立たないだろう」と述べていますし、[9]パーカーは、「自分のクライエントを支配し、指示的な方法で臨もうとする治療者よりも、理解と洞察について直接言明しない治療者のほうが成功する」ことを見出しています。[10]

根っからの指導者で、ほかの人に指示するのが好きな人は、優れた心理療法家になるのは難しいのですが、その逆も真です。ジョン・ペリーは、『人間コミュニケーションの心理学』のなかで次のように述べています。

これまでイギリスの首相には二つのタイプがあると言われてきた。アンテナを持っている首相と、持っていない首相である。アンテナを持っていれば、世論や社会の動向がわかって、政治経済を失敗に導く兆候を簡単に見抜くことができる。すなわち、自らの方針を打ち出さなくても、世論の動きを直接肌で感じ取ることができるのである。一方、世論の動向や国民感情のわからない指導者に限って、明確な方針を打ち出すものである。しかし、それがどれだけ支持されているか判断はつかないだろう。(11)

心理療法家の場合、どちらのタイプであっても失敗を招いてしまうおそれがあります。かりに治療者がアンテナを持っていたとしても、患者の経験に同一化しすぎてしまうと、あたかも自分が患者のようになって、自らの経験を客観的に振り返ることができなくなってしまいます。とはいえそうした失敗は、治療者がアンテナを持っていない場合によって生じる失敗よりも多くありません。

フロイトが登場する時代まで、心理療法家はしばしば権威主義的で押しつけがましい存在だったため、一般の医師とよく似ていたと言えます。フロイトは当初、催眠を用いて神経症患者を治療していました。もともと催眠治療は、患者の受動性や黙従とともに、治療者の名声や権威にもかかっていました。フロイトは一八九二年から自分の技法をしだいに修正するようになり、一八九六年には催眠をまったく用いなくなりました。そして、セッションの冒頭で症状の話題を取り上げたり忘却した記憶を患者に思い出させたりするのをやめ、かわりに自由連想法という技法を用いるようになったのです。フロイトの最大の功績は、このように患者に主導権を委ねたこと

＊5　ライヒ Rioch, Margaret（1907–1996）アメリカの臨床心理士、心理学者。
＊6　法廷弁護士 barrister　イギリスでは法曹学院の一員の弁護士で、上級裁判所で弁論する特権を有する。
＊7　事務弁護士 solicitor　イギリスでは法廷弁護士よりも下級の弁護士で、依頼された事件の書類作成などの法律事務を行う。

によって結果的に医師の役割を変えてしまったことだという見解もあります（もっとも、それには議論の余地があると私は考えていますが）。

心理療法家になるためには自らの権威主義的な傾向を捨て去らなければなりません。なぜなら、心理療法家の仕事とは、患者に何をしたらいいのか指導したり直接援助したりすることよりも、むしろ患者が自らを援助できるよう援助することだからです。心理療法家が組織の長に就いているのをあまり見かけないのも、ふだんからこのような態度で患者と接しているせいなのかもしれません。なるほど攻撃性をあからさまに示さないのも、かなりの攻撃性を心の内に覆い隠しているせいなのかもしれません。ですが、自らの自我機能によってそうした攻撃性にたやすく近づけることには注目すべきです。心理療法家はまた、すぐさま決定を下したり命令を告げるのを好みませんし、周囲や世間に対して直接的で確固とした行動を取るのも好みません。

❖患者に純粋な関心と思いやりを持つこと

心理療法家は患者に純粋な関心と思いやりを持つことが求められる、といった考えは今やすっかり定着しました。一般常識とかけ離れているかもしれませんが、治療者の思いやりある受容によって患者にパーソナリティの変化が促されることが調査結果から明らかになっています。ちょうどそれは、治療者の批判によって患者に敵意が生じ、そのためパーソナリティの変化がいっそう難しくなるのと同じです。もちろん心理療法家であっても場合によっては批判的なことを言わなければなりません。しかし、「治療者は無条件に自分の側に立ってくれている」と患者が感じていれば、自分の態度や対人関係について治療者から批判的に評価されたとしても、驚くべきことにそれをきちんと受け入れることができるのです。

この「無条件に自分の側に立ってくれている」という表現は、ロジャーズの「無条件の積極的関心」と等しいのかもしれません。おそらくそれが、あらゆる治療的要因のなかで最も力強いものなのでしょう。心理療法家は、これまで世界から見放されてきたような人に対して、とりわけ肯定的配慮を示すことができなくてはなりません。私が思うに、優れた治療者ならたいていは、他者から侮辱された人や傷つけられた人に対して同一化するとくべつな能力を持ちあわせています。一般の人たちは、そうした能力をほとんど持ちあわせていません。たとえ神経症的不安で落ちつかない人に対して軽蔑せず我慢できたとしても、とくべつな哀れみを向けるのはそれほど簡単なことではないのです。

周囲から侮辱された人や傷つけられた人の気持ちはどういったものか、心理療法家ならある程度個人的に知っているものです。たとえ個人的に知らなかったとしても、たんなる哀れみ以上のものを実際に知っています。あのフロイトですら、人生の前半は人々から嘲笑と敵意を浴び、晩年にはナチの迫害から逃れるため、ウィーンを離れなくてはなりませんでした。フロイトの追従者の多くも、他国に亡命しなくてはなりませんでした。過去に仲間から拒絶された経験があれば――たとえそれが、人種が違うせいで受けたものであれ、子どもの頃に友達をなかなか作れないせいで受けたものであれ――、普通の人たちに対して敵意や疑惑を必要以上に向けるようになりますし、一方で、かつての自分自身のように仲間から拒絶された人に対してとくべつな哀れみを向けるようになります。私が思うに、こうした傾向は心理療法家のパーソナリティにもしばしば見られます。

理想を言えば、自分自身の情緒に開かれているのと同じくらい他者への情緒にも開かれている、と言えるほど心理療法家の持つ共感の幅は広くなくてはなりません。実際、それくらい共感の幅の広い心理療法家もしばしばいます。さまざまな患者に同一化することができる、悲しみや怒りの表出に耐えることができる、感傷的にならずに思いやりをもって共感することができる、出しゃばりすぎない程度に自分の立場を静かに維持することができる、患者の役に立つため自分自身を差し出すことができる、自分の行っていることがすぐに報われるとは思わず、たとえ報われたとしてもそれは直接的に返ってこないことを受け入れている。こうした理想は高邁すぎて実情とかけ離れているかもしれません。とはいえ、こうした理想と関わってくるような精神病理学を学べば、さほど実情とかけ離れたものでもないことがおそらくおわかりになるでしょう。

❖心理療法家のパーソナリティの由来

かつて私は、患者や訓練生として豊富な経験を持つ、ある精神分析家から、「すぐれた心理療法家の母親には抑うつ的な人が多い」といった話を聞いたことがあります。その分析家の発言が正しいかどうか裏付ける証拠はどこにもありませんが、もしそれが本当であったとしても私は驚きません。ほかの人の感情に対する感受性は心理療法家の備える本質的な要素の一つですが、私が思うにそうした感受性は、一般に幼少期の環境下で培われるものだからです。

では、なぜそうした子どもは、とりわけほかの人の感情に対して敏感でなくてはならなかったのでしょうか。そうした感受性の由来はしばしば次のような点にある、と私は考えています。おそらくそうした子どもは、両親、あるいは一方の親を動揺させたり怒らせたり困らせたりしないよう、不安を感じていたのでしょう。たとえば、かりに父親がとても短気で気難しかったとすると、その子どもは父親からの危険な信号に気づき、父親を動揺させまいとして細心の注意を払い、父親を激怒させまいとしてその期待を察して応じる、といったことを確実に学ぶでしょう。

今度は、母親が病気を患っていたり気分が沈みがちだったりする場合を考えてみましょう。その子どもは、母親に要求しないことを学ばなくてはならないでしょうし、母親の疲労、病気、抑うつの要因について敏感にならざるをえないでしょう。両親を動揺させまいとする不安意識によって、子どもは自らの自然で自発的な行動を抑えこむかもしれません。その結果、ときに自らの要求を自分勝手で、不当で、潜在的に害をなすものとすら感じるかもしれません。ふつうの子どもなら親に受け入れられようが拒まれようが自分自身の要求を自由に示すものですが、そうした子どもはそのようなことをせず、愛情を確かめたいという自らの欲求を破壊的なものと感じるかもしれません。そして、自らの欲求や要求を悪いものと感じるようになれば、相手から好かれているかどうか、愛されているかどうか不安になるでしょうし、さらには相手から好かれているかどうか、愛されているかどうか確かめたいと切実に願うようになるでしょう。こうしたことから、相手に気に入られようとし、相手の機嫌をうかがおうとする態度はますます強まっていくでしょう。そうした傾向があると言われて嬉しい人は誰もいませんが、相手に気に入られようとし、相手を動揺させまいとする感受性は、心理療法家にとって敵意や猜疑心を抱く患者と初めて接する際に役立つ特性なのです。

こうした精神病理をもう少し推し進めて考えてみると、それは心理療法家のパーソナリティの特徴と結びついていることがわかると思います。というのも、親に要求すれば迷惑をかけてしまうという不安に子どもが支配されていれば、自分のことを二の次にしてしまうのも当然だからです。つまり、自らの欲求よりも両親の欲求のほうを優先してしまうのです。それゆえそうした子どもは、大人になると相手の感情に対して敏感になるだけでなく、自己抑制的で他者配慮的な傾向を持つようになるのです。

❖心理療法家のパーソナリティ——攻撃性と主張性の抑圧

こうした態度によって、子どもは自らの攻撃感情を抑え込んでしまい、しかも自己主張することが許されないので、主張性と攻撃性は混じりあったままになります。どんな人でも自分の攻撃性を相当抑え込んでしまうと、ほかの人の感情にきちんと向き合うことはできない、と私は考えています。ですから、心理療法家は見かけほど「いい人」ではありません。フロイトはすでにこうした点を見逃さずに気付いていて、治療への熱心さはサディズムに対する防衛だと考えました。「対人援助職」を志す人の多くはその訓練中に、たとえしぶしぶであっても、それまで存在していることすら知らなかった自らの攻撃性と向き合い、それを受け入れなくてはならない、と私は思っています。もしそれに成功すれば、患者から向けられるあらゆる攻撃性に耐えやすくなるでしょうし、ほかの社会生活でも自分の意見や欲求を適切な仕方で主張しやすくなるでしょう。

こうした自己主張のなさは、ある種の同一性の不確かさと結びついているように思われます。心理療法家には八方美人の傾向がありますが、他方で、不安定さ、矛盾、曖昧さといった傾向もあります（もっとも、これらはたいてい賞賛すべき特性とされていますが）。かりに治療者が自分の意見の表明よりもほかの人の理解にたえず関心が向いているとしたら、自分の意見をこれまで一度もはっきりと、あるいはしっかりと打ち出したことがないのかもしれません。治療者はできるだけ偏見に縛られていないことが――たとえ理想論であっても――望ましいのかもしれませんが、偏見がないこともまた、本当の確信や世界への積極的態度に欠けることを反映しているのかもしれません。

とはいえ、ある種の浮遊した同一性の感覚が良い意味で利点となる領域が一つあります。心理療法家にとって、世間で言われているような性のステレオタイプに同一化しすぎてしまうことは望ましくありません。なぜなら、男性患者からでも女性患者からでも、「父親像」や「母親像」の投影を引き受けなくてはならないからです。治療者がどちらか一方の性に偏りすぎていると、もう一方の親イメージを引き受けることが難しくなります。投影を引き受けるには、自分の心にその投影を引っ掛けておける鉤《フック》が必要です。また治療者にとって、異性に同一化し、異性の心を想像してみるのも意義があります。これは自らの内なる異性の存在に気付くことを意味していますが、興味深いことに、創造性の高い男性は女性性のテストで高得点を示すことが、心理学者から一貫して報告されています。偉大なる文豪トルストイは、そうした極めつけの人物でした。確固たる自信を持って異性に同一化し、男女像をみごとに描き分けたのです。しかも興味深いことに、自らのきわめて活発な性的欲求を手なずけるのに苦労したにもかかわらず、確固たる一貫した同一性を獲得するには至りませんでした。その生涯を通じて、官能主義と禁欲主義の間を、傲慢さと謙虚さの間を、理想主義とシニシズムの間を揺れ動いたのです。こうした一貫性のなさは作家としての功績にさぞや貢献したことでしょう。とはいえ、誰かと一緒に生活するのはさぞや難しかっただろうと思います。ひょっとすると心理療法家のなかにも、そうした人がいるかもしれません。

心理療法の実践に魅力を感じる人は、他者と対等に自己主張しつつ他者と関わっているのではなく、しばしば他者に同一化することによって他者と関わっているように思われます。たしかに他者への多大な同一化は治療場面では必要かもしれませんが、現実の友人関係では望ましくありません（もっとも、初めのうちはそうしたほうが相手に受け入れてもらえるかもしれませんが）。面接室のなかでふさわしい関わり方をほかの社会場面でも行うのは、心理療法家にとって――間違いなのですが――魅力的です。ほとんどの人は大喜びで自分のことを長々と話しますし、しかも治療者は患者から「話を引き出す」専門家なので、――また実際そうでなくてはなりませんから――治療者と話をしている人は自分がまるで独り言を言っているような気がするかもしれませんし、治療者もまた、患者が自由連想しているときと何ら変わらないように感じるかもしれません。そうした会話は相手にとりわけ好印象を残すかもしれませんが、その相手が後になって治療者との会話を振り返ってみると、治療者は自分のことを一言も口にしていなかったことに気付き、それゆえどんな人柄をしているのかまったく判断できないかもしれません。独り言が会話の代わりをなすほど無情なまでに自己愛的な人も大勢いますが、それほど自己愛的でない人にとっては、社会的な出会いを多かれ少なかれ対等なやりとりの機会だとみなしています。それゆえ、治療者と話をした人は、独り言の罠にかかった後で、こう結論付けるかもしれません。治療者のあからさまな謙遜は、まるで故スティーヴン・ポッター*8の作品に登場してくる人物みたいに、実は治療者が自らを優位に立たせる回りくどい方法なのではないか、と。

❖心理療法家の持つ権力

心理療法の実践に魅力を感じる人は、他者と対等に自己主張しつつ他者と関わっているのではなく、他者に同一視することによって他者と関わっているので、結果的に他者に権力を行使したいという欲求はいくらか弱められ、患者にも心理療法家にもはっきりとわからないかもしれません。心理療法家は自らのパーソナリティや技術を患者のために役立てようとしますが、実際はきわめて強い権力を持った立場にいます。第一に、彼らは患者の治療を引き受けるか拒むか、もったいぶって選ぶことのできる立場にいます。イギリスでは心理療法家の供給数が少ないため、心理療法家はここ何年も売り手市場になっています。分析家のなかには患者に高額の料金を課しながら、「うちのカウチに横になれるだけでも幸せだよ」と言わんばかりの態度を取る人もいます。心理療法の目標の一つは、未熟で不確かな人が他者と対等にいられることを確信するよう援助することなので、そうした治療者の態度は患者の回復に役立ちません（もっとも、そうした治療者の態度は、第七章で説明したように、とても依存的な患者には喜ばれるかもしれませんが）。そして、治療者が自分自身の権力欲求にきちんと気付いていないと、患者の依存性を明らかにし、それを乗り越えるよう促すことができないので、患者の依存性を——意識的なこともなくはないですが、ほとんどの場合は無意識的に——助長してしまうかもしれないのです。これは、明らかに個人開業において、とりわけ患者が富裕層で料金を滞りなく支払うような場合に起こりがちなことです。心理療法家はあからさまに直接、権力を行使することはしませんが、自分で思っている以上に権力を持った「黒幕《エミナンス・グリーズ》」なのです。ですから、権力を濫用したいという誘惑は、心理療法家ならつねに自分自身で注意しておかなくてはなりません。ここで私が述べたことは、ほかのあらゆる「対人援助職」にも多かれ少なかれ当てはまることです。

先に私は、心理療法家の供給数はこれまで少なく、今もなお少ないと述べました。そうしたことから、この職業に就いている人のなかには、他者との競争に負けるのを恐れるばかりに、競争相手の少ないこの職業をあえて選んでいる人もいるのではないかという疑問が浮かびあがります。そうした打算が働いている人もなかにはいるかもしれませんが、むしろ少数派ではないかと私は思います。というのも、すでに指摘したように、心理療法に魅力を感じるパーソナリティ特性は、大人になって心理療法家として生計を立てようとする以前の、子どもの頃に由来しているからです。自己主張の抑圧と結びついた他者の感情に対する感受性は、子どもの頃に仲間と交わるために身につけたものとは異なるかもしれません。

男の子であれ女の子であれ、自己主張するためには「攻撃性」を十分表しておく必要があります。私の印象では、心理療法家を志す人の多くもそうしておく必要があります。それは、他者に対する感受性や自己主張のなさが実践上役立つからというだけではありません。他者と交わる早期の困難さが、ある種の構造化された状況——そこでは慣習と約束事によって相手とのやりとりが決まっていて、しかもその親密さは一方向的に示す必要がある——を選択させていることもあるからです。もし自分自身の精神病理が自分の職業選択に働いていることに気付けば、私が第十三章で述べたように、心理療法家は患者が自ら成し遂げようとすることを援助することがわかり、自分の精神病理を建設的なやり方で活かすことができます。実際、そうした特性をいくらか持ちあわせていないと、そもそもこの職業に魅力を感じないでしょうし、かりにこの職業に就いたとしても何ら上達しないでしょう。

❖知性化と教条主義の弊害

ところが、そうした特性よりもさらに「よくない」理由から、心理療法家を志す人もいます。それには二つの

＊8　ポッター Potter, Stephen（1900-1969）。イギリスの著述家、ラジオプロデューサー。

タイプがあります。チャールズ・ライクロフトは、その『不安と神経症』のなかでこう述べています。

強迫パーソナリティの人はしばしば心理学に魅力を感じている。なぜなら、それによって最も捉えどころがなく予測のつかない人間のさまざまな側面を知って、しかもそれを正確に統制できると思うからである。彼らは心理学理論を見出すが、そこでは直観を無視し、統計的分析に頼り、とりわけ魅力的な「正常」という概念や理想にしたがう。なぜなら、そうした理論によって情緒を知的に統制することができ、適応のための望ましい行動パターンはすでに決まっているという考えが支持されるからである。また、つねに安全で慣れ親しんだ場所を歩むことができると感じられるからである。

彼らもまた、哲学的なシステムに魅力を感じている。なぜなら、宇宙の謎を解く鍵を手に入れられるかもしれないという幻想を抱いているからである。それによって、ありとあらゆることがわかるようになり、不安を引き起こすような、未知なるものとの出会いを免れることになるのである。(12)

ライクロフトの前半の引用箇所は、一般的に言って実験心理学に魅力を感じる人たちに当てはまるかもしれません。イギリスでは、そうした人たちのなかに心理療法家や心理療法に関するあらゆることを退けようとするグループもあります。ところが不幸なことに、心理療法家のなかにもこうした説明が当てはまる人が少数ながらいます。そうした人たちのなかには、人間に対する感受性や理解を何ら持ち合わせてないにもかかわらず、心理療法を実践することによって自らの感受性のなさという「霧」が晴れるだろうと信じこみ――それはまったくの誤りなのですが――、心理療法に魅力を感じるような人も含まれているのです。

ライクロフトの後半の引用箇所、すなわち哲学的システムに関する文章は、自分の選んだ「学派」を教義上の信念にまで高めようとする分析家たちにさらによく当てはまります。彼らは自分たちと少数の選ばれし人たちだけが――なるべくなら自分たちが分析を行った人たちだけが――、人間の本質を深く理解していると考えています。そうした分析家たちは、「完全なる分析」という神話的理想を信じ、自分たちの考えに与しない人たちを「未熟な訓練生」（転向者という意味）と中傷し、訓練機関に在籍する訓練生をいくつかのグループに分裂させるのです。比較的新しい学術領域では多種多様な考え方によって何らかの活性化が起こるものですが、そうした分析家たちは教条主義がもはや時代遅れであることや、それが自分自身たちの不安定さの兆候にほかならないことにまったく気づこうとしません。

そうした分析家たちは、クライン派の用語で言えば、妄想‐分裂態勢[*9]に留まっている人たち、つまり抑うつ態勢[*10]へ進めない人たちです。そうした人たちは、「自分たちが正しくてほかの人たちは間違っている」ことを「知っている」という妄想的パーソナリティをしています。なぜなら、抑うつ態勢へ進んだ人なら、自分であれ他人で

＊9　妄想‐分裂態勢 paranoid schizoid position　メラニー・クラインが見出した、乳児の生後二〜三カ月に発展する対象関係。態勢と呼ばれるのは、発達早期の一段階であるばかりでなく、一生と通じた課題であり、ときにそれが復活するからである。生後二〜三カ月の乳児にとって主な対象は母親の乳房という部分対象で、それが満足を与えるときは生の本能を投影して「良い対象」として、欲求不満を感じるときは死の本能を投影して「悪い対象」として経験する。自分の攻撃性を投影した乳児は、「悪い対象」に報復されるという迫害不安を抱く。その不安を処理するために、理想化・分裂・否認・投影同一視などの原始的防衛機制が用いられる。

＊10　抑うつ態勢 depressive position　生後四カ月から六カ月以降の乳児は、それまで分裂して経験していた「悪い対象」と「良い対象」が同一の対象であることに気づき、自分が攻撃性を向けてきたことに強い罪悪感を抱くようになる。愛情と憎悪の両価性に耐えて、対象を喪失することへの抑うつ不安を克服するならば、内的対象は修復され、超自我の原器を形成し、それとともに万能的幻想は薄れ、自分自身および対象の現実をありのまま受け入れることができるようになる。こうした抑うつ不安に耐えられないとき、妄想‐分裂態勢に逆戻りするか、対象への依存を否認する躁的防衛に訴えられる。

あれ、「誰かが人間を理解する唯一の鍵を持っている」という考えにいち早く疑ってみることができるからです。経験の浅い心理療法家は、そうした確信を抱いている分析家たちを必要以上に怖れてしまうものですが、そのような場合は、宗派運動の妄想的性質をみごとに暴いた学術書、ノーマン・コーン[*11]の『千年王国の追求[13]』を一読してみることをお勧めします。そこで描かれている妄想的性質には、きまって次のような特徴が見られます。自分は絶対に正しいと確信し、将来このうえない幸せが民衆にもたらされることを確約する指導者。相手が主流派であれ反キリスト派であれ、自分たちが普及する教義に従わないという理由だけで決められてしまう敵。そして何らかの理由で——それが外的な環境に結び付いているのか内的な心理に結び付いているのか不明ですが——、先に述べたような指導者への信奉を求めてやまないほど不安定な、あるいは不利な立場にいる信仰集団。こうした三つの特徴です。

❖心理療法家は科学者よりも芸術家に近い

ここまでは心理療法の実践に魅力を感じる人によく見られる心理的特徴について概略してきました。これらは私の洞察に基づくものもあれば、患者や同僚から聞いた話もあります。これまでの説明を通して、「心理療法家は神経症的なのか」とか、「心理療法家には自分の担当する患者と同じくらい神経症的であることが求められるのか」といった素朴な質問にいくらか答えられていることを願います。神経症とは、私が思うに、ある特定の精神病理を有している事態というよりも、むしろ自らの精神病理に打ちのめされ、なすがままになっている事態のことを指しています。まず明らかなのは、そうした危機状態にある人や自分自身の問題に悩まされている人は、ほかの人の問題に注意を払うといった、心理療法家に求められることはできそうにないということです。それとは反対に、これまでまったく悩んだことのない人がそうしたことを行うのはさらに難しいでしょう。とはいえ、心の健康は問題のありなしだけでは決められません。まったく問題のない人というのは、すでにこの世を去った人のことか、あるいは心があまりに硬直化してしまい、自分のことに気付けなくなって、成長するのをやめてしまったような人のことです。

先に私は、心理療法家は科学者よりも芸術家に近いことを示唆しました。創造的な芸術家の特徴の一つは、変化と成長をしつづけ、たえず新たな問題に取り組んでいることです。彼らは創作活動に飽くなき興味を持ちつづけています。硬直化した視点や確固たる揺るぎなさをいったん身につけてしまうと、あらゆる問題から解放されたような幻想を抱いて、自分を成長させるような力や、他者に同一化して問題を理解する力を失ってしまいます。誰しも年齢を重ねるにつれ硬直さが増すため、心理療法の実践は若い頃のほうがうまくやれると言われることもあります。フロイトやユングも、中年期を過ぎると、心理療法の実践への興味が薄れ、理論的な問題のほうに興味が向かいました。

とはいえ、偉大な芸術家の残した作品を眺めてみると、いくらか勇気がもらえるかもしれません。そこには、晩年の時期を迎えても、変化と成長をしつづけようとする姿があります。たとえば、ヴェルディ[*12]は八十歳のときにオペラ「ファルスタッフ」[*13]を作曲しました。この曲には新たな飛躍点が多く見られます。ミケランジェロ[*14]は八九歳で亡くなりましたが、ロンダニーニのピエタ[*15]を仕上げたのは、彼が亡くなるわずか六日前のことでした。この作品にも新たな飛躍点が見られます。こうした偉大な芸術家はたくさんの問題を抱えていました。少しでも完璧な表現方法を見つけようと奮闘する、いわゆる統合の問題。自分自身がその死期まで変化、発展しつづけるこ

＊11　コーン Corn, Norman（1915-2007）ユダヤ系イギリス人の歴史学者。専門は中世精神史。

＊12　ヴェルディ Verdi, Giuseppe（1813-1901）イタリアのオペラ作曲家。十九世紀イタリアオペラ作曲家の代表的存在。作品に『リゴレット』『椿姫』『アイーダ』『オテッロ』のほか、レクイエムなどがある。

＊13　ファルスタッフ Falstaff（1893）ジュゼッペ・ヴェルディ作曲、アッリーゴ・ボーイト改訂による三幕のオペラ作品。

とと密接に結びついた、たんなる技術上ではない問題。こうした問題に答えなどありません。彼らは目的地に決してたどり着くことのない旅を、つねに希望を抱きながら続けていたのです。これは、心理療法家が自分自身の問題に対しても患者の問題に対しても備えておくべき態度だと私は思います。

しばしば学生から、「心理療法家は自ら分析を受ける必要があるでしょうか」と尋ねられます。心理療法を主たる生業とするほとんどの人が、自分の経歴のどこかで自分の問題に取り組んでおく必要があると感じている、というのが私の答えです。医師なら一度は自分が患者になってみないと良い医者にはなれません。心理療法家も自分が心理療法を受けてみると、患者の体験していることを以前よりも想像しやすくなると思います。心理療法を学ぶのは難しいことなので、自分が患者になって実践を学んでみるのが一番の方法なのです。とはいえ、心理療法を受けたことのある人は受けたことのない人よりも有能だ、という話はこれまで聞いたことがありません。心理療法を受けたことがなくても、直観、共感、思いやりに恵まれ、しかも相手と程よい距離感を保つことのできる、生まれついての心理療法家といった人もいます。ですから私は、高度な技術を要する洗練された心理療法は、十分に訓練を積んだ心理療法家しか実践できないとまでは思っていません。

❖心理療法の実践が心理療法家に与える影響

次に、心理療法の実践が心理療法家に与える影響について考えてみましょう。第一に私が強調しておきたいのは、心理療法はひときわ面白く、やりがいのある職業だということです。これほど幅広い、さまざまな人たちのことをきわめて親密に知ることのできる職業は、いったいほかにあるでしょうか。第二に、患者に高く評価され、患者に何かしら援助することは明らかに喜びを感じることだと思います。とはいえ、私にとって関心があるのは、この職業の美点を褒めそやすことではなく、必ずしもはっきりとはわからない影響について見ていくことなのです。

心理療法家の実践では先に述べたパーソナリティ特性がいくらか求められるので、当然そうした特性が強化されていきます。その結果、ある意味で治療者は、確固とした一人の人間とは言えなくなって、女性キリスト教徒が非実在的になるがごとく自己犠牲的となり、自分のためではなく相手のために、ただそこにいるようになるのです。来る日も来る日も心理療法の実践を続けていくうちに、治療者は人間的でなくなっていくおそれがあります。それは、自分の子どもたちが全員私生児であるばかりでなく想像上の子どもでしかない、といった堕落した親のようなものなのです。

心理療法家はほかの誰よりも自分の患者のことをよく知っているかもしれませんが、患者とはほんのわずかな間、しかもとくべつな状況下でしか会っていないことを忘れがちになります。患者が面接室の外でどんなことをしているのか知りませんし、患者のうまくいった話よりも、気がかりな話やうまくいかなかった話、ためらっている話のほうを当然よく知っています。ですから治療者は、頭のなかで患者のことを実際よりも有能ではないと歪めて捉えているかもしれません。

＊14　ミケランジェロ Michelangelo di Lodovico Buonarroti Simoni (1475-1564) イタリアルネサンス期の彫刻家・画家・建築家。詩人。ギルランダイオに絵を学び、ドナテッロらの感化を受けて彫刻に入神の技を示した。代表作は《ピエタ》《モーセ》《ダヴィデ》《奴隷》などの大理石像、絵画ではローマのシスティナ礼拝堂の《最後の審判》などの装飾壁画。晩年はローマのサン-ピエトロ大聖堂のドームなどを設計した。

＊15　ロンダニーニのピエタ Rondanini Pieta（1893）ピエタとは、聖母子像の一種であり、磔刑に処されたのちに十字架から降ろされたイエス・キリストと、その亡骸を腕に抱く聖母マリアをモチーフとする宗教画や彫刻のこと。一九五二年にミラノのスフォルツァ城博物館に収蔵されるまでローマのロンダニーニ邸の中庭に置かれていたことからこのように呼ばれる。

親にとって子どもの人生を代理的に生きてしまうことは非常に危険ですが、心理療法家にとってもまた、患者の人生を代理的に生きてしまうことは非常に危険です。治療者は、自分のための場所や自己表現できる場所を確保しておくことが必要不可欠なのです。私は次のトーマス・サースの意見に与します。

かりに毎日、八人から十人の患者とセッションを行うのであれば、仕事の質をつねに高く保っておくのは難しいかもしれない。このジレンマを解消する一番の方法は、分析の仕事のほかに、講義、研究、執筆などの活動を加えてみることである。(14)

また私が注意を促しておきたいのは、心理療法家の家族は苦しんでいるかもしれないということです。これには二つの理由があります。第一に、治療者は、仕事の性質上、自分の家族に仕事の話をすることができないため、家族の者からすると、いったいどんな仕事をしているのか、さっぱり見当がつかないのです。かりにどちらか一方の親が常勤の治療者をしていれば――あるいは非常勤の治療者をしていても――、自分の家族に仕事の話はめったにしませんから、家族の雰囲気は気まずくなります。たとえば、その日に起きた最も重要なできごとが、ある患者が急に改善したこととか、別の患者が治療を辞めたことといったように、「子どものいる前では話せないこと」ばかりだとすると、子どもは親の様子によそよそしさを感じて、自分がのけ者にされていると感じるかもしれません。私がしばしば思うのは、スパイの家族も――あるいは政治家の家族でも――、その性質上国家機密を扱っているため、つねに自分たちの言動に注意を払わなくてはならず、似たような苦しみを抱いているのではないかということです。

心理療法家は配偶者に担当事例の内容について話すことがあるかもしれません（もちろんそうした場合、その配偶者にも守秘義務が求められます）。しかし私は一般的に、守秘義務のことを考えて、担当事例の内容についてなるべく口にしないようにしています。ほとんどの患者は治療者がその配偶者に仕事の話をしているだろうと思っているようですが、私は、配偶者との間で仕事の話が話題に上がったときは、いつも先のように誠実に答えるようにしています。

第二に、心理療法は情緒を求められる職業なので、心理療法の実践は治療者の家庭生活にとって有害かもしれません。なぜなら、自分の配偶者や家族に情緒的エネルギーをあまり注げなくなるのもやむをえないからです。かりに一日中、いろいろな人たちの悩みごとに耳を傾ける仕事を続けていると、保険会社の会社員よりも、自分の配偶者の悩みや子どもの学校での出来事に耳を傾けられなくなってしまうでしょう。誰ともまったく関わらないようなことに逃げ込みたい、と思っている心理療法家もいます。私は人間の本性について小説から多くのことを学びましたが、心理療法を専業にして以来、趣味の読書の時間が大幅に減ることに気付きました。

ほかの危険性として、ユングの言う「無意識的感染[*16]」があります。いかに治療者がバランス感覚のある人であっても、患者のなかにはきわめて混乱しながらも魅力的な素材を持っている人が少数いて、そういう人と出会うと心のバランスが崩されてしまうのです。これは、患者と恋に落ちる危険性だけを指しているのではありません。なぜならその危険性は、心理療法家だけでなく医師や牧師といったほかの対人援助職にもよく認識されていることだからです。私が考えているのは治療者自身の無意識の領域に関することです。それは、ふだんの日常生活では決して出会わないような、あるいは自己分析を受けなければ決して明らかにならないようなことなのです。

何年も前に私は、精神病患者の治療を引き受ける大胆な分析家であることを辞めました。なぜなら、そうした

＊16　無意識的感染 unconscious infection 医師は一般に感染やその他の職業的危険にさらされているが、同じように、心理療法家も恐ろしい心理感染の危険を背負っている。こうして彼は一方で患者の神経症に巻き込まれるという危険の中におり、他方では個人として患者の影響を遮断しなければならないが、あまり遮断しようとすると治療する力を奪われてしまう。

患者の大部分は表出的な心理療法に向いておらず、かりに心理療法に向いていたとしても、治療はたいてい手ごわく、時間もかかりすぎたからです。しかしそれ以上に、統合失調症の人と親密に関わることは、心理療法家にとってかなりの危険をはらんだ体験のように思われます。バートランド・ラッセルは、作家であり彼の友人でもあるジョセフ・コンラッド[*17]ついてこう述べています。

人間生活の文明化は進み、その道徳観も許容できるようになってきた。彼はそうした人間生活を、いつ破れて灼熱の深い底に落ちこむかもしれないような、ついさっき冷えたばかりの溶岩の薄皮の上を歩くように危険なものと思っている。(15)

....

精神病者と親密に関わっているとき、これと同じことを私は感じるのです。もし心理療法家がこれと同じような脅威を感じたならば、そのことを同僚に話すべきです。そうすることによって、自己分析が新たに必要であることや、自分自身の限界を認識しなくてはならないことに気づくようになるかもしれません。

心理療法家にとってほかの危険性は、一般の人たちとの接触がなくなってしまうことです。分析家のなかには患者と分析家しかまったく人付き合いのない人もいますし、毎日八時間、あるいはそれ以上のセッションをこなし、仕事を終えると分析セミナーへ律儀に通うという人もいます。そうした生活を送ることによって人間らしさが失われ、かわりに私が先に述べたような分析家集団の秘教的、教義的、信仰的側面が強められるのです。心理療法家はできるだけ普通の社会生活を営むのがとても大事なことだ、と私は考えています。そこで、まったく畑違いの仕事に従事している人や、まったく違った生活スタイル送っている人と友達になるのです。心理療法家のなかには、自分の職業スタイルを日常生活のなかに取り入れてしまった結果、自分が本当は何が好きで何に興味があるのかわからなくなってしまったような人もいます。

この章を終えるにあたって、心理療法は危険に満ちているという印象を残したことによって、優れた心理療法家になる見込みのある人まで落胆させたくはありません。ほかの職業と同じように心理療法にも不利な点はありますが、そうした点よりも面白さのほうがはるかに勝っています。人間というのはどこまでも魅力的な存在であり、善悪などあらゆる性質を含んだ、こみいったアマルガムなのです。パーソナリティ特性や人間の性質には必ずといっていいほど二面性があります。心理療法の実践を通じて私の印象に一番残っているのは、この人間が持つ両義的な複雑さです。私はこの職業に就いたおかげでとても豊かな人生を送ることができました。たくさんの興味深い、そしてしばしば愛すべき人たちの人生に深く関わる機会を持てたことに感謝しています。

＊17　コンラッド Conrad, Joseph（1857-1924）ポーランド生まれのイギリスの小説家。船員生活の体験に基づく海洋文学『青春』、アフリカを舞台にした中編『闇の奥』のほか、『密偵』『西欧の眼の下に』『ノストローモ』などの政治小説を遺す。ここでは作品『闇の奥』を指している。それは、弱い理想主義者が熱帯地方の森と、蛮人の中にいる淋しさの恐怖のために狂気になるという話である。ラッセルはこの話がコンラッドの人生哲学をもっとも完全に表しているという。

第十五章　孤独、趣味、癒し

❖一人の心の内に生じる治癒過程

この本は個人心理療法について書いたものなので、心理療法家と患者との治療的な相互作用のほうを、一人の心の内に生じる治癒過程よりも、むしろ強調してきました。このたび第二版を準備するにあたって、後者の治癒過程に焦点を当てた章を加筆する機会が与えられました。先の第八章で私は、「転移こそが治療のなかで最も重要な要素である」と述べました（ここでは転移という言葉を広い意味で用いています。つまり、患者と治療者との間で変わりうる関係性全般のことを意味しています）。今も私はその通りだと思っています。ですが一方で、治療者や周囲の人といった人間関係がそれほど関わってこない治療的要素の重要性にも気づくようになってきました。現代の心理療法の技法は対象関係論を中心に発展してきたため、他者との人間関係以外にも重要な経験があることを私たちはつい忘れがちになるのです。フロイトは心の健康を「愛する能力」と「働く能力」の点から定義しましたが、この定義からすると、これまで精神科医や精神分析家は「働く能力」よりも「愛する能力」を強調してきたと言えます。

なるほど、多くの人たちにとって親密な対人関係こそが人生の一番の原動力であり、幸福になるかどうかを決める最も重要な決定要素です。しかし、それは誰にでも当てはまるわけではありません。たとえ自分の家族と親密な結び付きを楽しめるほど幸運な人であっても、たいていは親密な対人関係を含まない仕事や学業に多くの時間が割かれることになるからです。「仕事」に取り組むときに抱く関心と、余暇の時間に追求する趣味が、人生を豊かにしてくれるのです。それらは心の健康を保つ、主たる要因の一つになることさえあります。親密な対人関係だけが幸福へたどりつく唯一の道だと決めつけるのは正しくありません。たしかに治癒の要因としては転移分析こそが最も重要かもしれませんが、一人の心の内に生じる内的な要因も——見逃されがちですが——重要なのです。個人心理療法は本質的に言えば患者と治療者との相互作用なので、患者が一人で心を落ち着けているときに生じる洞察や態度の変化にはあまり注意が払われません。ですが心理療法の実践では、治療者はこうした患者の内的過程に気付いて、その過程を促すための時間と機会を与えることが重要なのです。

今日、精神科病院や情緒障害者を対象とする施設では、グループ活動、環境療法、病棟ミーティング、スタッフとの相互交流といったプログラムが重要視されています。作業療法や芸術療法ですら、しばしばグループのなかで実施されています。こうしたさまざまな活動を通して、患者はつねにほかの患者や医療スタッフと接触することが求められているのです。この絶え間ない活動は、もしそれがなければ対人関係から引きこもってしまうような統合失調症者にとっては、おそらく実りあるものでしょう。ですが、すべての患者にとって本当に望ましい方法と言えるかどうか、私は疑わしく思っています。というのも、たんに孤独を求めるだけでなく、それを必要とする患者もいるからです。十九世紀、アメリカの精神神経科医サイラス・ウィアー・ミッチェル[*1]は、患者を家族から隔離し、一時的な孤立を保障する「休息療法」を提唱しました。この治療法によって、患者は静かに自分の内面を見つめ、以前なら脅かされていたような情緒的問題を自然に振り返ったり整理したりできるようになったのです。

私たちにとって睡眠が必要なのは、睡眠中に心のなかを振り返ったり整理したりすることが理由の一つとしてあるかもしれません。日中の間は誰とも会わず、静かに昼寝を取るようにするといったことでもしない限り、私たちのほとんどはおびただしいほどの感覚刺激にさらされています。睡眠時間が奪われると、瞬く間に精神的なストレスや不調を招いてしまうのはよく知られていますし、急性の精神病症状の発症前には、しばしば不眠の時期が見られます。睡眠中に生じる心的過程はまだ十分明らかにされているとは言えませんが、心の均衡を保つのに重要なのはたしかです。たとえば、「二つの選択肢のうち、どちらか一方を選ばなくてはならない。しかし、どちらを選んだらいいのかわからないまま寝てしまった。ところが目を覚ましたときは、どちらを選べばいいかすでにわかっていた」という経験をお持ちの方は多いと思います。もしある難題にぶつかったならば、まずは「一晩寝て考えよ」というのが生活の知恵の勧めですが、それはあながち間違っていないのです。これは問題解決のありふれた一例ですが、誰かに相談することなく得られた、一人の心の内に生じた解決策なのです。

❖死別を経験した遺族との心理療法

心理療法家がたびたび出会うであろう患者のなかには、過去に死別を経験し、今もその喪失体験と折り合いをつけるのが難しい遺族の人たちがいます。コリン・マレー・パークス[*2]がその秀作『死別』[1]のなかで指摘しているのは、遺族の人たちの間で、喪失体験から一年間の間に専門のカウンセリングや心理療法を受けた人は、そうした援助を受けない人よりも、健康や適応の面で良好だったということです。パークスはまた、喪の作業[*3]が不十分なまま終わった症例についても述べています。そうした患者は、喪失体験をしても自分の気持ちにふたをして、めったなことでは自分の感情を表しませんし、なかにはあえて仕事を忙しくしたり人付き合いを増やしたりして、自らの悲哀を十分に味わう時間や機会を極力持たないようにする人もいます。

喪の作業には非常に長い過程が必要になるかもしれません。もちろん心理療法家を信頼することによってその過程はいくぶん早く進むかもしれませんが、心理療法家の提供する週一、二回のセッションによって、患者のあらゆる問題――それまでの人生においてあらゆる面でずっと親密にしてきた人を失ったことによって課せられた問題――を十分に扱うことはできません。そうした患者との治療の際に心理療法家がよく気付いておくべきことは、患者は自らの悲哀に是が非でも向き合いたくないために、いろいろな方法を用いてそれを先送りしているということです。ですから心理療法家は、そうした患者に深い感情が自ずと現れてくるようにするため、一日の時間のうちどこかで一人になって過ごすよう勧めてみなくてはなりません。

第六章で私は、精神病症状の再発に苦しむ、ある女性患者の例を挙げましたが、その患者は、過去の自分の病状をなかったものとして取り繕うのではなく、かわりに一冊の本にすることによって多大な利益を手にすることができました。これと同じような対処法は遺族の患者にも適用できます。故人との詳しい関係、一緒に過ごしてきたさまざまな時代、あらゆる親密な関係につきものの浮き沈み。そうしたことを患者が一人になってじっくりと思い出すことができれば、故人との記憶を思い出さないようにするよりも、かえって早く喪失体験と折り合い

＊1　ミッチェル Mitchell, Silas Weir（1829–1914）アメリカの医師、作家。

＊2　パークス Parkes , Colin Marray（1928–）イギリスの精神科医。

＊3　喪の作業 mournig work　悲哀の作業とも訳される。人が愛着や依存の対象を喪失したときに生じる心的過程を喪（悲哀）と言う。フロイトは失った対象からしだいに離脱していく作業を「喪の作業」と呼んだ。つまり、現実では対象が喪失されているのに、内的な幻想の世界では依然としてその対象に対する思慕の情が続くことによって生ずる苦痛が喪（悲哀）であり、この失った対象に対する悲哀の情を最終的に断念し、対象に対する備給を解消する過程が喪（悲哀）の作業であるとした。

がつくようになるでしょう。もし遺族が故人との思い出を文章にしてみたいのであれば、そうしてみることが一番です。たいていの家族には、よその家族からすればたわいもないけれど、身内の興味を惹きつけてやまないような故人に関する秘密の思い出があります。亡くなった直後に遺族から明かされる思い出は、故人の記憶として留まるだけでなく、その遺族にとって治療的な資源にもなるはずなのです。

❖趣味の意義

第六章で私は、抑うつの中年期患者に対して、若い頃に抱いていた白昼夢を思い出してみるよう促すことがあると述べました。また、仕事や子育てに忙しいせいでなおざりになっていた趣味を、もう一度蘇らせるのはしばしば実りがあると示唆しました。たとえばある母親は、一日のほとんどの時間を子育てに専念しなくてはなりませんが、将来子どもから自分が必要とされなくなると、抑うつに陥ってしまうかもしれません。子どもが生まれるまでは、美術、音楽、園芸、洋裁といったことが趣味でしたが、子どもが生まれてからは家族の要求に応じなければならず、そうした趣味は一切できずにいたのです。

しばしば中年期になると、「もはや若い頃のように趣味に夢中になれないのではないか」とか、「新たなことは何も学べないのではないか」と思いがちです。そうした思い込みは自らの抑うつ的側面を表しているのかもしれませんが、一方で、いかなる分野であれ、年老いた人の能力を過小評価する一般的傾向を表しているのかもしれません。しかし才能さえ開花すれば、年老いていてもなお成功を手にすることができます。たとえばグランマ・モーゼス*4は、八十歳で初めて自分の個展を開き、百歳になるまで絵を描き続けました。これと似たような例はジェレミー・ベーカーの『トルストイの自転車』(2)のなかによく出てきます（トルストイが初めて自転車に乗る練習をしたのが六十七歳だったことから、こうした題名が付けられました）。心理療法家のほとんどは、心のエネルギーを考える際、対象関係に焦点を当てるため、趣味の意義を過小評価してしまうのです。
この唯一の例外は、カナダのトロントにあるヨーク大学の心理学教授で、秀作『精神分析における近年の進展』[3]の著者でもある、M・N・イーグルです。イーグルは、一九八一年に「対象関係としての趣味」[4]という論文を発表しましたが、その論文のなかで、趣味を性目標から逸れた「高次」の産物、すなわち昇華の産物とする精神分析の慣例的な考えに異議を唱えたのです。イーグルがある調査結果から指摘したのは、たとえ小さな赤ん坊であってもさまざまな聴覚刺激や視覚刺激を弁別していて、まるで生まれつき「非人間的な物」に興味があるかのように、色や形への自分独自の好みを持っているということでした。しかも、サルの赤ん坊であれ人間の赤ん坊であれ、自分の飢えや乾きを和らげられるかどうかに関わらず、安心できる接触感を与えてくれる「物」に愛着を示したのです。イーグルはこう結論付けています。

あらゆる結果から一貫して示されているのは、「物」への興味は、たんなるリビドー・エネルギーの向かう派生物とか欲求充足の結果とかではなく、情緒的絆の進展と同じように、人間の発達において重要な自立的側面を担っているということである。それは、世界の対象と認知的、情緒的に結びつくための生まれもった性向を表している。[5]

精神分析について門外漢の人なら、きっとこうした結論を平凡だと思うでしょう。周囲を見渡してみても、大半の人たちは、切手収集に始まり、音楽鑑賞、魚釣り、株式売買に至るまで、何らかの趣味を持っています。常

＊4　グランマ・モーゼス Grandma Moses (Robertson, Anna Mary)（1860–1961）アメリカの画家。七六歳で絵を始め、農場生活を描いた。

識的に考えると、こうした趣味を「性的エネルギーが本来の目的から逸れたもので、言わばリビドーの派生物である」と考えるには無理があります。ところが、フロイトには非常に説得力があって、しかもフロイト自身その見解が正しいと確信していたために、長らく心理療法家は、性衝動こそが本来の心の動機やエネルギーであり、情緒的に重要なことには必ず性衝動が由来すると考えていたのです。実際フロイトは、「本来われわれが知っていたのはただ性対象だったわけである」[6]と述べていますが、この結論は、乳幼児観察の実証的な研究結果からは支持されていません。

心理療法家はもっぱら対人関係に関心を寄せていますが、イーグルが指摘するように、趣味から「生きがい」が得られることもあると理解しておくことはいっそう重要です。実際、ベッテルハイムらが示しているのは、強制収容所や捕虜キャンプといった過酷な環境下で生き残った人たちは、自分の命を超越した、何らかの理想や信念に身を捧げていたということです。また、長年連れ添ったパートナーが亡くなってしまうと、遺された相手も往々にして病気を患ってしまうか、あるいは同年代の人たちよりも早く亡くなってしまうことはよく知られています。とはいえ、故人とは関係しないところで何か情熱を傾けられることを確保しておけば、もしくは確保するよう準備しておけば、その後も生きがいを感じることができるでしょうし、それによって故人の死を悼むこともできるでしょう。

❖創造性と癒しのプロセス

創造性に恵まれている人は、しばしば自分の才能を自分の自尊心や満足感を維持するために用います。このことは自著『孤独』[7]のなかで詳しく取り上げました。一方、イーグルが取り上げているのは、「たびたび妄想的で疑心暗鬼になり、慢性的に警戒心がひときわ強く、気分の浮き沈みが著しく、強い不安を感じる時期があり、幻覚様の体験を報告する」(8)という作曲家の事例です。この作曲家の精神状態はきわめて混乱していましたが、破綻することは一度もありませんでした。彼の音楽的才能と情熱が生活を維持するのに中心的な支えとなったからです。かりにそうした支えがなければ、いつ精神病的破綻が生じてもおかしくない、とイーグルは確信していました。

このように音楽、文学、美術といった趣味は、創造的才能に恵まれた人にとって人生の問題を解決する鍵となるのかもしれません。一方、それほど才能に恵まれていない人であっても、人と関わる必要のない趣味を持っています。イギリス人の園芸への情熱は一向に衰える気配を見せませんが、多くの人にとって園芸は知的な装いをしなくても生活を豊かにしてくれるのでしょう。魚釣りなどの趣味にも同じようなことが言えます。週日働きづめだった週末を活気づけてくれますし、退職した後に苦しめられる退屈さを紛らわせてくれます。

❖一人の心の内に生じる統合過程

先に指摘したように、心理療法家の大半は、一人の心の内に生じる統合過程よりも対象関係のほうに関心を抱いています。この例外として有名なのがC・G・ユングです。ユングは一九六一年に亡くなりましたが、晩年の著作は事実上すべて彼の言う「個性化の過程」*5――対人関係はさほど重視されず、一人の心の内的過程を通して全体性と統合性が求められること――と関わっています。ユングもほかの分析家と同じように自らの臨床経験に基づいて独自の理論を発展させていきました。ユングが比較的年齢を重ねた患者を対象としていたのは偶然ではなく、一番興味を持っていたのは、中年期、もしくはそれ以降の患者でした。一方でフロイトは、五十歳前後、もしくはそれ以降の患者は精神分析に不向きだと考えていました。フロイト派が主として子どもや若者を対象としているのに対し、ユング派が主として人生の後半に差しかかった人を対象としているのは今も変わりません。

ユングが担当した患者の多くは、すでに結婚し、家庭を設け、社会的地位をある程度得た人たちでした。おそらく彼らが、ユングと同じように中年期の心の危機を経験し、それがきっかけで治療を求めたのは、自分の人生が無意味で空虚であるように感じられたせいなのでしょう。

ユングは、人生の前半と後半の課題はそれぞれ次元が異なると主張しました。若者の心理的課題は、エディパルな親との結びつきから自分自身を解き放ち、新たな性対象を見つけ、家族を築き、社会的地位を手にすることです。ところが、もしこうした課題をすべて乗り越え、ようやく中年に差しかかろうとしたとき、無残にも自らが変わり果てた姿になっていたとしたら、いったいどうすればいいのでしょうか。

ユングが見出したのは、そうした患者に夢や空想を書き留めるよう勧めてみると、内的過程が動き始め、うまくいけば受容や平静といった新たな態度が獲得されるということでした。ユングは患者に、一日のうちどこかで時間を見つけ、静かに一人で過ごし、夢想の状態（意識を保ちながらも判断を保留するような状態）になるよう勧めました。そして空想を書き留めさせながら、意識を干渉させず空想が自然に膨らんでいくよう指示したのです。ユングはこうした過程を「能動的想像《アクティブ・イマジネーション》」[*6]と呼びました。

ユングの空想に対する態度は、フロイトのそれとまったく正反対だったことは注目に値します。フロイトは、遊び、空想、夢といったものを現実逃避の手段だと考えました。また、こうした活動を「一次過程」[*7]の産物――願望充足と快感原則が支配する心的装置の産物――だとして、本来はこの子どもじみた原初的な活動から脱却し、それに代わって「二次過程」[*7]――意識的関与と現実原則が支配する合理的思考――が生じなくてはならないと考えたのです。一方でユングは、患者に「一次過程」を利用するよう勧めました。なぜなら、空想をたんなる現実逃避の産物ではなく、むしろ創造的な産物だと感じたからです。ユングが見出したのは、患者は心の非合理的、想像的側面に触れることによって、それまで見過ごしていたパーソナリティの一面を再発見するだけでなく、自我は決して絶対ではないことや、意識に遠く及ばないような統合性にたえず依存していることにも気づくようになるということでした。

ここで注目すべきことは、ユングが患者に勧めた夢想状態は、まさしく創造的発見が生じるときの心の状態だということです。もちろん、夢を見てそこから直接新たなアイデアを得ることはめったにないかもしれません。しかし創造的な人の多くが、問題の解決や新たなインスピレーションの獲得は心のリラックスした状態――積極的に考える状態ではなく、自然と心に考えが浮かぶよう身を任せている状態――にあるときだと言います。ただし、自分の生み出した空想作品は何かしら芸術と関係している、といった患者の考えをユングは支持しませんでした。というのも、空想作品を秩序づけたりはっきりと形づけたりしないことによって、患者の自発性を保持させておきたかったからです。とはいえ、能動的想像と創造過程はよく似ていることもたしかです。ユングはその

＊5　個性化の過程 individuation process　ユングにとって個性化の過程とは、自我が普遍的無意識に内在する元型の働きを、象徴を通じて把握し、意識化してゆく過程として、その重要性を強調した。このような元型的な内容と対決する過程は危険に満ちたものでもあり、一般的な社会的規範と葛藤を起こすことも指摘している。とはいえ、個性的立場とは、集合的規範に対立するものではなく、それとは異なる方向付けを持っていることを意味する。

＊6　能動的想像 active imagination　ユングが一九三五年にタヴィストック・レクチャーで初めて公にした用語であり、覚醒状態で夢を見る技法のことを表す。まず、特定の問題、気分、絵画、できごとに精神を集中し、さらに一連の連想されるファンタジーが展開するがままにしておき、徐々に、ドラマ的な特徴を帯びるにいたらせる。その後、イメージ自体が生命力を帯び、イメージ自体の論理に従って展開する。このためには、意識的な懐疑を克服し、結果として意識に上ってくるものは何であれ受け入れる耐性がなければならない。

＊7　一次過程 primary process ／二次過程 secondary process　一次過程の機能は、快感原則に従い、欲動が高まると快と結びついた表象を再生することにある。これは、夢や神経症の症状を形成する根源的な心理過程であり、無意識系の中で働く。一方、二次過程の機能は、現実原則に従い、外界との現実関係を考慮しながら欲動を満足させる。これは、言語、思考、運動機能などの心的機能を営み、外界への適応を目指す心理過程であり、意識－前意識系の中で働く。

ことを次のように述べています。

私が述べている作用とは、ある心の状態をもたらす働きであって、その状態になると　私の患者は自分の存在をかけて実験を始めるのであり、そうなるともはや何ものもなされるがままの、うつろに硬直した状態にはない。すなわちそれは、流動性、変化、生成の状態である。(9)

この本の主たる読者である精神科医の訓練生は、自分がユングの言うような深遠な患者と日々出会っているとはよもや思っていないでしょう。治療を求める人のほとんどは、全般的な空虚感や不全感というよりも、神経症症状といった、特定のはっきりした症状に悩まされているからです。とはいえ、こうした患者に対するユングの治療法が重要なのは、癒しのプロセスが面接室の外で起きるという事実に注意を促していることです。患者はユングの説明する技法を用いることによって、自己発見や自己治癒といったプロセスを早められるかもしれません。

都会生活をしていると、日中の間、一人になる機会や、物事をじっくり考える時間はなかなか取れないでしょう。ですが、そうした機会や時間を見つけておくことは重要です。たとえ職場にいると息つく間もないほど忙しく、家に帰ると子どもの世話で手一杯であったとしても、一人で散歩に出かけたり、誰にも邪魔されない時間を設けたりすることは可能だと思います。「人生」という仕事がどこか行き詰っているときは、最近興味のあることや夢中になれることをやってみたり、さまざまな瞑想を行ってみたりすると、一人でいる時間が治療的価値のある時間へと生まれ変わるかもしれません。

❖感覚刺激を抑えるさまざまな技法

西洋文明は人間の感覚中枢に負担をかけすぎる傾向があります。街中にいると、自動車、列車、飛行機の騒音から逃れることはできません。電話はプライバシーを脅かします。私たちは音の垂れ流しに慣れすぎてしまったせいで、逆にそれがなければ不便を感じるようになっているかもしれません。誰もが車の運転中は一人になれますが、それを内省の機会と捉えて高く評価する人もいれば、物足りないと感じてラジオやカー・オーディオのスイッチをつけないと落ち着かない人もいます。

近年、感覚刺激を抑えるさまざまな技法が、治療的効果をもたらすことがわかっています。RESTとは環境刺激制限療法[*8]の略称です。しばしば「感覚遮断[*9]」と間違えて使われることもありますが、現在どちらの方法も用いられています。前者の方法では、外的世界を完全に遮断したカプセル・ベッドのなかに入り、無音状態の、完全な暗闇のなかで体を横にします。後者の方法では、カプセル・ベッドのなかに暖かい食塩水を入れ、そのなかで体を横にします。そのため、トランクからの余計な刺激が減り、感覚刺激はいっそう少なくなります。こうし

＊8　環境刺激制限療法 Restricted Environmental Stimulation Therapy　一九七〇年代後半にイギリスのコロンビア大学のシュードフェルド Suedfeld とボリエ Borrie がフローティング・タンクを利用した治療効果を実験しはじめ、自らの技法を環境刺激制限療法と命名した。フローティング・タンクは、一九九〇年代以前、アイソレーション・タンクと呼ばれることが多かった。ちなみにアイソレーション・タンクとは、一九五四年にアメリカの医師、神経生理学者ジョン・リリー John Lilly が感覚遮断の実験のために開発したもの。光や音を遮断した小部屋ないし大きな容器のことで、その中には人間が浮かぶ程度の塩水が入れてある。こうしたタンクは代替医療において瞑想やリラクゼーションのために用いられている。

＊9　感覚遮断 sensory deprivation　外界からの刺激を意図的に取り除く行為。目隠しや耳栓など簡単なものでも視覚や聴覚に対してある程度遮蔽の効果はあるが、フローティング・タンクを用いれば、視覚、聴覚、温覚、上下感覚を取り除くことが可能である。

た方法によって、大半の人は深いリラクゼーションや幸福感を体験するのです。初期の感覚遮断の実験では、幻視が生じたり、急性不安やパニック発作を起こしたりする参加者もいました。近年の研究結果から、こうした否定的結果が生じるのはまれで、しかもその多くは参加者への適切な準備を怠っていたことによるものだとわかっています。ちなみに、この技法に最も適していないのが閉所恐怖症や強迫神経症の患者です。

第十三章で、心理療法家にとって治療が一番うまくいくのは内気で控えめな患者であり、あまりうまくいかないのは、摂食障害、過度の喫煙、アルコール依存の患者であると示唆しました。ここで注目すべきなのは、環境刺激制限療法が、とりわけ後者のような患者の治療に合っているということです。喫煙行為は、反喫煙メッセージを使用する、しないにかかわらず、環境刺激制限療法を二十四時間体験すると、その後三カ月間に平均三十八％減少することがわかりました。アルコール依存患者におけるアルコール摂取量の減少、肥満治療における体重減少、食欲不振症治療の体重増加についても同じように報告されています。[10] こうした結果は、環境刺激制限療法に何らかの治療効果がある証拠です。

もちろん研究をさらに積み重ねていく必要がありますが、精神科の病院や診療所において環境刺激制限療法を心理療法の補助として、あるいは依存症や摂食障害の治療法として実施するだけの根拠は十分得られています。この章で私が述べたのは、一人になったり眠ったり夢想状態になったりすることによって、問題解決を導き、新たな態度を伸ばし、癒しをもたらすという内的プロセスが促されるといったことでした。大変興味深いのは、環境刺激制限療法を用いることによってそうしたプロセスが早まるかもしれないし、逆にそうした環境は創造性を高めるのに適しているかもしれないということです。

❖心理療法以外で生じる重要性

心理療法のプロセスはしばしば探索の旅を余儀なくされるため、患者と治療者は心理療法の最中に生じることをひときわ重要なものとみなします。その反対に、心理療法以外の時間で生じることをそれほど重要なものとみなしません。こうした考えは正しいかもしれませんが、患者が誰とも関わらずに行う自己探索や自己理解の努力を、治療者は低く見積もってしまうかもしれないのです。ユングはいつも患者に「宿題」を出していました。また、現在の医療状況では心理療法の資源が不足しているので、心理療法家は患者一人ひとりに毎週多くの時間を割くことができません（もっとも、そうしてあげたいのはやまやまですが）。ですから、患者が自分一人で自分の問題にどれだけ取り組めるのか見極めることがとりわけ重要になるのです。

心理療法に決して終わりはないけれど、進展のプロセスがいったん動き出すと、しばしばそれは生涯を通じて続いていくといった考えがあります。神経症とは、その人が「行き詰った」事態、すなわち変化や進展がなくなり、人生の難局に差しかかった事態である、とユングは考えました。先に示した引用の通り、ユングは心理療法の目標を完全なる治癒を目指すことではなく――それは非現実的な目標です――、流動性、変化、生成の状態に至ることだとしました。かりに心理療法を通して、「行き詰っていた」人が自由に旅することができるようになれば、そこで心理療法家は満足とすべきです。人生最大の問題は死です。命が続くかぎり、私たちは完全な統合や完璧な適応など手に入らないことを受け入れなくてはなりません。なぜなら前進するたびに、つねに取り組むべき新たな問題が目の前に現れてくるからです。

監訳者解説

アンソニー・ストーの人間観は今の日本社会に必要だと思う。ストーは、西洋文化があまりにも他者との親密性を人々に要求しすぎるとして、孤独の大切さ、孤独の体験の中でこそ創造性は育まれるとした。もちろん他者との交流はとても大切であるし、社会性や協調性の大切さは疑う余地はない。しかし、自分という城を城壁で防衛せずに、他者への配慮や空気を読むことに専念すると、自分自身の内的な豊かさが育たない危険性がある。

三十年前、ジャズ喫茶全盛の頃、男女に関わらず文庫本片手にジャズ喫茶に行き、喫茶店内部は巨大なスピーカーが部屋の片面にペアで置いてあり、席はそのスピーカーをステージに見立ててすべて等間隔にステージに向かって置いてあり、客はコーヒー一杯で音楽に耳を傾けながら、読書にいそしみ、自分の内面世界に没頭するものだった。

今喫茶店は人であふれ返り、二人から四人でおしゃべりに夢中になり、受験生や試験勉強の学生以外で、一人で喫茶店に座っていると孤独な寂しい人と見られかねない。社会の風潮として、自分が社会や集団から浮いて孤立しないように振る舞い、場の空気を乱す言葉を吐くとか行動をしないように繊細な注意を払い、ＫＹ（空気が読めない）と呼ばれることを極端に恐れ避けようとする。

ユングが指摘したように、ある時代に集合的意識であったものは、次の時代に集合的無意識として機能するとか、逆にある時代に集合的無意識であったものは、次の時代に集合的意識に昇り、人々の意識的心を支配する。今は、社交性、明るさ、人間関係、親密な友人や恋人がいることが一般に重要視され、一人でいることは、孤立、オタク、引きこもりなどのレッテルを貼られて、病理として見られてしまう。

今、学校教育現場で増加してきているとされる発達障害問題は、もちろん今まで脚光を浴びていなかった障害に焦点が当たったから、早期診断が出来るようになった結果だとも言える一方で、場の空気が読めない、人の気持ちがわからない、協調性がないなどという性質を、望ましくないものとして意識化する社会的風潮の結果だとも言えるのではないかとすら筆者は思う。

アンソニー・ストーは、人間関係や他者との協調性を大切なものと認める一方で、孤独と籠りの中での創造性の大切さを訴えた精神科医及び心理療法家だと思う。今、西洋化を受け入れ、ソーシャルスキルトレーニング、アンガーマネジメント、ストレスマネジメントに躍起になる社会への適応を最重要視する日本にこそ、アンソニー・ストーを見直し、孤独を大切にして、自分自身の本来的なもの、素直でありのままの自分自身を籠りの中で取り戻すことの大切さをもう一度振り返るのもよいのではないかと思う。

アンソニー・ストーは、フロイト派精神分析学とユング派分析心理学の両方の指導を受け、その二つの要素を自分の中で統合させて、自分独自の臨床的センスを育てていった人だと思う。一方で、フロイト派であれ、ユング派であれ、自らの理論を唯一絶対的に正しいものと考え、他の理論や物の見方を排除するような、教条主義的で原理主義的な、自分の原理原則に固執する態度を忌み嫌い続けた。本書にもそのような基本的な態度が見られる。

実は、ユング派とフロイト派の差はある意味ほとんどないといえる。フロイトとユングの一九〇七年の最初の出会いで、フロイトがユングに、「転移についてどう思うか?」と尋ねた時、ユングが、「それは分析のアルファでありオメガである」と答え、フロイトが「あなたは大切なことをつかんでいる」と評価したことは有名な話である。クライエントが「このセラピーは進んでいるのですか?」と述べる時に、セラピストがどう進んでいるのかを説明するのではなく、「あなたはこのセラピーが進んでいないのではないかということが不安なのですね」、あるいは「セラピーを進めることが出来ていないセラピストに不満を感じているのですね」と指摘することで、転移分析をしっかりしていくという部分はフロイト派とユング派とで違いはないのである。

では何が違うのかというと、フロイト派が、症状消失などの治療目標をしっかり立てて進めていくこと、精神分析の目的は無意識を意識化することで、無意識の支配から自由になることなのに対して、ユング派は、クライエントの無意識の自律性を信頼し、無意識を意識化するだけではなく、無意識が自律的に動くことで変容が起こり、分析によって個性的な人生を送ることを目的にするのである。特に精神病理についての見解は両者で異なる。フロイト派にとって、精神病理は、病理の無意識的働きを分析し意識化することで、その影響から自由になることであるのに対して、ユング派は、精神病理は裏返せばその人の個性的な生き方を支えるものでもありうるので、完全に治してしまうのでなく、精神病理を自らの性質として受け入れ、創造的に生かすことをもう一つの目標とするのである。ストーの著書『孤独』の中には、そのような事例に溢れている。

もう一つは、〝大きな夢〟(Big Dream) と呼ばれる、集合的無意識の直接的な表出であるような夢の取り扱い、神秘的な体験、スピリチュアルな体験への対処もユング派の特徴であろう。筆者も若い頃、ある女子学生との面接を進めていくと、面接で彼女が今まで報告できなかった話として、宇宙との融合体験という特別に大切な体験を語ってくれた時、心から畏怖の心で満たされたと共に、そのクライエントに心から敬意を払うことで面接を進めることが出来、ユング派の意味を体験的に理解できたことがある。その彼女は特に深い病理も持っていなかったので、およそ半年で面接は終了し、彼女が相談を受けた主な理由は、その誰にも理解してもらいにくい経験をセラピストに話して、それを受けてもらうことだったと思っている。

もちろん、ユング派の教条主義に陥ると、〝深い治療〟を求めてしまうので、それも問題である。心理療法の経験は、クライエント中心に進まなければならない。クライエントがユング派的な内容を面接に持ち込んだ時には、ユング派の理論が参考になるだろうし、フロイト派的な内容を持ち込んだ時にはフロイト派の理論が参考になる。あるいは本書で述べているように、ある種類の強迫神経症患者や強迫パーソナリティの人は、フロイト派やユング派に関わらず洞察的心理療法に適していないので、行動療法や薬物療法、あるいは作業療法などが適することもあるのである。

このように、アンソニー・ストーのよいところは、まさにこのようなクライエント中心の態度、学派の理論にこだわらずに、使えるものなら何でも使いクライエントを理解し、クライエントを援助し、そうすることを通して、クライエント自身が自分のことを自分で援助できるようにすることを目標にしていることだと思う。このような、今でいえば統合心理療法の立場が彼の立場であると言えよう。

今は、フロイトやユングの時代と違い、社会がさらに多様化し、生じている問題も多様化してきている。心理療法の適用される現場も、医療や教育の場のみならず、児童相談所や精神保健福祉センター、児童養護施設、情緒障害児短期収容施設、ファミリーホームなどの福祉領域、鑑別所や刑務所、家庭裁判所、自立支援施設などの司法領域などの多領域に渡ってきている。すると、古典的な一対一の個人心理療法に「原理的に」こだわっていられない状況、グループでの互助や分かち合いの治療効果、受身の面接だけではなく、心理教育的面接の必要性や、犯罪者に対する認知行動療法、ソーシャルスキルトレーニング、アンガーマネジメント、ストレスマネジメントなどの有効性が認められてゆく状況がすでに訪れている。さらにブリーフセラピーや家族療法などの視点が有効なケースもあるだろう。

しかしそのような中でこそ、心理療法の原点である精神分析の基本をしっかり理解しておくことは重要ではないかと筆者は思う。告白をすることだけで立ち直るクライエントもいるだろうし、心理教育的な援助で悩みが解消できる場合もあるだろう。一方、転移を扱わなければ改善できないクライエントも少なからずいるだろうからである。だからこそ、原理主義的ではない、換言すれば難解な用語をいたずらに振りかざすことのない精神分析の教科書が今必要なのではないだろうか。本書はそのような教科書の一つとして最良のものであると思う。

まず第一に、どのようなクライエントに有効かということを正直に述べて、精神分析的心理療法の限界を定めていることである。教条主義的な理論書ほど、自分の理論がどんな患者にもどんな症状にも有効であるかのように書いている。しかし日頃の臨床活動を通して筆者らが気づいているのは、心理療法が大変有効なケースと、なかなか変化が起こらないどころか悪影響を与えているかもしれないケースがあるということである。セラピストとして、比較的短い時間で効果を発揮できるケースに精神分析的心理療法を試みる態度をもつことは必要であろう。

第二に、クライエントに対する対応の仕方の記載がとても具体的で、明日からの面接にすぐに応用できることである。スーパービジョンを受けていることをクライエントに伝えておくべきかどうか、無理やり連れてこられた人への対応、セラピストはクライエントにどの程度自分のことを明かしてもよいのか、などの質問にとても具体的に答えている。理論ではなく、どうやって日々の面接を進めていくかということが実際には大切である。本書はそのような期待に十分応えてくれていると思う。初回面接の進め方、解釈の仕方、夢などの扱い方、転移の扱い方などについて大変わかりやすく記載されている。

第三に、ヒステリー・パーソナリティ、抑うつパーソナリティ、強迫パーソナリティ、スキゾイド・パーソナリティの基本的な四つのパーソナリティについて、簡潔にわかりやすく説明してくれていることである。現在は診断に関してはＤＳＭが一般的に用いられている。しかし、心理療法を進めるに当たって理解しておくべきことは、どのような診断を受けている人かどうか、ということではなく、むしろパーソナリティ構造が、ヒステリーなのか強迫なのか、あるいは抑うつなのか、スキゾイドなのかということが、直接的に心理療法の進展に関わってくるのである。その点をこれほど簡潔に説明している心理療法の教科書はあまりないと思う。

第四に、セラピストのパーソナリティについてしっかり述べてあることである。どういうパーソナリティの人が心理療法家を目指すのか、セラピストに必要なパーソナリティはあるのか、心理療法を進めていることでどのようなパーソナリティが補強されていくのか、心理療法を進めていく上で気をつけておかなければならないことは何かということについて、わかりやすく説明している。

最後に、前半でも述べたが、心理療法と並行して、人間が趣味をもつことの重要性をしっかり指摘していることである。心理療法で大切なことの一つに、〝癒しのプロセスが、面接外で起こる〟という点の正しい理解である。絵を描くこと、楽器を演奏すること、洋裁をすること、造形表現をすること、運動をすること、このような趣味をもつことで、孤独の中での豊かな創造性の経験をすることの治療的な意義は計り知れない。特に音楽に関しては、他著『音楽する精神――人はなぜ音楽を聴くのか?』で、音楽を聴き、演奏する素晴らしさを説き、フロイトが音楽を研究していたらもっと音楽は治療に活かされたであろうと述べている。日本でも河合隼雄がフルートのCDを出しているのは有名な話である。ユングが自ら曼荼羅の絵を何枚も描き、自己治癒に至ったこと、人生の後半には自分の城を手作りで建てたことも参考にしてもいいだろう。

このように、本書は、精神分析的心理療法の基本を学ぶのに最適な本であるばかりでなく、アンソニー・ストーの治療観や人間観がよく表れている本だと思う。フロイトは、正常な人間としてよくなしえなければならないことは? と問われて、〝愛することと働くこと〟と答えたという。アンソニー・ストーなら、きっと〝愛することと創造的であること〟と答えるのではないかと思う。フロイトが過去志向的であるのに対して、ユングが未来志向的であるということは、おそらくこのような点を指しているのであろう。

心理療法とは、ユングも述べたように、誰にも言えなかった秘密を告白することによる解放感、転移を扱うことで自己理解を進め自分が解明されることによる腑に落ちる感覚、人間の心の働きや心の成長について理解することで、自分を受け入れることができる安心感、自己表現を進め、自分の内面を外在化し解放させることによる変容を遂げていく個性化の過程、これら全体を含むのである。このような精神分析的心理療法が効果を発揮するためには、ロジャーズの指摘したセラピストのクライエントへの無条件の肯定的関心、言いかえればセラピストがクライエントに好感を持つこと、見返りを求めずにクライエントを好きになることが必要となる。

現代では、ボーダーライン・パーソナリティや、リストカットを含む自傷行為症候群、家庭内暴力などの新しい問題や、ＬＤ、ＡＤＨＤ、アスペルガー障害などの生得的な発達障害の問題、あるいは児童虐待という深刻な環境側の問題に苦しむ人、ＤＶや共依存などの関係性の病理の問題なども増加している。本人の苦しみ、そして保護者や友人、恋人などの周囲の苦しみなど、問題は幅広く、対象も多様である。だからこそ、本当に力のある心理療法家の養成が喫緊の課題である。その本当に力のある心理療法家とは、基本的な精神分析的（力動的）心理療法の基本を身につけつつ、認知行動療法や家族療法、ソーシャルスキルトレーニングなどの様々なトレーニング、ストレス、アンガーなどのマネジメント、発達検査、パーソナリティ検査などに習熟しており、個人心理療法だけではなく、集団面接などにも開かれている人のことである。本書を読むことから始めて、基礎のしっかりした、しかも応用力のある心理療法家が育つことを心から願ってやまない。

神戸大学
吉田圭吾

訳者あとがき

本書は、*The Art of Psychotherapy second edition*, 1990, Routledge/NewYork の全訳である。

著者のアンソニー・ストーは、二〇〇一年に八十歳で亡くなったが、イギリスで著名な精神科医、精神療法家、そして作家の一人であった。また、わが国でも高い評価を得ており、その著作の多くがこれまで邦訳され紹介されている。おそらく読者のなかには、ほかの著作を通じてストーの名をすでにご存じの方も多いであろう。これまで精神分析や心理学に関する一般向けの啓蒙書が多かったのに対し、本書は対人援助職の専門家を対象としたものとなっている。

本書の原題を直訳すると、『心理療法の技芸《アート》』となる。もちろんアートは技術や技巧とも訳せるが、技術と芸術の両方の意味が含まれている。ストーは本書のなかで、心理療法は科学者というより芸術家といったほうが近いと繰り返し述べているように、力動的な心理療法の習得は芸の習得に近い部分がある。そうしたことから、本書のタイトルも当初は『心理療法の技芸《アート》』としていたが、一方で、さまざまな技芸の披露というより、心理療法の基本的、本質的な内容が書かれていることから、編集者のアイデアを受けて、『心理面接の教科書』というタイトルに落ち着いた。そのようにして見ると、現代の日本と時代や文化の違いはありながらも、本書は教科書としてふさわしい内容のように思える。たしかにストー自身序文で述べているように「最新の理論や技法に関して多少物足りないかもしれない」し、時代背景の影響からか、セラピストは精神科医の男性が想定されている。しかし本書は、イギリスで長く読み継がれていることからもわかるように、今読み返してみると、かえって心理面接の変わらない普遍的な側面が浮き彫りになっていると感じられる。本書でストーは心理療法の具体的な実践を中心に解説しているが、たんなるハウツウ書ではなく、実践を通して心理療法の本質的な面が理解できるようになっている。まさにそうしたことがストーの狙いだったようにも思われる。

そうした邦訳の主旨に合わせて、日本語の訳文は「ですます調」とした。また、初学者のために訳注を豊富につけ、見開きページに載せている。なお、引用部分は既出の邦訳を参考にさせていただいたので、感謝を申し添えたい。

本書の翻訳作業がほぼ出来上がっていた二〇一二年に、イギリスの Hodder Arnold 社より、本書の内容を改訂した、その名も *Storr's the art of psychotherapy* が出版されている。本書は初版以来、イギリスで絶版にならず読み継がれてきたが、時代背景や臨床実践の事情が少し変わってきたという理由から、生前の友人で、良き理解者でもあったジェレミー・ホルムズ（精神科医・エクスター大学教授）が代わりの著者となって改訂したものである。ストーの文章を半分ほど残し、残りを新たに加筆しており、その内容はストーの趣旨を大きく損ねることなく、現代のイギリスの状況に合わせたものとなっている。

本書の邦訳化にあたって、そのホルムズ氏より、推薦の言葉を直接いただくことができた。ここに感謝を添えて記すことにする。

アンソニー・ストーは、心理療法や分析心理学といった領域における一流の、代表的な思想家の一人である。『心理面接の教科書』が類いまれなのは、若手の臨床家に向けて、心理療法のセッションをどのように進めたらいいのか、日々実践のなかで生じてくる問題や疑問をどのように捉えたらいいのかといったことについて詳

しく解説している点である。理論には軽く触れる程度で、実践的な助言を中心に据えている。思いやりのある、教養深い医師によって書かれた本書は、精神科医、心理療法家、心理学者に大きな示唆を与え、長らく読み継がれてきた。理解しやすく、わかりやすい力動的心理療法の教科書となっている。新たな扉を開く本書を心より勧めたい。

また、ストーの生い立ちや略歴については、イギリスのユング派分析家、アンソニー・スティーヴンスが、ストーへの追悼文（The Guardian, Tuesday 20 March 2001）のなかでくわしく紹介している。ここにその要約を紹介しておく。

チャールズ・アンソニー・ストー　精神科医・作家　一九二〇年五月十八日、ロンドン出生　二〇〇一年五月十七日　死去

アンソニー・ストーは、心臓発作により、八十歳で亡くなった。イギリスのなかで最も文学に造詣の深い精神科医であった。多作な作家として、その道の識者、実践家として広く名声を得ていた。何もとくべつな才能を持ち合わせていたわけではなく、ほかの慈悲深い人と同じように、人生の形成段階で、まさしくそうした苦しみを味わっていたのである。

ロンドン生まれのストーは、四人兄弟の末っ子で、すぐ上の兄弟とは十才離れていた。父親が五十一歳のとき、母親が四十四歳のときにできた子どもであった。ちなみに父親はウェストミンスター寺院の副司祭をしていた。ストーが時おり抑うつになる気質は、母親譲りのようであった。

ストーは、小さい頃から病気がちで、一人ぼっちで、友達がいなかった。八歳の時に、私立小学校の寄宿校

に預けられたが、そこでの生活と、後に進学したウィンチェスター・カレッジでの生活は、ひどくつらいものであった。なかなか友達ができず、運動も苦手であったせいで、いじめを受け、成績もぱっとしなかった。この一人ぼっちの感覚は、ストーのその後の人生のなかで拭えることはなく、職業を決めるときにも本を書くときにも影響を及ぼした。ストーが正気を保ち、情緒のバランスを失わなかったのは、芽生えかけていた音楽への情熱のおかげであった。後に医師になってからは、合唱隊で歌を歌い、オーケストラでビオラを演奏し、コンサートでピアノソロを披露した。かりに幸運にも職業音楽家になるための必要な才能と訓練を持ち合わせていたとしたら、一介の精神科医や作家でなく、プロの音楽家になっていただろう、とストーはいつも公言していた。

精神科医になろうと決心したのは、一九三九年、ケンブリッジ大学に入学してすぐのことだった。彼の精神的な導き手《モラル・チューター》であったC・P・スノー（小説家・物理学者）の後押しが大きかった。大学卒業後、ウェストミンスター病院で医学研修を続け（一九四一―一九四四年）、一九四六年には王立医学カレッジの会員となった。まずランウェル病院に勤め、次にモーズレイ病院へ移った（一九四七―一九五〇）。一九五一年には心理専門医の資格を得た。しだいに分析心理学への関心を抱くようになり、ユングの友人であり同僚でもあった、イギリス在住のベネット医師から分析を受け、分析心理学（ユング派）協会の会員となった。しかし、自分のことをユング派と名乗るのは固辞した。「懐疑的な折衷派」に留まることを好んだからである。それから心理療法の個人開業を始め、一九六一年からは、さまざまな病院の精神科医コンサルタントとして任用されるようになった。

作家としての名声が上がったのは、一九六〇年に最初の著書『人格の成熟』が出版された頃である。その後、十一冊の本を書いたが、なかでも『創造性のダイナミクス』（一九七二）、『ユング』（一九七三）、『心理面接の教科書』（一九七九）、『孤独』（一九八九）、『フロイト』（一九八九）、『音楽する精神』（一九九三）、『隠された弱点』（一九九六）が有名である。彼の書く本は教条主義を一切感じさせない。文学と音楽を愛し、内科と精神科の訓練を受けたことによって、彼はスノーの言う「二つの文化」を橋渡しすることができたのである。また、ストーには難解な概念をわかりやすく説明する才能があった。それに加えて、流麗で、圧倒的に読みやすい文体だったので、その著作は数多くの読者に支持された。

一九七四年、ストーは心理療法の個人開業を辞め、オックスフォードのウォーンフォード病院で講師職に就き、一九八四年に退職するまで勤めあげた。後に、ワダム・カレッジとグリーン・カレッジの一員にもなった。オックスフォード時代の彼は、とても幸せであったという。

ストーは晩年、精神医学と文学への貢献が認められ、数々の名誉を手にした。グリーン・カレッジ名誉会員（一九八四）、王立文学協会名誉会員（一九九〇）、王立医学協会名誉会員（一九九三）に選ばれた。ストーの精神の寛大さは、その著作を見ればわかる通り、彼のパーソナリティそのものを表していた。それは、彼のもとを相談に訪れる一人ひとりの患者に対してはもちろん、若手の精神科医や心理療法家、作家に対しても、温かいサポートや励ましとなって表れたのである。

ここで、訳者が本書を訳することになった経緯について簡単に触れておく。訳者は、『創造性のダイナミクス』の鮮やかな分析と洗練された文章に魅せられたのがきっかけで、ストーの著作群に触れるようになった。そのなかで本書と出会い、ほかの著作ではわからなかった、ストーの臨床家としての一面にまず興味を覚えた。そして読み進めていくうちに、分析心理学と精神分析の理論を良心的に消化し、力動的な心理療法の実践をわかりやすく解説した入門書であること、またヒューマニスティックな著者の人柄が滲み出たものであることに気づいた。まさに訳者の求めていたものであったが、なぜか邦訳されていなかったので、少しずつ訳業に取りかかることにした。原文を一行一行日本語に訳すことは、ストー先生（と呼ばせていただければ）から直接講義を受けているようで、とても充実した体験であった。訳者なりにわかりやすく原書に忠実な訳文を心がけたつもりであるが、誤りや誤解があればご指摘をいただければ幸いである。

最後になりましたが、神戸大学教授の吉田圭吾先生には、ご多忙のなか監訳の労と解説をいただきました。また、当時金城学院大学教授の吉野要先生には、訳者の一方的な申し出にかかわらず編集者をご紹介いただきました。ここに深く感謝いたします。

創元社の津田氏、小林氏、宮崎氏には、長い期間に渡って、本書の企画から編集まで多大なご尽力をいただき、大変お世話になりました。さらに、上越教育大学大学院のゼミ生の皆さんには、本書の読み合わせを一緒に行ってもらいました。心より感謝申し上げます。

〈アンソニー・ストー年代別主著作一覧〉

【著書】

Storr, A. (1961): *The Integrity of Personality.* Penguin Books. 山口泰司（訳）（一九九二）人格の成熟　岩波書店

Storr, A. (1968): *Human Aggression.* Penguin Books. 高橋哲郎（訳）（一九七三）人間の攻撃心　晶文社

Storr, A. (1970): *Sexual Deviation.* Penguin Books. 山口泰司（訳）（一九九三）性の逸脱　岩波書店

Storr, A. (1972): *The Dynamics of Creation.* Penguin Books. 岡崎康一（訳）（一九七六）創造のダイナミクス　晶文社

Storr, A. (1972): *Jung.* London/Fontana Press. 河合隼雄（訳）（一九七八）ユング　岩波書店

Storr, A. (1972): *Human Destructiveness.* Penguin Books. 塚本利明（訳）（一九七九）人間の破壊性　法政大学出版局

Storr, A. (1979): *The Art of Psychotherapy.* Butterworth-Heinemann Ltd.

Storr, A.(1988): Principles of psychotherapy with depressed patient. Flach, F. (Ed.) *Affective disorders. Directions in psychiatry monograph series; No 3,* 102-113. New York/W.W.Norton & Co.

Storr, A. (1989): *Freud.* New York/Oxford University Press.　鈴木晶（訳）（一九九四）フロイト　講談社

Storr, A. (1989): *Solitude: A Return to the Self.* New York/Free Press. 吉野要（監修）三上晋之助（訳）（一九九九）孤独：新訳　創元社

Storr, A. (1989): *Churchil's Black Dog and Other Phenomena of the Human Mind.* London/Harper Collins. 今井幹晴（訳）（二〇〇七）天才はいかにうつをてなずけたか　求龍堂

Storr, A.(1989): Transference. Flach, F. (Ed.) *Psychotherapy. Directions in psychiatry monograph series; No 5,* 93-103. New York/W.W.Norton & Co.

Storr, A.(1989): Countertransference. Flach, F. (Ed.) *Psychotherapy. Directions in psychiatry monograph series; No 5,* 93-103. New York/W.W.Norton & Co.

Storr, A.(1989): Dreams. Flach, F. (Ed.) *Psychotherapy. Directions in psychiatry monograph series; No 5,* 183-195. New York/W.W.Norton &

Co.
Storr, A. (1990): *The Art of Psychotherapy (2nd ed).* New York / Routledge.
Storr, A. (1991):*Human Destructiveness-The Roots of Genocide and Human Cruelty. 2nd edition.* Routledge/London.
Storr, A. (1991):The psychopathology of fetishism and transvestitism.Samuels, A. (Ed.): *Psychopathology: Contemporary Jungian*, 255-274. New York/Guilford Press.
Storr, A. (1993): *Music and the Mind.* London/Harper Collins. 佐藤由紀・大沢忠雄・黒川孝文（訳）（一九九四）音楽する精神　白揚社
Storr, A. (1996): *Feet of Clay: Saints, Sinners, and Madmen.* New York/Free Press.

[編纂・序文]

Storr, A. (1983): *The Essential Jung, selected and introduced by Anthony Storr.* Princeton University Press. 山中康裕（監修）菅野信夫・皆藤章・濱野清志・川崎克哲（訳）（一九九七）エセンシャル・ユング：ユングが語るユング心理学　創元社
Storr, A. (2004): Charles Rycroft: A memoir. Pearson, J. (Ed.): *Analyst of the imagination: The life and work of Charles Rycroft*, 14-19. London, England/Karnac Books.

[論文]

Storr, A. (1956): A note on cybernetics and analytical psychology. *Journal of Analytical Psychology*, 1, 93-95.
Storr, A. (1957): The psychopathology of fetishism and transvestitism. *Journal of Analytical Psychology*, 2, 153-166.
Storr, A. (1971): Problems of creativity. *Contemporary Psychoanalysis*, 7(2), 115-137.
Storr, A. (1975): Creativity in Music. *Psychology of Music*, 3(2), 9-16.
Storr, A. (1983): Individuation and creative process. *Journal of Analytical Psychology*, 28, 329-343.
Storr, A. (1983): A psychotherapist looks at depression. *British Journal of Psychiatry*, 143, 431-435.
Storr, A. (1986): Human understanding and scientific validation. *Behavioral and Brain Sciences*, 9(2), 259-260.
Storr, A. (1997): Commentary on 'Spiritual experience and psychopathology'. *Philosophy, Psychiatry, & Psychology*, 4(1), 83-85.
Storr, A. (1999): Is Analytical Psychology a religion? Jung's search for a substitute for lost faith. *Journal of Analytical Psychology*, 44, 531-537.

〈より学習を深めたい人への参考文献〉

Casement, P. (1985) *On Learnig from the Patient.* London: Routledge.　松木邦裕（訳）（一九九一）患者から学ぶ：ウィニコットとビオンの臨床応用　岩崎学術出版社

Casement, P. (in preparation) *Further Learnig from the Patient.* London: Routledge.　矢崎直人（訳）（一九九五）さらに患者から学ぶ：分析空間と分析過程　岩崎学術出版社

Flach, F. (ed.) (1989) *Psychotherapy,* Directions in Psychiatry Monograph Series, No.5. New York: W. W. Norron.

Hobson, R. F. (1985) *Forms of Feeling: The Heart of Psychotherapy.* London: Routledge.

Holmes, J. & Lindley, R. (1989) *The Values of Psychotherapy.* Oxford: Oxford Universtiy Press.

Malan, D. H. (1979) *Individual Psychotherapy and the Science of Psychodynamics.* London: Butterworths.　鈴木龍（訳）（一九九二）心理療法の臨床と科学　誠信書房

Storr, A. (1973) *Jung,* Modern Masters. London: Fontana.　河合隼雄（訳）（一九七八）ユング　岩波書店

Storr, A. (introduced by) (1983) *Jung: Selected Writings,* Fontana Pocket Readers. London: Fontana.　山中康裕（監修）菅野信夫・皆藤章・濱野清志・川崎克哲（訳）（一九九七）エセンシャル・ユング：ユングが語るユング心理学　創元社

Storr, A. (1989) *Freud,* Past Masters. Oxford: Oxford University Press.　鈴木晶（訳）（一九九四）フロイト　講談社

文献

［第二版の序文］

（1）Storr, A. (1988) *Solitude.* New York: Free Press. London: Collins (1989)　吉野要（監修）三上晋之助（訳）（一九九九）孤独：新訳　創元社

（2）Storr, A. (1989) *Freud.* Oxford: Oxford University Press.　鈴木晶（訳）（一九九四）フロイト　講談社

（3）Brown, G. W. & Harris, T. (1978) *Social Origins of Depression.* London: Tavistock.

［序　章］

（1）Storr, A.（1973）*Jung.* London: Fontana, Modern Masters.　河合隼雄（訳）（一九七八）ユング　岩波書店

［第三章］

（1）Jones, E.（1953）*Sigmund Freud: Life and Work.* Vol.1, p.268. London: Hogarth Press.　竹友安彦・藤井治（訳）（一九六九）フロイトの生涯　紀伊国屋書店

（2）Maher - Loughnan, G. P. (1980) 'Clinical applications of hypnosis in medicine'. *Br. J. Hosp. Med.May.* pp.447-55.

［第五章］

（1）Laing, R. D. (1977) *Conversations with Adam and Natasha.* New York: Pantheon Books.　弥永信美（訳）（一九七九）子どもとの会話　海鳴社

（2）Eissler, K. R. (1962) *Leonardo da Vinci: Psychoanalytic Notes on the Enigma.* London: Hogarth Press and Institute of Psycho-Analysis.

（3）Jones, E. (1957) *Sigmund Freud: Life and Work.* Vol. III p.445. London: Hogarth Press.　竹友安彦・藤井治彦（訳）（一九六九）フロ

イトの生涯　紀伊國屋書店

（4）Jung, C. G. (1942) *Two Essays on Analytical Psychology.* Collected Works, Volume 7, p.41. London: Routledgeand Kegan Paul (1953).　高橋義孝（訳）（一九七九）無意識の心理　人文書院

（5）Rycroft, C. (1968) *Anxiety and Neurosis,* p.29. London: Allen Lane, The Penguin Press.

（6）Sutherland, S. (1976) *Breakdown.* London: Weidenfeld and Nicolson.　鑪幹八郎・羽生義正（編訳）（一九八一）ブレイクダウン——ある心理学者の入院体験　北大路書房

[第六章]

（1）Freud, S. (1901) *OnDreams,* p.682. Standard Edition, Collected Works, Vol.5. London: Hogarth Press (1955).　浜川祥枝（訳）（一九八三）夢について　フロイト著作集第十巻、五八－一〇〇頁

（2）Jung, C. G. (1931) *The Practical Use of Dream Analysis,* p.147 in *The Practice of Psychotherapy.* Collected Works Vol.16. London: Routledge and Kegan Paul (1954).　江野専次郎（訳）（一九七八）夢分析の実用性　現代のエスプリ134　ユング心理学　至文堂

（3）Storr, A. (1973) *Jung.* London: Fontana Modern Masters.　河合隼雄（訳）（一九七八）ユング　岩波書店

（4）Browne, Sir T. (1977) *On Dreams* in *Sir Thomas Browne: The Major Works.* Harmondsworth: Penguin, p.477.

（5）Tolstoy, L. (1964) *Childhood, Boyhood, Youth,* p.184. Harmondsworth: Penguin.

（6）Storr, A. (1972) *The Dynamics of Creation.* London: Secker and Warburg.　岡崎康一（訳）（一九七六）創造のダイナミクス　晶文社

（7）Singer, J. L. (1974) *Daydreaming and Fantasy.* London: Allen and Unwin.

（8）Coate, M. (1964) *Beyond all Reason.* London: Constable.

[第七章]

（1）Milner, M. (1969) *The Hands of the Living God.* London: Hogarth Press and Institute of Psycho-Analysis.

（2）Jung, C. G. (1932) *Psychotherapists or the Clergy* in *Psychology and Religion.* Collected Works, Vol.11, pp.338-9. London: Routledge and Kegan Paul (1958).　村本詔司（訳）（一九八九）心理療法と牧会の関係について　心理学と宗教　人文書院

［第八章］

（1）Bennet, E. A. (1961) *C. G. Jung*, p.34. London: Barrie and Rockcliffe.

（2）*The Holy Bible; Authorised Version.* St John XIV, 26.　新約聖書　新共同訳（二〇〇七）日本聖書協会

［第九章］

（1）Nicholi, A. M. (ed.) (1978) *The Harvard Guide to Modern Psychiatry*, p.287. Cambridge, Massachusetts: The Belknap Press, Harvard University Press.

［第十章］

（1）Brown, G. W. & Harris, T. (1978) *Social Origins of Depression.* London: Tavistock.

（2）Fisher, S. & Greenberg, R. P. (1977) *The Scientific Credibility of Freud's Theories and Therapy*, Chapter 3. New York ; Basic Books.

（3）Seligman, Martin E.P. (1975) *Helplessness.* San Francisco: W. H. Freeman.　木村駿（監訳）（一九八五）うつ病の行動学――学習性絶望感とは何か　誠信書房

（4）Storr, A. (1968) *Human Aggression.* London: Allen Lane, The Penguin Press.　高橋哲郎（訳）（一九七三）人間の攻撃心　晶文社

（5）Storr, A. (1972) *Human Destructiveness.* Sussex University Press.　塚本利明（訳）（一九七九）人間の破壊性　法政大学出版局

（6）Storr, A. (1972) *The Dynamics of Creation.* London: Secker and Warburg.　岡崎康一（訳）（一九七六）創造のダイナミクス　晶文社

（7）Storr, A. (1988) *Churchill's Black Dog, Kafka's Mice & Other Phenomena of the Human Mind.* New York: Grove Press. London: Collins (1989).　今井幹晴（訳）（二〇〇七）天才はいかにうつをてなずけたか　求龍堂

（8）Mill, J. S. (1873) *Autobiography*, pp.5, 6, 35, 37, 141. London: Longmans, Green, Reader and Dyer.　朱牟田夏雄（訳）（一九六〇）ミル自伝　岩波文庫

［第十一章］

（1）Freud, S. (1908) *Character and Anal Erotism*, Standard Edition, Collected Works, Vol. 9, p. 169, London: Hogarth Press and Institute of Psycho-Analysis (1959).　懸田克躬・吉村博次（訳）（一九六九）性格と肛門愛　フロイト著作集第五巻　人文書院、一三三―

一三八頁
（2）Ibid., pp.172-3.
（3）Parker, D. (1958) *Writers at Work*. The Paris Review Interviews. Vol.1, p.72. London: Secker and Warburg.
（4）Storr, A. (1972) *The Dynamics of Creation*, Chapter 8. London: Secker and Warburg.　岡崎康一（訳）（一九七六）創造のダイナミクス　晶文社
（5）Freud, S. (1913) *The Disposition to Obsessional Neurosis*, Standard Edition, Collected Works, Vol. 12, p.325. London: Hogarth Press and Institute of Psycho-Analysis(1958).　加藤正明（訳）（一九六九）強迫神経症の素因　改定版フロイド選集第十巻　日本教文社、八九－一〇三頁
（6）Brain, R. (1960) *Some Reflections on Genius*, pp.69-100. London, Pitman　Medical Publishing.
（7）Bate, W. J. (1984) *Samuel Johnson*, p. 125, pp. 382-3, London: Hogarth Press.
（8）Boswell, J. (1799) *The Life of Samuel Johnson, LL.D.*, ed. Birkbeck Hill. Vol. Ⅰ, pp. 484-5. Oxford: The Claredon Press (1887).　中野好之（訳）（一九八七）サミュエル・ジョンソン伝１　みすず書房
（9）Ibid., pp.144-5.
（10）Quoted in Brain, Russell (1960), p.74.
（11）Boswell, J. (1799) Vol. Ⅰ, p.482. (1887).
（12）Rapoport, J. L. (1989): *The Boy who Couldn't Stop Washing*, p.199, New York: E. P. Dutton.　中村苑子・木島由里子（訳）（一九九六）手を洗うのが止められない――強迫性障害　晶文社

［第十二章］

（1）Fairbairn, W. R. D. (1976) *Psychoanalytic Studies of the Personality*, p.51. London: Routledge and Kegan Paul.　山口泰司（訳）（一九九五）人格の精神分析学　講談社学術文庫
（2）Storr, A. (1972) *The Dynamics of Creation*, Chapter 6. Lodon: Secker and Warburg.　岡崎康一（一九七六）（訳）創造のダイナミクス晶文社
（3）Laing, R. D. (1960) *The Divided Self*, p.45. London: Tavistock.　阪本健二・志貴春彦・笠原嘉（訳）（一九七一）ひき裂かれた自己

みすず書房
（4）Bettleheim, B. (1961) *The Informed Heart*. London: Thames and Hudson.　丸山修吉（一九七五）鍛えられた心——強制収容所における心理と行動　法政大学出版局
（5）Kafka, F. (1925) *The Trial*, trans. Willa and Edwin Muir. London: Secker and Warburg.　辻瑆（訳）（一九六六）審判　岩波文庫
（6）Kafka, F. (1930) *The Castle*, trans. Willa and Edwin Muir. London: Secker and Warburg.　前田敬作（訳）（一九七一）城　新潮文庫
（7）Brod, M. (1948) *Franz Kafka: A Biography*. London: Secker and Warburg.
（8）*New English Bible* (1970) p. 221. Oxford and Cambridge University Presses.　新約聖書　新共同訳（二〇〇七）日本聖書協会
（9）Proust, M. (1970) *Time Regained*, p.456. Vol. IX of *Remembrance of Thing Past*, trans. Andreas Mayor. London: Chatto and Windus.　井上究一郎（訳）（一九九四）失われた時を求めて　筑摩書房
（10）Freud, S. (1923) *The Ego and the Id*. Standard Edition, Collected Works, *Vol. 19*, p. 26 and footnote. London: Hogarth Press and Institute of Psycho-Analysis (1968).　小此木啓吾（訳）（一九七〇）自我とエス　フロイト著作集第六巻、人文書院、二六三－二九九頁
（11）Storr, A. (1972) *The Dynamics of Creation*, Chapter 5, 6. London: Secker and Warburg.　岡崎康一（訳）（一九七六）創造のダイナミクス　晶文社
（12）Russell, B. (1955) *History of Western Philosophy*, p. 586. London: Allen and Unwin.　市井三郎（訳）（一九七〇）西洋哲学史3　みすず書房
（13）Winnicott, D. W. (1963) ‘Ego Distortion in Terms of True and False Self’, in *The Maturational Process and the Facilitating Environment*. London: Hogarth Press.　牛島定信（訳）（一九七七）本当の、および偽りの自己という観点からみた、自我の歪曲　情緒発達の精神分析理論　岩崎学術出版社、一七〇－一八七頁.
（14）Kempe, R. S. & Henry, C. (1978) *Child Abuse*, p. 83. London: Fontana-Open Books.
（15）Winnicott, D. W. (1963) ibid. p. 151.
（16）Winnicott, D. W. (1971) *Playing and Reality*, p.65. New York: Basic Books.　橋本雅雄（訳）（一九七九）遊ぶことと現実　岩崎学術出版社
（17）Storr, A. (1972)ibid.
（18）Fairbairn, W. R. D. (1976)ibid. p.19.　山口泰司（訳）（一九九五）人格の精神分析学　講談社学術文庫

［第十三章］

（1）Breuer, J. & Freud, S. (1893) *Studies on Hysteria.* Standard Edition Collected Works, vol.2, p6. London: Hogarth Press (1955).　懸田克躬・小此木啓吾（訳）（一九七四）ヒステリー現象の心的機制について　フロイト著作集第七巻、人文書院、九－二二頁

（2）Freud, S. (1895) *Obsessions and Phobias.* Standard Edition Collected Works, vol. 3, p. 77. London: Hogarth Press (1962).　立木康介（訳）（二〇〇九）強迫と恐怖症、その心的機制と病因　フロイト全集第一巻　岩波書店、四四五－四五六頁

（3）Freud, S. (1933) *New Introductory Lectures on Psycho-Analysis.* Standard Edition Collected Works, vol. 22, p. 156. London: Hogarth Press (1964).　懸田克躬・小此木啓吾（訳）（一九七一）精神分析入門（続）　フロイト著作集第一巻、人文書院、三八五－五三六頁

（4）Rycroft, C. (1962) Beyond the Reality Principle. *Int. J. Psycho-Anal.*43.　神田橋條治・石川元（訳）（一九七九）現実原則の彼岸　想像と現実、岩崎学術出版社、一四四－一六〇頁

（5）Freud, S. (1940) *An Outline of Psycho-Analysis.*Standard Edition Collected Works, Vol.23,p.184. London: Hogarth Press (1964).　小此木啓吾（訳）（一九八三）精神分析学概説　フロイト著作集第九巻　人文書院、一五六－二〇九頁

（6）Fenichel, O. (1945) *The Psychoanalytic Theory of Neurosis*, p.19. New York: W. W. Norton.

（7）Jung, C. G. (1931) 'The Aims of Psychotherapy' in *The Practice of Psychotherapy*, Collected Works, Vol.16, p. 41, 42, 47. London: Routledge & Kegan Paul (1954).　林道義（訳）（一九八九）心理療法の目標　心理療法論　みすず書房、三三－六二頁

（8）Rogers, C. (1967) *On becoming a Person*, pp. 171-2. London: Constable.　村山正治（編訳）（一九六七）ロジャーズ全集第十二巻　人間論、岩崎学術出版社、一八七頁

（9）Szasz, T. (1965) *The Ethics of Psychoanalysis*, pp. ⅷ - ix . New York: Basic Books.

（10）Rogers, C. (1967) *On becoming a Person*, p. 175. London: Constable.　村山正治（編訳）（1967）ロジャーズ全集第十二巻　人間論、岩崎学術出版社、一九一頁

（11）Rogers, C. (1967) *On becoming a Person*, p. 167. London: Constable.　村山正治（編訳）（1967）ロジャーズ全集第十二巻　人間論、岩崎学術出版社、一八〇頁

（12）Fairbairn, W. R. D. (1958) 'On the Nature and Aims of Psychoanalytical Treatment.' *Int. J.Psycho-anal.*, 39, part 5.

（13）Reich, A. (1950)*Int. J.Psycho-anal.* 31: 78-80, 179-205.Quoted in Wolberg, L. R. (1977) *The Technique of Psychotherapy*, Part two, Third Edition. New York: Grune and Stratton.

(14) Frank, J. (1969) *Persuasion and Healing, Chapter 11*. New York: Schocken Books.　杉原保史（訳）（二〇〇七）説得と治療：心理療法の共通要因　金剛出版
(15) Brown, R. & Herrnstein, R. J. (1975) *Psychology*, pp. 596-7. London: Methuen.
(16) Garfield, S. L. & Bergin, A. E. (1978) *Handbook of Psychotherapy and Behavior Change*, pp. 179-80. New York: John Wiley.
(17) Wolberg, L. R. (1977) *The Technique of Psychotherapy. Part One.* p. 67, New York: Grune and Stratton.
(18) Frued, S. (1904) *On Psychotherapy*,Standard Edition, Collected Works, Vol.7, pp.263-4. London: Hogarth Press (1953).　小此木啓吾（訳）（一九八三）精神療法について　フロイト著作集第九巻、人文書院、十三－二四頁
(19) Fairbairn, W. R. D. (1946) 'The Treatment and Rehabilitation of Sexual Offenders' in *Psychoanalytic Studies of the Personality*. London: Tavistock (1952).

［第十四章］

(1) Hudson, L. *The Cult of the Fact*, p.83. London: Cape.
(2) Dent, J. K. (1978) *Exploring the Psycho-Social Therapies through the Personalities of Effective Therapists*, p.73. U. S. Dept. of Health, Education and Welfare. Nat. Inst. of Mental Health, Maryland.
(3) Rogers, C. (1951) *Client-Centred Therapy*, p.21. New York: Houghton Mifflin.　保坂亨・諸富祥彦・末武康弘（訳）（二〇〇五）クライアント中心療法　岩崎学術出版社
(4) Skinner, B. F. (1971) *Beyond Freedom and Dignity*, pp. 200, 205, 177, 164, 160. New York: Knopf.　波多野進・加藤秀俊（訳）（一九七二）自由への挑戦――行動科学入門　番町書房
(5) Berlin, I. (1976) *Vico and Herder*, pp.23, 28. London: Hogarth Press.　小池銈（訳）（一九八一）ヴィーコとヘルダー：理念の歴史――二つの試論、みすず書房、七一、七九頁
(6) Dennett, D. C. (1973) 'Mechanism and Responsibility' in *Essays on Freedom of Action*, ed. Honderich. London: Routledge.
(7) Rapoport. A. (1960) *Fights, Games and Debates*. p.306. Ann Arbor: University of Michigan Press.
(8) Wolberg, L. R. (1978) *The Technique of Psychotherapy*. Part Ⅰ, pp.331-2. New York: Grune and Stratton.
(9) Dent, J. K. op. cit, p.94.

（10）Parker, G. V. C. (1967) 'Some concomitants of therapist dominance in the psychotherapy interview.' *J. of Consulting Psychology*, 31: 313-318. Quoted in Reisman, John M. *Toward the Integration of Psychotherapy* (1971) New York: Wiley.

（11）Parry, J. (1967) *The Psychology of Human Communication*. London: University of London Press, pp.170-1.

（12）Rycroft, C. (1968) *Anxiety and Neurosis*, p. 78. London: Allen Lane, The Penguin Press.

（13）Cohn, N. (1957) *The Pursuit of the Millennium*. London: Secker and Warburg.　江河徹（訳）（一九七八）千年王国の追求　紀伊國屋書店

（14）Szasz, T. (1965) *The Ethics of Psycho-Analysis*, pp. 219-20. New York: Basic Books.

（15）Russell, B. (1956) *Portraits from Memory*, p. 82. London: Allen and Unwin.　中村秀吉（訳）（一九七〇）自伝的回想　みすず書房

［第十五章］

（1）Parkes, C. M. (1986) *Bereavement*, Harmondsworth: Penguin.　桑原治雄・三野義央（訳）（二〇〇二）死別：遺された人たちを支えるために　メディカ出版

（2）Baker, J. (1982) *Tolstoy's Bicycle*, New York: St. Martin's Press.

（3）Eagle, M. N. (1984) *Recent Developments in Psychoanalysis*, New York: McGraw Hill.

（4）Eagle, M. N. (1981) *Interests as Object Relations*,Psychoanalysis and Contemporary Thought, 4, pp.527-565.

（5）Ibid., pp.537-8.

（6）Freud, S. (1912) *The Dynamics of Transference*, Standard Edition, Collected Works, Vol.12, p.105, London: Hogarth Press and Institute of Psycho-Analysis (1958).　小此木啓吾（訳）（1983）転移の力動性について　フロイト著作集第九巻、人文書院、六八－七七頁

（7）Storr, A. (1988) *Solitude*, New York: Free Press also published in (1989)*Solitude*, London: Collins.　吉野要（監修）三上晋之助（訳）（一九九九）孤独：新訳　創元社

（8）Eagle, M. N. op. cit., p. 532, n. 2.

（9）Jung, C. G. (1931) *The Aims of Psychotherapy*, Collected Works, Vol. 16, p.46. London: Routledge & Kegan Paul. (1954)　林道義（訳）（一九八九）心理療法の目標　心理療法論、みすず書房、三二－六二頁

（10）Suedfeld, P. (1982) *Aloneness as Healing Experience*, in *Loneliness*. L. A. Peplau and D. Perlman (eds.). Chichester: Wiley.

索　引
（50音順）

〈著者略歴〉

アンソニー・ストー／ Anthony Storr（1920-2001）

英国の精神科医、精神療法家、作家。1920年、ロンドンに生まれる。ケンブリッジ大学クライスト・カレッジ、ウェストミンスター病院にて学ぶ。1944年に医師免許取得。精神医学を専門にして、ランネル精神病院とモーズレィ病院に勤務した後、ロンドンで個人開業を始め、1974年まで務める。また、ユング派の訓練を受け、分析心理学協会会員となるが、後に精神分析を受けた経験もあり、折衷派の立場を取る。1960年に最初の著書『人格の成熟』を出版し、その後11冊の著書を発表。数多くの読者に支持され、作家としての名声を確立する。1974年から1984年まで、オックスフォード大学医学部精神医学講師に就任。退官後、オックスフォード健康局精神科医コンサルタントを歴任。2001年没。享年80歳。
著書に『孤独』（創元社）、『人格の成熟』『ユング』『性の逸脱』（以上、岩波書店）『人間の攻撃心』『創造のダイナミクス』（以上、晶文社）『フロイト』（講談社）『人間の破壊性』（法政大学出版局）『音楽する精神』（白揚社）『天才はいかにうつをてなずけたか』（求龍堂）など、編著に『エッセンシャル・ユング』（創元社）がある。

〈監訳者略歴〉

吉田圭吾

神戸大学大学院人間発達環境学研究科教授。臨床心理士。
1959年千葉県生まれ。中学時代、親の都合でオーストラリアで過ごすことから影響を受ける。1983年京都大学理学部卒業後、京都大学大学院教育学研究科で臨床心理学を専攻し、博士課程修了。大阪大学人間科学部助手、神戸大学発達科学部講師、助教授を経て、2011年より神戸大学大学院人間発達環境学研究科教授。趣味は映画鑑賞とジャズピアノ演奏で、ピアノを弾くことで自身のストレスマネジメントをしている。著書に『教師のための教育相談の技術』（単著、金子書房）、『人間関係と心理臨床』（編著、培風館）、『キーワードで学ぶカウンセリング』（共編著、世界思想社）、『カウンセリングを学ぶ人のために』（共著、世界思想社）、『シネマの中の臨床心理学』（共著、有斐閣）など。

〈訳者略歴〉

佐藤淳一

2007年、甲南大学大学院人文科学研究科人間科学専攻博士課程修了。博士（文学）。臨床心理士。上越教育大学臨床・健康教育学系准教授を経て、現在は武庫川女子大学文学部心理・社会福祉学科准教授。専門は臨床心理学、力動的心理療法。訳書に『ヒルガードの心理学　第15版』（共訳、金剛出版）。

心理《しんり》面接《めんせつ》の教科書《きょうかしょ》

フロイト、ユングから学《まな》ぶ知恵《ちえ》と技《わざ》

二〇一五年二月二〇日　第一版第一刷発行

〈著　者〉アンソニー・ストー
〈監訳者〉吉田圭吾
〈訳　者〉佐藤淳一
〈発行者〉矢部敬一
〈発行所〉株式会社　創元社
http://www.sogensha.co.jp/
本　社　〒五四一-〇〇四七　大阪市中央区淡路町四-三-六
電　話　〇六-六二三一-九〇一〇(代)
FAX　〇六-六二三三-三一一一(代)
東京支店　〒一六二-〇八二五　東京都新宿区神楽坂四-三　煉瓦塔ビル
電　話　〇三-三二六九-一〇五一
〈印刷所〉株式会社　太洋社
装幀・本文デザイン　長井究衡

ISBN978-4-422-11584-9　C3011